LA FERME AFRICAINE

KAREN BLIXEN

LA FERME
AFRICAINE

*Traduit du danois
par Yvonne Manceron*

FRANCE LOISIRS
123, boulevard de Grenelle, Paris

Édition du Club France Loisirs, Paris,
avec l'autorisation des Éditions Gallimard

Titre original :

OUT OF AFRICA

ISBN 2-7242-2920-7

PREMIÈRE PARTIE

LA FERME DU NGONG

J'ai possédé une ferme en Afrique au pied du Ngong. La ligne de l'Equateur passait dans les montagnes à vingt-cinq milles au Nord; mais nous étions à deux mille mètres. Au milieu de la journée nous avions l'impression d'être tout près du soleil, alors que les après-midi et les soirées étaient fraîches et les nuits froides.

L'altitude combinée au climat équatorial composait un paysage sans pareil. Paysage dépouillé aux lignes allongées et pures, l'exubérance de couleur et de végétation qui caractérise la plaine tropicale en étant absente; il avait la teinte sèche et brûlée de certaines poteries.

Le feuillage léger des arbres, au lieu de former dôme comme en Europe, s'étageait en couches horizontales et paraboliques. Cette structure particulière donnait aux arbres isolés tantôt la silhouette de grands phœnix aux palmes mouvantes, tantôt l'attitude fière et héroïque d'un trois-mâts les voiles carguées; à la lisière du bois, un frémissement étrange semblait courir et gagner toute la forêt.

Quelques aubépines vieilles et rabougries surgissaient de place en place dans la plaine dont l'herbe sentait le thym et le piment; l'odeur en était parfois si forte qu'elle prenait aux narines. Les fleurs des prés, les lianes de la forêt étaient en général minuscules, comme celles des plantes grasses qui fixent les dunes. Pourtant au début de la saison des pluies on voyait fleurir différentes variétés de grands lis odorants. Il y en avait à perte de vue, libres et fiers comme la nature de ce pays.

L'élément essentiel de la vie et du paysage africain est l'air. Quand on fait un retour en arrière après un séjour de plusieurs années dans les hautes terres d'Afrique, on a l'impression curieuse que la vie s'y écoulait dans l'air.

Le ciel n'était jamais très bleu, il restait pâle, mais si lumineux que les yeux le fixaient avec peine; des nuages légers et changeants le traversaient. Je voyais des palais se construire à l'horizon, les nuages s'en détacher et voguer dans l'espace. Ce ciel avait pourtant des trésors de bleu, qu'il répandait à profusion sur les hauteurs les plus proches.

En plein midi, l'air devenait vivant, il brûlait et éclaboussait comme une flamme mouvante, une flamme liquide comme l'eau, réfléchissant et multipliant les objets en d'incessants mirages. A cette altitude, il vous enivrait et vous donnait des ailes. On se réveillait dans nos montagnes avec le sentiment d'avoir enfin trouvé son élément.

Le Ngong est une longue chaîne de montagnes qui s'étend du Nord au Sud, couronnée de quatre sommets majestueux qui se détachent en grandes vagues d'un bleu profond sur le ciel. La chaîne atteint à l'Est sa hauteur maximum : 2.700 mètres, mais il n'y a guère que 700 mètres de dénivellation, tandis qu'à l'Ouest la chute est plus profonde, plus rapide aussi, car la falaise se dresse presque verticale sur toute la longueur de la vallée : la Grande Vallée du Rift.

Le vent dans ces régions montagneuses souffle presque continuellement du Nord-Est. C'est le vent qu'on appelle, sur les côtes d'Afrique et d'Arabie, mousson ou vent d'Est, comme le cheval favori de Salomon. A notre altitude il était à peine sensible. On eût dit la légère résistance de l'éther lorsque la terre se précipite dans l'espace. Il se brisait contre le Ngong dont les pentes auraient, j'imagine, merveilleusement convenu pour le vol à voile. Porté par les courants aériens il eût été facile de s'élever jusqu'au sommet de la montagne. Les nuages, que le vent entraînait, venaient aussi buter contre elle. Ils y demeuraient accrochés ou bien se déversaient en ondées. Plus haut, d'autres dépassaient les écueils et poursuivaient leur course vers l'Ouest pour disparaître sur les déserts brûlants de la vallée du Rift.

J'ai souvent suivi de chez moi leur fuite au-dessus des sommets et c'était chaque fois avec la même surprise que je voyais leurs masses imposantes et fières fondre et se dissiper dès qu'elles atteignaient l'arête.

Vues de la ferme, les montagnes changeaient d'aspect au cours d'une même journée : tantôt elles paraissaient toutes proches, tantôt reculées à l'infini.

Le soir, quand le soleil avait disparu, une mince ligne d'argent cernait les crêtes sur le ciel assombri. A mesure que tombait la nuit, les quatre sommets s'affaissaient comme si la montagne s'était allongée pour dormir.

L'horizon que l'on découvre des collines du Ngong est incomparable : au Sud de grandes plaines, puis les vastes terrains de chasse qui s'élèvent jusqu'au Kilimandjaro. Au Nord-Est, au contraire, il n'y a que de faibles ondulations, un paysage soigné de parcs se détachant sur un fond de bois avec au delà des collines qui s'échelonnent. C'est la réserve Kikuyu qui s'étend sur près de 160 kilomètres jusqu'au mont Kenya couronné de neige.

La région des Kikuyus n'est qu'une mosaïque de champs de maïs ou de bananiers et de prairies. Çà et là on voit s'élever la fumée bleue d'un village nègre aux toits pointus.

Vers l'Ouest, très bas, c'est le paysage lunaire de la plaine africaine, un désert beige ponctué de buissons d'aubépine sur lequel se détache le cours sinueux du fleuve qui apparaît comme une large ligne verte irrégulière faite de mimosas géants aux branches épineuses avec des aiguilles de six pouces. C'est aussi la région des cactus où vivent les girafes et les rhinocéros.

La région montagneuse du Ngong frappe quand on la parcourt par sa grandeur et son mystère autant que par sa variété avec ses longues vallées, ses fourrés, ses gorges verdoyantes et ses rocs. Elle possède même très haut, à l'abri d'un sommet, une forêt de bambous.

L'eau y ruisselle en sources et en cascades auprès desquelles j'ai souvent dressé ma tente.

De mon temps, il existait encore des buffles, des élans et des rhinocéros dans les montagnes du Ngong; les très vieux indigènes se rappelaient même y avoir vu des éléphants. J'ai toujours regretté que le massif n'ait pas été mieux protégé. On aurait pu y constituer une réserve pour le gros gibier, alors qu'il n'y avait qu'une petite partie où la chasse fût interdite; un tas de pierres en marquait la limite sur le sommet le plus méridional.

Pour peu que le Kenya connaisse la prospérité, sa capitale Nairobi aurait eu un parc zoologique unique au monde. Mais j'ai pu voir, pendant les dernières années de mon séjour en Afrique, toute la jeunesse dorée de Nairobi, boutiquiers ou employés, partir en motocyclettes dans la montagne et tirer indistinctement sur tout ce qu'elle voyait; je crois que le gros gibier a déserté la montagne pour se réfugier plus au Sud, dans une région de rochers et de bois.

Sur les pentes, le terrain très accidenté était assez impraticable, mais dès que l'on atteignait le sommet il devenait aisé d'avancer, l'herbe était rase comme sur un pré fraîchement tondu, la roche grise apparaissait çà et là entre les touffes vertes. Tout le long de l'arête un sentier escaladait les quatre sommets, véritables montagnes russes, sur plusieurs kilomètres de longueur. Un certain matin où je campais dans la montagne, je grimpai jusqu'au sommet et je suivis ce sentier; j'y trouvai les empreintes et les fientes toutes fraîches d'une troupe d'élans. Ces jolies bêtes paisibles avaient dû gagner le sommet avant le lever du soleil, suivant le sentier à la queue leu leu. Pour quelle raison seraient-elles venues là, sinon pour examiner sur les deux versants le pays qu'elles dominaient de si haut?

Nous cultivions surtout le café, mais ni l'altitude ni la région ne lui convenaient très bien; et nous avions souvent du mal à joindre les deux bouts.

Jamais ma ferme n'a connu l'opulence, mais la culture du café est une culture à laquelle on ne renonce pas, elle vous tient constamment en haleine. Dans un champ de café il y a toujours quelque chose à faire, des travaux que l'on commence toujours trop tard. Au milieu de la brousse la vue d'un terrain bien délimité, avec des plantations régulières, fait plaisir. Au bout de quelque temps d'Afrique, j'avais appris à reconnaître ma ferme rien qu'à l'odeur et j'étais toujours émerveillée par la belle ordonnance de mes plantations, d'un vert si frais au milieu de la plaine grise; je sentais à quel point les figures géométriques répondent à un besoin de l'esprit. Toute la région qui s'étend autour de Nairobi, au Nord surtout, est plantée de café et peuplée de gens qui ne pensent qu'au café : au café qu'il faut planter, tailler, récolter, au café dont on rêve la nuit, toujours préoccupé d'améliorations à apporter à une culture délicate.

C'est aussi une culture décevante qui ne dispense que rarement le succès que vous escomptiez, lorsque avec tant de fierté vous transportiez sous la pluie diluvienne les jeunes plants lustrés que fournissait dans de petites boîtes la Direction de l'Agriculture. Quel espoir n'emplissait pas votre cœur, lorsque le personnel de la ferme au grand complet disposait les plants en rangées régulières dans la terre humide! Ils y pousseront lentement, abrités de branches cueillies aux buissons d'alentour dans l'obscurité propice à la vie qui s'ébauche!

Il faut trois ou quatre ans avant que les plants de café commencent à produire, et dans l'intervalle encore faut-il compter avec la sécheresse et les maladies sans parler des mauvaises herbes du pays que rien ne décourage : les blackjack et les macdonaleia, aux longues pousses piquantes qui s'insinuent dans les vêtements et les bas et brûlent comme le feu.

Il y a aussi les arbustes plantés de travers dont les racines ont été brisées et qui meurent juste au moment où vous vous attendiez à les voir fleurir. On plante un peu plus de cinq cents pieds à l'arpent et j'avais six cents arpents de café. Mes bœufs promenaient patiemment mes hommes sur des milliers de kilomètres le long des rangées et les uns et les autres avaient tout loisir de rêver aux récoltes futures.

Mais le café réserve aussi des joies. Au début de la longue saison des pluies, c'était une vision radieuse que celle du nuage de craie suspendu dans la brume au-dessus de mes six cents arpents. La fleur de café a un parfum délicat et légèrement amer qui rappelle celui de la fleur du prunellier. Lorsque les fruits mûrs rougissaient les terres, nous allions chercher les femmes et les « totos », — c'est ainsi qu'on appelle les enfants — pour aider les hommes à la cueillette.

Les chars transportaient les drupes à l'usine près de la rivière où nous les traitions. Nos machines étaient rarement au point, mais c'est nous qui avions fait construire notre usine d'après nos plans et nous en étions très fiers. Un incendie l'ayant détruite, nous avions dû la reconstruire entièrement.

Le dessiccateur tournait inlassablement sur lui-même en entraînant et secouant le café dans son ventre de fer avec un bruit de galets roulés par les vagues. Il arrivait parfois que, le café étant sec, il fallait vider la machine au milieu de la nuit. La scène était des plus pittoresque, la lueur des lanternes perçait l'obscurité de la grande salle, accrochant tantôt les toiles d'araignées et les brins d'avoine qui pendaient en festons au plafond et sur les murs, tantôt les visages tendus et luisants, penchés sur la machine. L'usine rougeoyante dans la nuit tropicale ressemblait à une pendeloque accrochée à l'oreille d'une jeune négresse.

Le café était ensuite décortiqué, trié et mis en sacs, des

sacs que l'on cousait avec une grosse aiguille de sellier; il
en fallait douze pour faire une tonne.

Quand tout était fini j'entendais de bon matin partir pour
la gare de Nairobi nos grands chars tirés par seize bœufs
avec un chargement de café, aussi haut qu'une maison. Il
y avait jusqu'à cinq tonnes par char. Ils gravissaient en
grinçant la longue côte de l'usine et les claquements de
fouets se mêlaient aux cris des conducteurs qui couraient à
côté.

Je me réjouissais de penser qu'il n'y aurait pas d'autre
pente à gravir avant Nairobi que la ferme dominait de quelque
400 mètres. Le soir j'allais à la rencontre de mes gens. Les
bœufs fatigués revenaient lentement, la tête basse devant
les chars vides. Les petits « totos » qui les guidaient étaient
muets de fatigue et les conducteurs harassés laissaient traîner leurs fouets dans la poussière.

Pour nous la tâche était remplie, nous savions qu'un ou
deux jours plus tard, le café de la ferme voguerait sur l'océan;
il ne nous restait plus qu'à espérer en des cours favorables
sur le marché de Londres.

J'avais six mille arpents de terre, ce qui fait que je disposais de pas mal de terrain en dehors de la plantation. Les
bois en couvraient une partie et les shambas de mes squatters occupaient un millier d'arpents.

Les « squatters » sont des fermiers indigènes qui, en échange
des quelques arpents de terre qu'un Européen leur aban-
donne sur sa propriété, doivent accomplir annuellement un
certain nombre de journées de travail.

Mes squatters eussent peut-être autrement défini la situation, beaucoup d'entre eux étaient nés à la ferme ainsi que
leurs parents et il est fort possible que je ne fusse pour eux
qu'un squatter un peu mieux partagé sur une terre leur appartenant.

Les lots occupés par les squatters composaient la partie
de beaucoup la plus vivante et la plus amusante de la ferme.
L'aspect en variait suivant les saisons : quand le maïs était
sur pied, il dépassait la taille d'un homme et l'on cheminait
par d'étroits sentiers entre les vertes et bruissantes murailles
à la manière des fourmis à travers l'herbe haute.

Lorsque le maïs avait été récolté et ses épis épluchés et
battus au fléau par les femmes, les tiges et la balle formaient
des tas que l'on brûlait, si bien qu'à certaines époques on

voyait s'élever d'un peu partout dans les champs des colonnes de fumée bleuâtre.

Les Kikuyus cultivaient aussi la patate dont la feuille vineuse recouvre le sol comme une natte épaisse et élastique, et différentes espèces de courges jaunes tachetées de vert. Où que l'on aille dans les shambas, la première chose que l'on apercevait était toujours le postérieur de quelque petite vieille occupée à gratter le sol, comme une autruche qui cacherait sa tête dans le sable.

Chaque Kikuyu possède plusieurs huttes : les unes pointues, servant d'habitation; les autres plus basses, bâties sur pilotis, abritent les provisions. Les huttes étaient disposées en arcs de cercle autour d'un terre-plein, centre de la vie familiale, le sol à force d'être piétiné en était aussi dur que du ciment.

C'est là que l'on pilait le maïs et que l'on trayait les chèvres au milieu du mouvement incessant des volailles et des enfants.

Je descendais souvent, dans la lumière bleue des fins d'après-midi, tirer quelques perdrix dans les champs de patates autour des huttes de mes squatters; à cette heure-là on entendait les ramiers très haut dans le ciel roucouler sur les grands arbres aux troncs élancés, derniers vestiges de la forêt vierge qui avait autrefois recouvert le pays.

J'avais aussi quelque deux mille arpents de prairies. On y voyait l'herbe onduler sous le vent comme les vagues de la mer; les enfants y surveillaient les troupeaux. Pendant la saison froide, ils emportaient pour se réchauffer quelques braises sur des treillis métalliques et provoquaient ainsi de grands incendies qui auraient pu détruire tous les pâturages de la ferme.

Les années de sécheresse, de grands troupeaux de zèbres et d'élans venaient goûter à nos pâturages.

Nairobi, notre capitale, n'était qu'à une vingtaine de kilomètres de la ferme. Elle était située sur une étroite plaine qu'entouraient de hautes collines. C'est là qu'habitait le Gouverneur et que se trouvait le centre de la vie administrative.

La proximité d'une ville transforme la vie; quels que soient d'ailleurs les sentiments que l'on éprouve pour elle, c'est un centre intellectuel qui exerce une attraction. Son halo lumineux que je découvrais le soir de tous les chemins de la ferme réveillait irrésistiblement en moi le souvenir des grandes villes d'Europe.

Lorsque je débarquai en Afrique pour la première fois, il n'y avait pas encore d'autos et nous nous rendions à Nairobi soit à cheval, soit en voiture attelée de six mules; nous remisions nos bêtes dans les écuries de « The Highland Transport ». Du temps où je la fréquentais, Nairobi était une ville hétéroclite, avec quelques beaux bâtiments administratifs bâtis en pierre, et des quartiers entiers de tôle ondulée, comprenant aussi bien des magasins et des habitations que des dépôts et des bureaux. Le tout soigneusement aligné, le long des rues poussiéreuses bordées d'eucalyptus.

Les services judiciaires et agricoles, comme ceux des Affaires Indigènes et de l'Elevage étaient tous honteusement logés, et quand j'avais affaire à eux, j'éprouvais toujours un respect particulier pour les fonctionnaires qui parvenaient à lier deux idées, ou à travailler, dans ces réduits noircis d'encre, où la chaleur était suffocante.

Nairobi n'en était pas moins la ville où l'on venait faire ses emplettes, apprendre les nouvelles, manger au restaurant, ou danser au club. Une grande animation y régnait. C'était une ville toujours en mouvement, elle ressemblait à un fleuve, ou à un enfant en pleine crise de croissance.

D'une année à l'autre on voyait la ville se transformer; il suffisait même de partir en expédition pour la trouver changée au retour. La nouvelle résidence du Gouverneur dominait fièrement la ville, elle était vaste, aérée, avec une belle salle de bal et un jardin savamment dessiné. De grands hôtels surgissaient en même temps que s'organisaient des expositions d'animaux et de fleurs.

Notre groupe, qui constituait le groupe soi-disant sélect, rompait à l'occasion la monotonie de la vie nairobienne, par quelque épisode mélodramatique dont la violence le disputait à la brièveté.

Nairobi nous induisait en tentation. Profite de la vie et de moi! semblait-elle dire, nous ne serons jamais plus jeunes qu'aujourd'hui, jamais la vie ne sera plus belle ni plus irrésistible.

Où est le temps où, me promenant dans ses rues, je pensais qu'il n'existait rien de supérieur à Nairobi!

Les quartiers réservés aux indigènes et aux gens de couleur venus de l'extérieur étaient loin d'avoir l'étendue des quartiers européens. Les villages souahélis, situés sur la route du club, de Muthaïga, lieux mal famés s'il en fut, entouraient Nairobi d'une banlieue bruyante en perpétuelle effervescence où les incidents n'attendaient qu'une occasion pour surgir.

Les bidons de pétrole préalablement aplatis et plus ou moins rouillés constituaient l'élément dominant de leur architecture, architecture qui est entrée dans l'histoire au même titre que les récifs de coraux. Les civilisations qui progressent laissent ainsi derrière elles leurs alvéoles vides.

La ville somalie était complètement en dehors de Nairobi, ce qui s'explique par le souci des Somalis de maintenir leurs femmes à l'écart du monde. Il existait à Nairobi de mon temps une ou deux jeunes beautés somalies que toute la ville connaissait, et qui installées en plein bazar se moquaient ouvertement des règlements de police. C'étaient de superbes filles, racées comme le sont ordinairement les Somalis. A côté de cela, les honnêtes femmes somalies ne se montraient pas dans les rues. La ville somalie était exposée à tous les vents, construite sur un terrain dénudé dont l'aridité tout autant que la poussière devait rappeler aux Somalis le désert ancestral. Jamais des Européens installés quelque part, je ne dirais pas depuis quelques générations, mais simplement depuis quelques années, ne pourraient témoigner l'indifférence absolue dont les nomades sont coutumiers pour tout ce qui touche à l'habitation. Les maisons somalies semblent posées au hasard pour des campements de fortune destinés à durer tout au plus une semaine; et l'on était toujours surpris de l'ordre qui régnait dans ces maisons aux beaux tapis anciens, et toutes parfumées d'encens, de la recherche dont témoignaient leurs plats de cuivre et d'argent et des épées aux belles lames à la garde d'ivoire.

Les femmes somalies ne manquaient ni de distinction ni de gentillesse, elles étaient hospitalières et gaies, leur rire argentin ressemblait à un carillon de clochettes.

Je jouissais dans les quartiers somalis d'une considération particulière; je la devais à un Somali, Farah Aden que j'ai eu à mon service pendant tout le temps que j'ai passé en Afrique. Il m'arriva d'être invitée à plusieurs reprises à des fêtes somalies, à des mariages, qui donnent toujours prétexte à de nombreuses réjouissances. On m'introduisait dans la chambre de la mariée où murs et lit étaient recouverts de

couvertures anciennes aux tons amortis et de broderies multicolores, tandis que la jeune épousée aux yeux noirs se
tenait raide comme un bâton de maréchal et figée comme
une idole parée d'or et d'argent, d'ambre jaune et de lourdes
soieries.

Les Somalis étant marchands de bestiaux et négociants,
leurs affaires s'étendaient sur tout le pays. Ils utilisaient
souvent pour le transport de leurs marchandises de petits
ânes gris, qui erraient en liberté autour des habitations dans
l'intervalle des voyages.

J'ai aussi vu chez eux des chameaux, de grandes bêtes
dédaigneuses qui sentent le désert et demeurent aussi insensibles aux contingences que les cactus et les Somalis.

Tous les malheurs des Somalis proviennent le plus souvent des haines qui divisent leurs tribus. Leurs réactions à
cet égard sont tout à fait particulières.

Farah appartenait à la tribu des Habi Yuni, pour laquelle
j'étais peut-être partiale. J'ai assisté à une véritable guerre
dans le quartier somali entre la tribu des Oulba Hanti — la
tribu du fou « Mullah » — et celle des Habi Chaolo; rien n'y
manqua, ni les fusillades, ni les incendies, ni les meurtres.
Les hostilités durèrent jusqu'au jour où le gouvernement se
décida à intervenir. Farah avait à l'époque un jeune ami
nommé Sayid de la même tribu, qui venait souvent à la
ferme. C'était un beau garçon aimable et je fus peinée d'apprendre par mon personnel l'accident dont il venait d'être
victime : il était en visite dans une famille de la tribu des
Habi Chaolo, quand un Oulba Hanti avait en passant tiré
sur la maison où il se trouvait : Sayid avait eu une jambe
cassée et comme je plaignais Farah pour l'accident survenu
à son ami, je m'attirai cette réponse assez sèche : « C'est
tout ce que mérite Sayid, me dit-il, quel besoin avait-il d'aller prendre le thé chez des Habi Chaolo? »

Les Hindous de Nairobi tenaient le haut du pavé dans
le bazar qui était le quartier commerçant indigène. Les plus
riches d'entre eux habitaient de petites villas en dehors de
la ville; c'étaient les Jevanju, les Suleïman Vorjes, les Allidina Visram. Ils avaient un goût marqué pour les ouvrages
de pierre; leurs jardins étaient encombrés d'escaliers, de
balustrades et de vases grossièrement sculptés dans la pierre
tendre d'Afrique, rappelant assez les constructions en cubes
roses des boîtes d'enfants.

Ils invitaient à des thés dans leurs jardins, ils offraient des pâtisseries hindoues tout à fait assorties au style de leurs villas.

C'étaient des gens à l'esprit vif, ayant beaucoup voyagé et d'une politesse raffinée qui les rendait très agréables à fréquenter.

Malheureusement, en Afrique, les Hindous ont l'âme tellement commerçante que l'on a peine à séparer chez eux l'homme du marchand.

Ayant été prendre le thé dans la maison d'Allidina Visram et voyant un jour le drapeau de sa villa en berne, je demandai à Farah si Allidina Visram était mort.

« A moitié, me répondit Farah.

— Alors on met les drapeaux en berne quand les gens sont à moitié morts ? demandai-je.

— Allidina est mort, mais Visram vit », repartit Farah.

Avant que j'assume la direction de la ferme, la passion de la chasse et les « safaris [1] » avaient absorbé la majeure partie de mon temps. Lorsque je devins « fermière », je déposai mon fusil.

Nous avions pour voisins les Masaïs, nomades pasteurs établis de l'autre côté du fleuve. Ils venaient de temps en temps se plaindre qu'un lion harcelait leurs troupeaux et emportait leurs vaches; ils me demandaient de le tuer et j'y allais chaque fois que je le pouvais. Le samedi, je partais assez souvent dans la plaine d'Orungi tuer un ou deux zèbres pour mettre un peu de variété dans l'ordinaire de mon personnel; j'étais dans ces cas-là toujours escortée de jeunes Kikuyus enthousiastes et facétieux. Sur la propriété je tuais des perdrix, des cailles et des pintades sauvages, toutes bêtes également délectables; mais pendant plusieurs années je renonçai aux grandes expéditions.

Nous éprouvions toujours à la ferme un plaisir particulier à évoquer le souvenir des safaris passés. Les lieux où l'on a campé se fixent dans la mémoire comme si on les avait habités longtemps et l'on se rappelle parfois la courbe de l'ornière laissée dans l'herbe par la voiture, comme si cette courbe avait compté dans votre vie. Au cours de mes safaris j'ai vu un troupeau de buffles de cent vingt-deux bêtes surgir du brouillard matinal sur un horizon cuivré comme si ces bêtes massives et grises, aux cornes horizontales et compli-

1. **Expéditions de chasse.**

quées, étaient sorties du néant dans le but désintéressé d'enchanter mes yeux. J'ai vu toute une troupe d'éléphants en marche dans la forêt vierge, une forêt si épaisse, qu'il n'y filtrait que des éclaboussures de lumière. Les grandes bêtes avançaient comme si un rendez-vous les eût appelées au bout du monde. On eût dit la bordure gigantesque d'un vieux tapis persan, infiniment précieux, dans des tons d'or, de vert et de brun. J'ai regardé à plusieurs reprises des girafes se déplacer dans la plaine avec leur grâce particulière et inimitable, une grâce en quelque sorte végétale. Ce n'était pas à des bêtes que l'on pensait en les voyant mais à des plantes rares et tachetées, à des fleurs géantes aux longues tiges. J'ai suivi certain jour deux rhinocéros dans leur promenade à l'aube, ils reniflaient l'air matinal, et soufflaient bruyamment; on eût dit de grands blocs mal équarris qui se seraient animés soudainement pour jouer dans l'herbe haute de la vallée. Un matin, avant que le soleil se levât, j'ai vu un lion, bête royale et magnifique. Il traversait la plaine grise pour gagner sa tanière, traînant encore après lui une proie à demi dévorée qui se détachait comme un sillage sombre sur l'herbe argentée par la lune; il avait la gueule toute barbouillée de sang jusqu'aux oreilles. Je l'ai surpris encore à l'heure de la sieste, il reposait sur l'herbe rase entouré de sa famille à l'ombre printanière des acacias dans son parc africain.

Tous ces souvenirs étaient une distraction et une consolation lorsque la ferme traversait des moments difficiles. Je savais que toutes ces grandes bêtes étaient encore à proximité dans leur domaine, que je pouvais aller les voir si l'envie m'en prenait. Farah qui, à mesure que le temps passait, prenait une part plus active à tout ce qui concernait la ferme, vivait ainsi que notre petite troupe d'indigènes recrutés pour la chasse dans l'espoir des safaris à venir.

Dans ce pays primitif, j'avais appris à refréner tout mouvement brusque. Les êtres qui vivent dans une nature encore sauvage sont timides et craintifs, ils disparaissent et fuient au moment où vous vous y attendez le moins.

Aucun animal domestique ne peut être aussi silencieux qu'un animal sauvage.

Nous, gens civilisés, ne savons plus être silencieux; il nous faut prendre des leçons auprès des animaux sauvages si nous voulons qu'ils nous acceptent.

L'art de marcher lentement, sans mouvement brusque, sans bruit, est un art que le chasseur, autant que le chasseur d'images, doit acquérir. Les chasseurs ne peuvent s'en rapporter à l'inspiration, ils doivent tenir compte du vent, des teintes et des odeurs du pays. Ils doivent en découvrir le rythme, s'y plier. Un mouvement nécessite parfois des essais réitérés; il n'est pour arriver que de persévérer.

Lorsque vous avez, à la chasse, appris le rythme de l'Afrique, vous vous rendez compte que ce rythme gouverne toute la vie africaine, quelles que soient ses manifestations. Ce que les bêtes sauvages m'ont appris m'a été très utile dans mes rapports avec les indigènes.

Alors qu'il est naturel pour les hommes d'être attirés par les femmes et par ce qui est féminin, aimer les hommes et manifester une certaine virilité reste le propre des femmes.

L'engouement si caractéristique des gens du Nord pour le Midi et ses habitants est un phénomène du même ordre. Les Normands ont commencé par être amoureux de la France avant de l'être de l'Italie. Les vieux lords anglais du XVIIIe siècle dont l'histoire et la littérature romantique nous ont conservé le souvenir et qui passaient leur vie à parcourir l'Italie, la Grèce et l'Espagne, n'avaient en eux rien de méridional, mais ils étaient attirés, fascinés par une nature essentiellement différente de la leur.

Lorsque les artistes allemands ou scandinaves, qu'ils soient peintres, philosophes, ou poètes, arrivent à Florence ou à Rome pour la première fois, c'est pour eux le coup de foudre. Les plus prompts à s'irriter ne sont plus alors que douceur et mansuétude. Si les hommes ont pour les faiblesses féminines une indulgence inépuisable, jamais une femme ne condamnera ou méprisera l'homme qui sait être viril. On peut dire que les peuples nordiques violents et dominateurs savent être infiniment patients pour ce que les méridionaux et leurs pays leur infligent.

Les mêmes hommes qui ne toléraient rien de leur pays ou de leurs proches acceptent tout de l'Afrique, depuis la sécheresse jusqu'aux épizooties, sans parler de l'ignorance de leurs domestiques indigènes. Ils perdent jusqu'au souci de leur propre individualité, tout prêts à admettre les bienfaits d'une fusion avec des individus dont tout les sépare.

Jamais les populations de l'hémisphère austral ou celles de sang mêlé n'éprouveraient pareille tentation : ils blâment ou méprisent ceux qui y succombent. Dans le même ordre d'idées les misogynes se moquent des amoureux transis, et les femmes intellectuelles qui n'ont aucune patience à l'égard de leurs maris s'indignent de la patience de Grisélidis.

En ce qui me concerne, j'ai éprouvé, dès ma première semaine en Afrique, beaucoup d'affection pour les indigènes. C'était un sentiment très fort et très spontané qui s'étendait indistinctement à tous les nègres quel que fût leur sexe ou leur âge.

La découverte de l'âme noire fut pour moi un événement, quelque chose comme la découverte de l'Amérique pour Christophe Colomb, tout l'horizon de ma vie s'en est trouvé élargi. Si l'on imagine le cas d'une personne qui, ayant l'amour inné des bêtes, aurait grandi dans un monde privé d'animaux et ne les aurait connus que tardivement, ou encore le cas d'une personne qui aimant les bois n'aurait pas vu de forêts avant sa vingtième année, ou enfin celui du musicien né, qui par suite d'un concours de circonstances n'aurait pas soupçonné la musique avant l'âge d'homme, on aura une idée de ce que j'éprouvai en découvrant l'Afrique.

Dès que j'ai connu les Noirs, je n'ai eu qu'une pensée, celle d'accorder à leur rythme celui de la routine quotidienne que l'on considère souvent comme le temps mort de la vie.

Mon père qui avait été officier dans l'armée danoise et dans l'armée française écrivait, jeune lieutenant, la lettre suivante :

« De Graasten à Dybböl, j'étais à l'arrière-garde d'une longue colonne, ce n'était pas précisément facile et pourtant combien c'était passionnant et merveilleux! »

L'amour de la guerre est une passion comme une autre, on aime les soldats comme on aime les femmes — follement — mais l'un n'exclut pas l'autre et les filles le savent bien.

D'autre part, si l'amour des femmes ne se fixe que sur une à la fois, l'amour du soldat est collectif, il s'adresse à toute la troupe, et souhaite voir en augmenter le nombre.

C'était tout à fait mon sentiment à l'égard des indigènes.

Connaître les indigènes n'est pas chose aisée. Ils sont ombrageux et timides. Pour peu qu'on les effraye, ils se contractent exactement comme des animaux que le moindre mouvement met en fuite; ils s'éclipsent.

Tant que l'on ne connaît pas bien un indigène, il est presque impossible d'obtenir de lui une réponse précise.

Lui demanderait-on même simplement : « Combien de vaches as-tu ? », il est probable qu'il vous ferait une réponse dans le genre de celle-ci : « J'en ai comme je t'ai dit hier. »

Les Européens ne goûtent pas ce genre de réponse, mais peut-être les indigènes ne goûtent-ils pas plus nos questions. Pour peu que l'on insiste pour arriver à plus de précision, ils se dérobent tout à fait et lorsqu'ils sont acculés, ils préfèrent recourir à quelque invention de leur cru destinée à nous égarer.

Les plus jeunes enfants agissaient à cet égard exactement comme les grandes personnes, c'est-à-dire comme des joueurs de poker très expérimentés auxquels il importe peu que l'adversaire surestime ou sous-évalue leurs cartes tant que cet adversaire peut être maintenu dans l'ignorance.

Chaque fois que nous cherchions à forcer l'intimité des indigènes, ils agissaient comme les fourmis dont on détruit la fourmilière en y introduisant un bâton. Avec une ardeur farouche, ils cherchaient à accroître les dégâts comme s'ils voyaient là le moyen d'effacer un outrage.

Nous ne pouvons ni savoir ni imaginer à quels dangers les indigènes se croient exposés dans leurs rapports avec nous. Personnellement, je crois que s'ils nous craignent c'est à la manière d'un tapage inattendu, ce qui ne ressemble pas du tout à la crainte que l'on éprouve pour la souffrance, l'injustice ou la mort. Mais il est difficile de se prononcer, car les indigènes sont passés maîtres en l'art de dissimuler.

Dans les shambas ou dans la plaine, le matin de bonne heure en été, on voit parfois une perdrix se mettre à courir devant le cheval en battant de l'aile et en simulant une grande frayeur à la vue des chiens, ce qui ne l'empêche pas quand elle le juge opportun de s'envoler sous le nez du chien.

L'explication était toute simple, la perdrix avait ses petits à proximité et elle cherchait à concentrer toute l'attention sur elle. Qui sait si les indigènes, tout comme la perdrix, ne nous jouent pas la comédie de l'effroi pour nous dissimuler une crainte plus profonde et plus justifiée dont nous ne devinons pas l'objet. Peut-être même qu'en fin de compte ces gens timides ne nous craignent nullement.

Les Noirs ont bien moins que les Blancs le sentiment du danger. Tant au cours de safaris qu'à la ferme, dans les moments critiques, j'ai eu l'occasion de rencontrer le regard de mes indigènes et j'ai toujours eu le sentiment que nous étions bien loin les uns des autres et que mes pronostics découragés les surprenaient.

Cela m'a souvent laissée rêveuse. Peut-être ont-ils un sens de la vie et du danger qui nous est inaccessible, peut-être s'étonnent-ils de nos craintes comme des poissons s'étonneraient de la peur de se noyer.

Cette confiance dans l'existence, cet art de nager, s'ils l'ont à ce degré, pensais-je, ils les tiennent peut-être d'une science que nos premiers parents ont gaspillée et que nous avons oubliée, d'une science que l'Afrique pourrait peut-être encore nous enseigner car elle sait que Dieu et le Diable ne font qu'un, qu'ils ont même puissance et même majesté éternelles.

Ils ne sont pas deux à n'avoir pas été engendrés, pas plus qu'il n'y a deux êtres incommensurables, mais ils ne font qu'un; c'est ainsi que les Noirs de l'Afrique rêvèrent la Dualité dans l'Unité, et l'Unité dans la Dualité.

A la chasse comme à la ferme, mes relations avec les indigènes avaient pris à l'usage un caractère plus personnel, nous étions des amis. J'avais admis une fois pour toutes que je n'arriverais jamais à les connaître, alors qu'ils n'ignoraient rien de mes pensées et connaîtraient mes décisions, avant même que j'aie conscience de les avoir prises. Je me rappelle à ce propos l'époque où j'avais une petite ferme à Gil-Gil, localité située un peu plus loin sur la voie ferrée. Je n'y avais pas d'installation et, quand j'y allais, je vivais sous la tente.

Je faisais donc la navette entre Gil-Gil et Ngong, et je pouvais, étant à Gil-Gil, me décider brusquement à rentrer. Or, je ne suis jamais arrivée à la station de Kikuyu qui desservait la ferme et qui en était éloignée de douze kilomètres sans trouver un de mes hommes sur le quai avec ma mule toute prête. S'il m'arrivait de demander à mes hommes comment ils avaient su que je revenais, ils détournaient la tête d'un air dédaigneux ou attristé, ou prenaient l'attitude excédée que nous aurions si un sourd insistait pour que nous lui décrivions la joie que peut donner une symphonie.

Des indigènes, qui ne se sentent plus exposés à des gestes brusques ou à des éclats de voix inattendus quand vous

leur parlez, s'entretiennent avec vous à cœur ouvert bien
mieux que ne le ferait un Européen avec un autre Européen.

Il est exact qu'il ne faut jamais faire fond sur ce qu'ils
disent, mais cela ne les empêche pas d'être sincères à leur
manière. La renommée et d'une manière générale ce que
nous appelons le prestige les frappent comme si chacun de
nous ne pouvait revêtir qu'un seul aspect.

Il y avait des moments à la ferme où, dans le profond
silence du soir, lorsque les minutes tombaient une à une de
l'horloge — on eût dit que la vie s'écoulait avec elles — on
souhaitait passionnément devenir fou, ou retrouver un autre
Blanc à qui parler. Mais je puis dire que j'ai toujours eu,
quant à moi, le sentiment réconfortant de la présence discrète et silencieuse des indigènes qui m'entouraient et dont
l'existence se poursuivait parallèlement à la mienne, mais
sur un autre plan. Un écho entre nos deux mondes nous
unissait; il y avait aussi le grand lien de la ferme à laquelle
nous appartenions tous.

Les indigènes sont l'Afrique personnifiée, l'Afrique en chair
et en os. Ils sont aussi bien le Longonot, le grand volcan
assoupi qui domine, solitaire, toute la vallée du Rift, les
mimosas le long du fleuve. Les éléphants et les girafes ne
représentent pas mieux l'Afrique que mes indigènes, humbles
silhouettes dans un paysage écrasant. Les uns comme les
autres émanaient du même principe et n'étaient que des
variations sur un thème unique; non pas des composés fixes
d'atomes hétéroclites, mais des composés hétéroclites d'atomes
semblables, comme le seraient par rapport au chêne le bois,
la feuille ou le gland.

En Afrique, les Blancs qui se déplacent toujours chaus-
sés, et généralement pressés détonnent dans le paysage. Les
indigènes, au contraire, sont toujours en harmonie avec le
pays. Lorsqu'on aperçoit au loin leurs silhouettes, grandes
ou petites, toujours l'une derrière l'autre — si bien que les
grandes voies de passage ne sont jamais que des sentiers —,
ou qu'ils travaillent la terre, surveillent leur bétail, dansent
ou vous racontent une histoire, il semble toujours que ce
soit l'Afrique elle-même qui se déplace, qui compte ses
troupeaux, qui danse ou qui évoque pour vous le passé.

Dans mes montagnes je me suis souvent rappelé la parole
du poète :

« J'ai connu la noblesse de l'Indigène et la misère de l'Emigrant. »

La Colonie a changé, me dit-on, d'année en année; elle évolue; elle ne doit plus être ce qu'elle était de mon temps.

Quand je m'applique à décrire aussi minutieusement que possible ceux qui y vivent, quelques-unes de mes expériences africaines ou les êtres et les choses de la Brousse, je me dis que ces détails offrent peut-être déjà la valeur d'un document historique.

UN ENFANT KIKUYU

Kamante était un petit Kikuyu dont le père, un de mes squatters, était mort. Je connaissais bien les enfants de mes squatters qui venaient, à la pleine saison, nous aider pour la cueillette du café; on les voyait avec leurs chèvres sur les pelouses entourant ma maison, dès qu'ils pouvaient grimper jusque-là. Elle était pour eux l'endroit le plus intéressant de la ferme et le théâtre de tous les événements.

Kamante, quand je le découvris, devait être depuis plusieurs années déjà à la ferme; sans doute se terrait-il comme une bête malade.

La première fois que je vis Kamante, j'étais à cheval et il gardait ses chèvres dans la plaine. Avec sa grosse tête, son corps rabougri et maigre, il faisait peine à voir. Ses coudes et ses genoux pointaient comme les nœuds d'un bâton et ses jambes, de la cuisse au talon, n'étaient qu'une succession de plaies ouvertes qui coulaient. Perdu au milieu de la plaine, il paraissait si minuscule que l'on se demandait comment tant de souffrances avaient pu se loger dans un si petit corps. Je m'arrêtai pour lui parler, mais n'en obtins aucune réponse, il semblait à peine me voir. Dans sa petite figure ravagée et infiniment résignée, ses yeux à moitié fermés étaient sans regard. Il paraissait n'en avoir plus pour longtemps à vivre et je m'étonnais presque de ne pas voir les vautours, si prompts à renifler la mort, tournoyer au-dessus de sa tête. Je lui dis de monter le lendemain matin chez moi et que j'essaierais de le guérir.

Presque tous les matins, de 9 à 10 heures, je remplaçais le docteur pour les gens de la ferme; auréolée du prestige des guérisseurs, j'étais toujours assurée de trouver assis à ma porte deux ou trois clients qui m'attendaient; l'été, il y en avait parfois une douzaine.

Les Kikuyus sont, par nature, amateurs d'imprévu, très

différents en cela des 'Européens qui, eux, cherchent plutôt à se prémunir contre le destin : pour les nègres, le destin est un ami, ils lui abandonnent leur vie et sont, avec
lui, familiers comme avec l'obscurité des huttes : ils sont
enracinés en lui et les changements de l'existence ne sauraient les émouvoir.

Parmi les qualités que le Noir recherche, et s'attend à
trouver chez son maître, chez son docteur, et même chez
Dieu, c'est l'imagination qui vient à la première place. Sans
doute cela explique-t-il que Haroun-el-Raschid soit resté, pour
les Africains comme pour les Arabes, le sultan idéal; on ne
savait jamais ce que le calife inventerait, on ignorait même
la plupart du temps où il se trouvait.

Quand les Africains vous parlent de Dieu, c'est la puissance de son imagination qui les émerveille : tout le livre de
Job reflète assez d'ailleurs ce sentiment; en tout cas, il n'y
a que l'imagination dont j'aie pu faire preuve qui puisse
expliquer la considération dont je jouissais comme médecin.

J'ai rencontré, sur le bateau qui m'amenait en Afrique
pour la première fois, un savant fort réputé qui se rendait
pour la dix-neuvième fois en Afrique Orientale, où il avait
organisé la lutte contre la maladie du sommeil. Il voyageait
avec une centaine de rats et de cobayes installés avec lui
sur le pont supérieur. Il m'expliquait que ce n'est point le
courage qui manquait à ses malades, ceux-ci supportaient la
douleur sans se plaindre et acceptaient sans protester les
plus grosses opérations; les difficultés commençaient dès qu'il
s'agissait d'un traitement régulier : les Noirs ont horreur de
la régularité.

Le grand médecin ne pouvait comprendre qu'ils fussent
aussi fermés à toute méthode, il y voyait le signe indubitable
d'une infériorité mentale. Pour ma part, c'est peut-être, chez
eux, la qualité qui m'a le plus souvent séduite quand j'ai
connu les nègres. Leur courage est magnifique, ils aiment le
danger d'un amour qui est la plus belle réponse que puisse
faire au ciel la créature avertie de son sort, et qui semble
un écho venu de la terre quand le ciel a parlé. Tout en soignant mes Noirs, je pensais souvent que la pédanterie était
bien ce qui les effrayait le plus chez les Blancs. Entre les mains
d'un pédant, ils meurent d'ennui.

Mes clients m'attendaient sur la terrasse dallée qui précé-
dait la maison. Ils se tenaient là accroupis. On voyait des

vieillards décharnés, aux yeux chassieux, secoués par la toux, à côté de grands diables élancés qui m'apportaient leurs faces tuméfiées et leurs mâchoires démolies; il y avait aussi des mères avec des enfants brûlés de fièvre, suspendus à leur cou comme des feuilles flétries. J'avais souvent de vilaines brûlures à soigner, car les Kikuyus ont la mauvaise habitude de dormir près du feu et quand, au cours de la nuit, le feu s'effondre, les tisons enflammés sont projetés sur les dormeurs. Une ou deux fois, ma provision de pommade étant épuisée, j'ai pu constater que le miel était un excellent onguent contre les brûlures.

L'atmosphère était toujours très animée sur ma terrasse. On y sentait cette électricité particulière des salles de jeux. La conversation, menée à voix basse, n'y languissait jamais; elle s'arrêtait bien quand je paraissais, mais le silence lui-même avait une densité particulière : l'heure, en effet, était venue! Quelque chose allait se produire! Le silence durait jusqu'à ce que j'eusse choisi mon premier patient.

Ma science médicale était des plus limitées, elle se réduisait à ce qui pouvait rester d'un cours de Croix-Rouge, mais il avait suffi d'une ou deux cures miraculeuses pour m'assurer une réputation si bien établie, que des erreurs pourtant fatales n'avaient pu l'ébranler. D'ailleurs, qui me dit que si j'avais pu promettre à tous mes malades de les guérir, leur empressement n'eût point diminué? Ma science eût peut-être bénéficié de la consécration officielle, mais n'avions-nous pas déjà celle du grand docteur de Volaia? Si j'avais guéri tous mes malades, comment mes Kikuyus auraient-ils su que Dieu était avec moi? Le Dieu qu'ils connaissent n'est-il pas en effet celui des grandes sécheresses et des famines, celui des lions dans la plaine, celui des léopards qui rôdent autour des maisons et des clairières où les enfants gardent les chèvres, celui des vols de sauterelles qui surgissent comme de gros nuages à l'horizon, on ne sait d'où, on ne sait pourquoi et qui ne laissent pas un brin d'herbe après elles? C'est le même Dieu qui dispense sur la ferme des heures d'incroyable bonheur, quand les sauterelles survolent, sans se poser, les champs de maïs, ou quand les pluies de printemps arrivent plus précoces et plus abondantes qu'on ne l'espérait : à tous ces événements, les plus importants de la vie, le savant médecin européen n'a point de part.

A ma grande surprise, Kamante se présenta chez moi dans

la matinée qui suivit notre rencontre. Il se tenait debout un
peu à l'écart des autres malades. Sa tête de moribond se dressait avec défi, comme si, retrouvant quelque amour de la
vie, il avait résolu de tenter un dernier essai pour la conserver.

Il se révéla un très bon malade, se présentant ponctuel-
lement aux jours dits, sachant même, ce qui était rare pour
un indigène, calculer à l'occasion un intervalle de trois ou
quatre jours. Il supportait les pansements avec un stoïcisme
que je n'ai jamais retrouvé. Il aurait pu, pour tant de qualités, être donné en exemple — et, pourtant, je n'étais pas
satisfaite... quelque chose en lui m'inquiétait. On imagine-
rait difficilement un être plus sauvage et plus séparé de ses
semblables, que l'était Kamante. Réfugié derrière une résignation farouche, il demeurait étranger à tout ce qui l'entourait. Petit à petit, j'avais obtenu qu'il répondît quand je
l'interrogeais; mais jamais, de lui-même, il n'eût prononcé un
mot, et jamais il ne me regardait. Toute compassion lui était
inconnue; il fallait voir quel sourire méprisant il réservait
aux petits malades qui pleuraient pendant un pansement
alors que, d'ordinaire, il les ignorait. Il préférait ne pas avoir
de rapports avec le monde; les premiers contacts avaient sans
doute été trop durs pour qu'il les oublie. Sa force d'âme
devant la souffrance était celle d'un vieux soldat. Rien ne
pouvait dépasser ce qu'il avait enduré; la vie autant que sa
philosophie l'avait entraîné au pire.

Tout ceci ne manquait pas d'allure et rappelait assez les
imprécations de Prométhée : « La douleur est mon élément
comme la haine est le tien. Maintenant, déchire-moi, peu
importe » ou encore « fais tout le mal que tu pourras, ô tout-
puissant ». Mais ce style chez un enfant était pénible et je
me demandais ce que Dieu pouvait penser quand il découvrait tant de fermeté dans un si petit être.

Je me rappelle fort bien la première fois où, spontanément,
il me regarda et m'adressa la parole. Nous devions déjà nous
connaître depuis un certain temps. Mes premiers soins s'étant
avérés infructueux, je voulais essayer certains cataplasmes
préconisés par mes livres de médecine.

Dans mon ardeur à bien faire, j'appliquai l'emplâtre un
peu précipitamment et comme je le fixai avec la bande,
Kamante leva sur moi le regard de ses grands yeux : « Msabu »,
dit-il simplement. Les nègres usent de ce mot hindou quand

ils s'adressent à des Européennes, mais il prend dans leur bouche une sonorité si différente qu'il devient un mot africain. Dans la bouche de Kamante, c'était un appel autant qu'un avertissement, celui qu'un ami aurait pu me donner pour me retenir devant une action indigne de moi.

Le soir, je me remémorai l'incident non sans quelque espoir. Je regrettais, assurément, d'avoir brûlé Kamante, mais j'étais tout de même satisfaite : c'était la première fois qu'un éclair de confiance avait jailli de cet enfant : ce petit être, ravagé par le mal, résigné à le subir, n'admettait pas que ce mal lui vînt de moi.

Quant à mon traitement, il parut n'avoir pas plus d'effet que les autres. Je n'en continuai pas moins à baigner et à panser la jambe; mais j'avais affaire à un mal qui dépassait ma science et me déconcertait. De temps en temps, un léger mieux se produisait, et puis brusquement, de nouveaux ulcères se formaient.

Finalement je décidai d'envoyer Kamante à l'hôpital de la Mission écossaise.

Cette décision était si grosse de conséquences que pour une fois Kamante se montra impressionné. Partir ne le tentait guère. Mais il n'était ni dans ses habitudes ni dans sa nature de s'insurger. Quand, après l'avoir conduit à la Mission, je le remis aux sœurs dans le grand hôpital, si nouveau pour lui, il tremblait.

J'avais pour voisins, d'un côté, à une douzaine de milles à l'Ouest, et nous dominant d'une centaine de mètres, la Mission écossaise. De l'autre côté, sensiblement à la même distance, mais en contre-bas, la Mission catholique française.

Bien que je n'aie pas de sympathie particulière pour les missionnaires, j'entretenais d'excellentes relations avec les uns comme avec les autres, et je déplorais l'animosité qui les divisait.

Je n'avais pas de meilleurs amis que les Pères français. J'allais souvent à cheval, avec Farah, le dimanche matin entendre la première messe chez eux. J'étais contente d'entendre parler français et la promenade était jolie. Le chemin serpentait à l'ombre dans une fraîcheur exquise pendant près de cinq kilomètres entre les anciennes plantations domaniales, et l'odeur saine des conifères dans l'air matinal était revigorante.

Je constatais chaque fois avec étonnement combien l'église

catholique sait, partout où elle s'installe, créer l'atmosphère qui lui est propre. Les Pères avaient eux-mêmes, aidés de leurs paroissiens, construit une chapelle; ils en avaient dressé les plans et s'en montraient fiers à juste titre. C'était un bâtiment gris, surmonté d'un clocher et ouvrant sur une large place, à laquelle on accédait par des escaliers coupés de terrasses. La chapelle des Pères se dressait au milieu de la plantation, l'une des plus anciennes et des mieux entretenues. Perpendiculairement à l'église et de chaque côté de la place, se trouvaient le réfectoire avec des colonnes, un porche et le cloître; en contre-bas près du fleuve on voyait les grands bâtiments de l'usine. Le chemin de l'église traversait le fleuve sur une arche de pierre et lorsque, en arrivant à cheval, on découvrait ces belles constructions aux lignes nettes se détachant sur l'horizon, on songeait qu'elles n'eussent point déparé quelque canton du Sud de la Suisse ou quelque province du Nord de l'Italie.

A la sortie de la messe, les bons Pères ne me laissaient jamais partir sans m'offrir « un petit verre de vin » que nous prenions dans le grand réfectoire toujours si frais. J'étais toujours surprise de constater à quel point ils étaient au courant des moindres nouvelles de la colonie. Tout en causant, ils savaient extraire de vous les nouvelles que vous possédiez : un peu comme les abeilles — ils avaient de longues barbes — aspirent le suc des fleurs pour en extraire le miel.

Malgré tout l'intérêt dont ils faisaient preuve à l'égard de la colonie, on les y sentait dépaysés : dépaysés à la manière des Français que l'on sent partout exilés. Ils s'appliquaient avec patience et bonne humeur à remplir la tâche qui leur était imposée, j'avoue que je ne parvenais pas à comprendre le sens d'une telle obéissance!

Sans un ordre mystérieux, jamais ils ne seraient venus dans ce pays et la chapelle, le clocher, le porche, la belle plantation ou le pont n'existeraient point.

Que l'ordre soit rapporté, et tous, sans plus se préoccuper des affaires de la colonie, reprendraient bien vite leur vol en piquant droit sur Paris.

Farah, qui gardait les chevaux pendant la messe et pendant ma visite au réfectoire, remarquait la bonne humeur que j'en rapportais. En bon mahométan qu'il était, il devait se dire, lui qui ne buvait point d'alcool, que la messe et le vin étaient deux rites essentiels de ma religion.

Les Pères montaient parfois jusqu'à la ferme avec leurs motocyclettes et déjeunaient avec moi. Ils me récitaient des fables de La Fontaine, et me donnaient des recettes contre les maladies du café.

J'entretenais les mêmes relations avec la Mission écossaise qui, installée plus haut dans la montagne, jouissait d'une vue merveilleuse sur toute la région kikuyu; je crois que les missionnaires ne la voyaient pas, ils me faisaient l'effet d'être aveugles.

La Mission écossaise attachait beaucoup de prix à l'adoption par les indigènes des vêtements européens. Elle consacra plusieurs années d'efforts à la poursuite de ce but dont l'intérêt m'échappait.

Elle avait aussi un excellent hôpital que dirigeait, de mon temps, un homme aussi intelligent qu'adroit, le docteur Arthur; je lui dois la vie de plusieurs de mes gens.

Kamante passa plus de trois mois à l'hôpital. Je ne le vis qu'une fois durant cette période : un jour où je passais à cheval, en me rendant à la gare, je le reconnus qui se tenait seul en dehors des groupes que formaient les petits convalescents. Il était alors beaucoup mieux et commençait à courir; dès qu'il m'aperçut, il se précipita vers la clôture et la suivit en même temps que moi aussi loin qu'elle allait. Courant ainsi derrière son grillage, il ressemblait aux jeunes poulains dans leurs parcs.

Ses yeux ne quittaient pas mon cheval, mais il ne disait rien. Arrivé à l'extrémité de la clôture, il s'arrêta et me regarda fixement, la tête levée, toujours comme les poulains quand un cavalier s'éloigne d'eux. Je lui fis adieu de la main en m'éloignant : il parut d'abord ne pas comprendre, puis brusquement, il leva le bras et l'abaissa, comme un levier de pompe, mais ne répéta pas le mouvement.

Kamante arriva chez moi le matin de Pâques avec une lettre de l'hôpital, me prévenant qu'il allait beaucoup mieux et qu'il y avait tout lieu de le croire guéri. Il devait savoir ce que la lettre contenait, car ses yeux ne cessèrent de m'observer pendant que je la lisais; il ne fit toutefois aucune remarque, bien trop absorbé qu'il était.

Kamante ne se départait jamais d'une grande dignité, mais ce jour-là il ne parvenait pas à dominer sa joie.

Tous les indigènes ont le sens du drame et le goût de l'effet. Kamante avait, pour me ménager une surprise, soigneusement enveloppé sa jambe du genou au talon avec de vieux bandages. On le sentait pénétré de la gravité de l'heure. Visiblement ce n'était pas à lui et à sa guérison qu'il pensait, mais bien au plaisir qui m'attendait.

Sans doute se rappelait-il mon désappointement chaque fois qu'un de mes traitements échouait; il savait aussi que les résultats obtenus par l'hôpital étaient extraordinaires. Lentement, très lentement, il déroula sa bande et offrit à ma vue avec un visage illuminé une paire de jambes couvertes d'une peau bien lisse où seules quelques cicatrices se distinguaient encore.

Après que Kamante eut retrouvé son habituelle dignité et bien joui de ma surprise et de mon contentement, il dévoila l'autre surprise tenue en réserve en m'annonçant gravement qu'il était devenu chrétien : « Maintenant je suis comme toi », conclut-il. Il ajouta un peu plus tard que je pourrais peut-être lui donner une roupie, étant donné que le Christ était ressuscité pour notre bonheur à tous deux.

Il alla ensuite voir sa famille; sa mère qui s'était remariée habitait à la lisière de la propriété. D'après ce que j'appris par elle plus tard, il semble que pour la circonstance Kamante se soit départi de son habituelle réserve et qu'il ait vidé son cœur de tout ce qu'il avait amassé de surprises dans ce grand hôpital, parmi des gens bien curieux!

Après un court séjour dans la hutte maternelle, Kamante revint chez moi, comme s'il était entendu que mon toit fût le sien. C'est ainsi qu'il entra à mon service et qu'il y demeura près de douze ans. Kamante ne paraissait guère plus de six ans quand je fis sa connaissance, mais alors que je donnais sept ans à l'un de ses frères, j'appris qu'il en était l'aîné : il est probable que sa croissance s'était trouvée retardée du fait de sa longue maladie.

Bien qu'il eût grandi par la suite, il donna un peu toute sa vie l'impression d'un nain, ou tout au moins celle d'un infirme, sans que l'on pût très bien démêler d'ailleurs ce qui lui manquait. Son visage émacié s'arrondit avec le temps, sa démarche devint plus souple et personnellement je finissais par ne pas le trouver mal. Mais peut-être nourrissais-je pour lui l'indulgence du créateur.

Ses jambes ne prirent jamais forme, elles demeurèrent toujours grêles comme des échalas et son visage avait facilement une expression grimaçante, tantôt grotesque et tantôt satanique. Avec très peu de retouches il eût pu contempler la foule du haut de Notre-Dame. Il y avait en lui néanmoins quelque chose de lumineux, comme la note vive d'un tableau. Ma maisonnée avait, avec lui, gagné en pittoresque. Je n'irais pas jusqu'à dire que le bon sens et l'équilibre fussent son fort, mais je dois avouer que ses excentricités eussent choqué chez un Européen.

Et pourtant, c'était un garçon réfléchi, observateur même, habitué sans doute par ses longues souffrances à tirer ses propres déductions; mais il avait conservé ses allures de solitaire; et lorsqu'il travaillait avec les autres, il avait une manière à lui, et très originale, d'attaquer sa besogne.

Nous avions organisé à la ferme un cours du soir; il était fait par des instituteurs indigènes que les missionnaires me procuraient. Pendant mon séjour en Afrique, il m'en est venu de toutes les missions, tant françaises qu'anglaises ou écossaises.

L'enseignement donné aux indigènes était principalement religieux, et, autant que je sache, les seuls livres traduits pour les nègres étaient, à l'époque, la Bible et les Psaumes. J'avais toujours rêvé de leur traduire les fables d'Esope qu'ils eussent certainement goûtées, mais je n'ai jamais eu le loisir de m'atteler à cette tâche. Mon école, telle qu'elle était, représentait pour moi le centre spirituel de la ferme. Je l'aimais, telle qu'elle était, et j'ai passé de bonnes heures, dans la baraque de tôle ondulée qui l'abritait. Kamante m'y accompagnait parfois le soir, mais jamais on ne put le décider à prendre place parmi les élèves. A l'écart, comme toujours, on eût dit qu'il fermait volontairement ses oreilles à tout ce qu'il pouvait y entendre, il se moquait même des pauvres naïfs qui la fréquentaient. Mais, rentré dans sa cuisine, il retraçait de mémoire, avec une laborieuse application, les lettres et les chiffres qu'il avait vus au tableau noir.

Je crois que, l'eût-il voulu, il n'aurait pu se joindre aux autres.

Dans son enfance quelque chose en lui avait été forcé, qui était resté bloqué, et cet état anormal pour un autre était devenu pour lui l'état normal. Il sentait bien qu'il n'était pas comme tout le monde, mais il était un peu comme les nains, toujours enclins à plaindre le pauvre monde des géants!

Kamante ne manquait pas non plus d'un certain sens économique; il dépensait peu et avait su réaliser, sur les chèvres et les moutons des autres, quelques bonnes opérations. Il put même se marier tôt, et Dieu sait combien cette fantaisie est onéreuse pour un Kikuyu!

N'empêche qu'à la même époque, je l'entendais exposer à mon personnel les théories les plus inattendues et les plus idéalistes sur le caractère méprisable de l'argent : au fond, sa conception de l'existence était originale, il tirait parti de la vie, mais ne l'admirait point.

D'ailleurs l'admiration était pour lui un sentiment inconnu. Il reconnaissait l'intelligence des animaux, en parlait avec plaisir, mais je ne l'ai entendu exprimer d'approbation qu'une seule fois, à l'égard d'une Somalie qui vint par la suite habiter la ferme.

Cette femme accueillait tous les événements d'un même sourire moqueur et rien n'excitait autant son ironie que la complaisance envers soi-même. Les indigènes sont toujours moqueurs et les mésaventures d'autrui les réjouissent profondément : c'est même un trait, chez eux, qui irrite les Européens; et chez Kamante il était si accusé que son ironie s'exerçait jusque sur lui; ses propres déboires l'amusaient presque autant que ceux des autres.

J'ai retrouvé cette mentalité chez de vieilles femmes qui avaient rôti le balai et qui avaient pour les ironies du sort l'indulgence que l'on a pour un complice.

Le dimanche matin, pendant que j'étais encore au lit, je laissais à mon personnel le soin de distribuer le tabac à priser, le « tombacco » comme on disait là-bas, aux vieilles femmes de la ferme.

Réunies autour de ma maison, elles formaient le groupe le plus pittoresque; on eût dit une basse-cour de vieilles volailles déplumées et décharnées, dont les gloussements étouffés — (les nègres ont rarement la voix criarde) — parvenaient jusque dans ma chambre par les fenêtres ouvertes. Un certain dimanche le bavardage habituel fut interrompu par des cascades de rires, un déchaînement de gaieté : quelque chose de drôle avait dû se passer et j'appelai Farah pour en avoir l'explication. Farah était assez gêné pour me la donner, car c'était lui le coupable, il avait oublié d'acheter la provision de tabac habituelle et toutes les vieilles femmes étaient venues, « buri » comme ils disent, c'est-à-dire pour rien. L'incident avait fait la joie des intéressées elles-mêmes, qui en

parlèrent longtemps. Lorsque je rencontrais l'une d'entre
elles dans les petits sentiers qui cheminent entre les maïs,
elle m'arrêtait et me menaçait de son vieux doigt noir et
crochu, pendant que sa vieille figure se plissait dans un rire
comme si une coulisse en avait tiré toutes les rides à la fois;
elle me rappelait alors ce dimanche où toutes les habituées
du tabac dominical étaient venues de très loin pour s'entendre
dire que j'avais oublié d'acheter le tabac et qu'il n'en restait plus une miette. « Ha! ha! Msabu! »

A en croire la plupart des Européens, les Kikuyus ignorent
la reconnaissance. Kamante en éprouvait pourtant, il lui
arrivait même de l'exprimer. Il pouvait se donner du mal
pour me rendre un service et cela spontanément, sans que
je lui aie rien demandé, et si je cherchais à savoir pourquoi
il l'avait fait, il me répondait que sans moi il serait mort
depuis longtemps. Il manifestait également sa reconnaissance
en se montrant pour moi obligeant ou plus exactement
indulgent.

Peut-être peut-on encore supposer que le fait d'appartenir à la même religion était un lien entre nous.

Le monde lui paraissait peuplé de pauvres fous, parmi
lesquels il me rangeait certainement. Je puis dire que, dès
le jour où il entra à mon service, et d'autant plus qu'il était
mieux au courant des habitudes de la maison, j'ai constamment senti son regard surveiller mes faits et gestes et
je savais que rien ne désarmait sa critique.

Je crois bien qu'il a toujours considéré la peine que j'avais
prise pour le soigner, comme un signe d'excentricité. Néanmoins, il me témoigna toujours beaucoup d'intérêt et de
sympathie, essayant même de remédier à mon ignorance, et
se préoccupant de la meilleure forme à donner à ses explications pour les mettre à ma portée.

Kamante commença sa carrière chez moi comme garçon
de chenil, il fut ensuite mon assistant médical, et plus tard,
quand j'eus découvert l'adresse de ses mains, je le dirigeai
vers la cuisine où il servit de marmiton à mon vieil Esa;
lorsque celui-ci fut assassiné, il lui succéda et resta mon cuisinier jusqu'à la fin.

Les nègres ont très peu pitié des animaux et Kamante
se révéla encore, sur ce chapitre, exceptionnel. Je n'ai eu
qu'à me louer de lui comme garçon de chenil : non seulement
il était consciencieux, mais encore il comprenait les chiens;

il pouvait me dire ce qu'ils aimaient ou ce qui leur manquait et même ce qu'ils pensaient de la vie. Il les préservait des puces qui sont une des plaies de l'Afrique. Une ou deux fois, après avoir été réveillés par leurs hurlements, nous avons passé des heures, penchés tous les deux sur les chiens, pour les délivrer des grandes fourmis noires — les siafu — qu'il faut tuer une à une, car rien ne les arrête dans leur marche, et elles dévorent tout ce qu'elles trouvent de vivant sur leur passage.

Kamante avait également bien profité de son séjour à l'hôpital pour ce qui était de soigner les malades, et bien que ce ne fût pas son respect de l'autorité qui ait pu l'y inciter, il était devenu un excellent infirmier. Même après avoir émigré du chenil à la cuisine, il venait souvent jeter un coup d'œil sur nos malades et je dois dire qu'il m'a donné parfois d'excellents conseils.

Mais tout cela n'était rien, c'est la cuisine qui nous a révélé Kamante : comme chef il était incomparable. Il semblait que pour lui, contrairement à ses habitudes, la nature eût fait un bond et bousculé les limites ordinaires en ne lui mesurant pas les dons. C'était un de ces cas mystérieux, inexplicables comme le génie.

Pour tout ce qui touchait à la cuisine, Kamante en manifestait d'ailleurs tous les signes, jusqu'à cette impuissance à répondre à l'inspiration qui en est bien la plus dramatique rançon.

Si Kamante était né en Europe, s'il avait eu des maîtres, il aurait laissé un nom dans l'histoire. Rien qu'en Afrique sa renommée était grande et, dès qu'il s'agissait de son art, tout en lui révélait un maître.

Je prenais moi-même plaisir à composer à l'occasion certains plats. La première fois que j'étais revenue en Europe, j'avais pris des leçons de cuisine en France auprès du chef d'un grand restaurant, pensant qu'il serait amusant, une fois revenue dans mon désert, d'y faire de la bonne cuisine. Mon professeur, M. Perrochet, quand je pris congé de lui, m'avait d'ailleurs proposé, tant j'avais témoigné d'amour pour son art, de devenir son associée et d'ouvrir un restaurant avec lui.

Quand je découvris les ressources de Kamante, je fus reprise de ma vieille passion pour la cuisine, et je me réjouissais de tout ce qui allait sortir de notre collaboration. L'intuition manifestée par Kamante à l'égard de notre cuisine me confondait, c'était pour moi inexplicable; notre civilisation elle-même en prenait une signification nouvelle. Peut-être avait-elle, après tout, un caractère divin et prédestiné?

J'étais à peu près dans la situation de cet homme qui retrouve la foi parce qu'un savant lui montre dans le cerveau la bosse de l'éloquence théologique. Si l'éloquence théologique peut être ainsi localisée, c'est que la théologie existe. Or la nature n'aurait point prévu la théologie si Dieu n'existait, donc Dieu existe.

Kamante avait l'habileté manuelle du cuisinier né; ce qui pour d'autres eût représenté un tour de force n'était qu'un jeu d'enfant pour ses mains noires et crochues. Les omelettes, les vol-au-vent ou les sauces n'ont jamais eu de secrets pour lui. Tout lui paraissait simple comme dans la légende du petit Jésus qui modèle des oiseaux dans de l'argile et qui leur dit de voler. Il méprisait les outils compliqués comme s'il redoutait de leur voir prendre trop d'indépendance. Je me rappelle lui avoir rapporté un appareil à battre les blancs d'œufs qu'il laissa rouiller. Il préférait employer le couteau dont je me servais pour mes semis, et les blancs d'œufs battus par lui montaient comme des nuages d'été.

Il avait une sorte de divination pour tout ce qui touchait à la cuisine; c'est ainsi que, dans une basse-cour, il reconnaissait du premier coup d'œil la volaille la plus grasse. Vous lui mettiez un œuf dans la main et il vous disait quand la poule l'avait pondu.

Toujours à la recherche des améliorations, il parvint — sans même que je fusse au courant — par le truchement d'un ami employé chez un Français, à se procurer, à l'autre bout du pays, les graines d'une délicieuse salade que je recherchais vainement depuis plusieurs années. Il avait pour les recettes une extraordinaire mémoire. Comme il ne lisait, ni ne parlait l'anglais, les livres ne pouvaient lui servir. Il se rappelait cependant toutes les recettes que j'avais pu lui donner et les classait dans sa tête, à sa manière; en général il baptisait les plats nouveaux d'après les événements de la ferme.

Il y eut ainsi le soufflé-de-la-foudre-qui-tombe et la sauce-du-cheval-gris-qui-était-mort. Jamais il ne confondait.

Il est une chose cependant que je n'ai pu lui inculquer, c'est l'ordre de présentation des plats : chaque fois que j'avais des invités, j'en étais réduite à lui dessiner une sorte de menu-rébus : d'abord une assiette à soupe, puis un poisson et une pintade ou des artichauts. Qui sait si cette lacune ne répondait pas moins à un manque absolu de mémoire qu'à un parti pris. Il devait estimer au fond qu'il y a des limites à tout et qu'une chose aussi insignifiante ne méritait pas qu'il s'en préoccupât.

Il est amusant de travailler avec un sorcier et de constater l'effet de ses sortilèges jusque sur le cadre qui l'environne : en principe la cuisine m'appartenait; mais à mesure que se poursuivait notre collaboration je sentais que Kamante en devenait le maître, comme de tout ce qui en dépendait! Il comprenait, sans même que je l'explique, ce que j'attendais de lui. Cela, encore, n'était rien : le plus surprenant à mes yeux était qu'il ait pu acquérir la maîtrise d'un art dont il ignorait tous les principes, qu'il comprenait mal et que, pour tout dire, il méprisait.

Comment Kamante pouvait-il savoir le goût que tel de nos plats devait avoir? Le milieu où il avait vécu, pas plus que l'expérience qu'il avait pu acquérir de notre civilisation ne pouvaient l'expliquer, car il était resté un vrai Kikuyu, attaché aux coutumes de sa tribu, bien convaincu de la supériorité de celles-ci. Il goûtait bien, parfois, aux plats qu'il préparait, mais sans conviction, avec la méfiance qu'éprouverait une sorcière pour la mixture contenue dans son chaudron. Il ne put jamais se faire à notre nourriture et il resta toujours fidèle au brouet de maïs de ses ancêtres. Ceci entraînait d'ailleurs certaines aberrations; il lui arrivait de nous servir des spécialités kikuyus, comme les patates douces grillées ou la graisse de mouton fondue, à la manière un peu de ces chiens qui, après avoir vécu plusieurs années dans une maison civilisée, apportent leurs os sur le tapis, en hommage. Je crois que Kamante nous jugeait un peu fous de consacrer tant de soins et d'efforts à ce que nous mangions. J'aurais voulu connaître son opinion et j'essayais de la lui faire préciser, mais si Kamante parlait volontiers de certains sujets, il se montrait sur d'autres très réservé; aussi tout en continuant à travailler de concert, n'avons-nous pas confronté nos idées sur l'importance de la cuisine.

J'avais envoyé Kamante prendre des leçons au Club de Muthaïga auprès du chef; il allait aussi chez mes amis de Nairobi chaque fois que chez eux un plat nouveau avait retenu mon attention, mais dès qu'il eut acquis assez d'expérience, ma maison devint fameuse pour l'excellence de son chef. J'en étais assez fière et c'était toujours pour moi un plaisir quand des amis venaient partager un repas avec moi et qu'ils appréciaient ma table.

Kamante demeurait assez insensible aux louanges, pourtant quand il s'agissait d'amis véritables, il s'inquiétait de leurs goûts. « Je ferai ce soir le poisson au vin blanc pour Bowana Berkeley Cole », me disait-il gravement, comme s'il s'était agi de flatter la manie d'un fou. « Il t'a envoyé des caisses de vin blanc, expliquait-il, c'est pour faire cuire le poisson. »

Pour avoir sur nos travaux l'opinion d'un expert, j'avais invité un vieil ami, M. Charles Bulpett. C'était un de ces globe-trotters, comme en connut la dernière génération, assez proche de celle de Phileas Fogg. Il avait parcouru le monde entier, goûté à ce qu'il y avait de meilleur partout, sachant jouir de l'instant présent sans se préoccuper du lendemain.

Les livres de sport ou d'alpinisme d'il y a cinquante ans rapportent ses ascensions en Suisse, au Mexique, et racontent comment il fut seul à revenir de certaines expéditions.

Un autre livre amusant, consacré aux paris les plus fameux, rapporte comment, à la suite d'un pari, mon ami traversa la Tamise à la nage en habit et chapeau haut de forme. Il devait plus tard, avec plus de romantisme, traverser l'Hellespont à la nage comme Léandre et Byron.

Quand il venait à la Ferme, pour dîner en tête à tête avec moi, je me mettais en frais pour lui soumettre nos dernières trouvailles. C'est toujours une très grande satisfaction d'offrir à un ami un bon repas que l'on a soi-même préparé. En échange, il me racontait des histoires et se livrait à des considérations sur la cuisine et sur la vie, en déclarant, pour finir, qu'il n'avait jamais mieux mangé que chez moi.

Le prince de Galles me fit aussi l'honneur de venir dîner à la Ferme; il apprécia tout particulièrement une certaine sauce Cumberland qui accompagnait un jambon. Ce fut la seule fois où je vis Kamante prêter attention et paraître flatté d'un compliment. Les princes et les rois impressionnent toujours les indigènes, très curieux des moindres détails les concernant. Plus de six mois après cette visite, Kamante éprouva le désir de m'entendre répéter les compliments dont il avait été l'objet et il me demanda brusquement comme

s'il récitait une phrase de ma méthode française : « Le fils
du Sultan a-t-il aimé la sauce du cochon? Est-ce lui qui a
tout mangé? »

En dehors même de la cuisine, Kamante me donna des
preuves de sa bonne volonté. Je le trouvais toujours prêt
à m'aider dans ce qu'il considérait une épreuve ou un danger.

Un soir, un peu après minuit, je le vis pénétrer dans ma
chambre à coucher, une lanterne à la main, aussi décidé et
convaincu que s'il avait été chargé d'une importante mission. Ce devait être peu de temps après son arrivée chez moi,
car je le revois encore, bien petit au pied de mon lit, il ressemblait à une chauve-souris toute noire aux oreilles dressées,
qui se serait égarée dans ma chambre, ou encore à un veilleur
de nuit africain.

Je me dressai sur mon séant, aussi surprise que mécontente, car je savais que s'il y avait eu quelque chose de grave,
Farah m'eût avertie. J'essayai donc de renvoyer Kamante,
mais il ne bougea point. « Msabu, dit-il, je pense que tu feras
bien de te lever, je crois que Dieu vient. » Je l'interrogeai
sur ce qui pouvait le lui faire croire : alors avec beaucoup
de dignité, il se dirigea vers la salle à manger orientée à l'Ouest
et me découvrit un spectacle étrange : du côté du Ngong,
des herbes flambaient dans la montagne, en suivant une ligne
presque droite, qui allait de la base au sommet. D'où nous
étions, on eût vraiment dit qu'une immense silhouette de feu
se déplaçait et avançait vers nous. Je restais à contempler
cette vision avec Kamante à côté de moi. J'essayai de lui
expliquer le phénomène, croyant le tranquilliser, car il me
paraissait en proie à une véritable frayeur, mais je dois dire
que mes explications ne parurent pas l'intéresser.

Du moment qu'il m'avait appelée, sa mission lui paraissait terminée. « Tu as peut-être raison », répondit-il à mes
explications, « mais je croyais qu'il valait mieux que tu sois
debout si c'était Dieu qui venait ».

LES NÈGRES CHEZ LE BLANC

Pendant toute une année la pluie manqua.

C'est un fait tragique. Le fermier qui l'a connu ne peut l'oublier. Loin de l'Afrique, revenu dans les pays nordiques, il lui arrivera bien des années plus tard, lorsqu'il sera réveillé par le bruit d'une averse, de s'écrier : « Enfin! enfin! »

Dans les années normales, la période des pluies commençait autour du 22 mars et se poursuivait jusqu'en juin.

Pendant les dernières semaines qui précédaient la pluie, chaque journée devenait plus chaude, plus sèche. On haletait. La nature elle-même semblait prise de fièvre : c'était, en beaucoup plus accentué, l'impression que l'on éprouve en Europe avant un gros orage.

Les Masaïs qui étaient mes voisins de l'autre côté du fleuve allumaient à cette époque de grands feux dans la plaine, pour que leur bétail puisse avoir de la jeune herbe fraîche à la première pluie. L'air de la plaine vibrait au-dessus de l'immense incendie, et les nuages de fumée grise, irisée des couleurs d'un prisme, arrivaient sur nos terres comme l'haleine d'un four.

D'immenses nuages couleur de roses et de violettes s'assemblaient dans le ciel et se déversaient au loin en averses légères. Une même et unique pensée, pendant des jours, obsédait le monde entier. Et puis un soir, juste avant le coucher du soleil, on voyait l'horizon se resserrer brusquement, comme si les montagnes se rapprochaient de la maison, une vie soudaine animant leurs verts et leurs bleus profonds. En sortant quelques heures plus tard, je constatais que les étoiles avaient disparu, mais que l'air nocturne était chargé de promesses. Des souffles précipités passaient bientôt au-dessus de ma tête, c'était le vent dans les grands arbres de la forêt, ce n'était pas encore la pluie. Un souffle balayait ensuite la terre, c'était le vent dans les herbes, et dans les buissons, ce n'était pas

davantage la pluie. Vous entendiez encore un bruissement et
un murmure au ras du sol, on eût dit le bruit joyeux de la
pluie, — combien de fois ne m'y suis-je pas laissée prendre? —
tout frémissant que l'on est de voir paraître l'acteur attendu :
ce n'était pourtant pas la pluie.

Mais lorsque la terre répondait comme une table d'harmonie avec un rugissement sourd qui montait, lorsque le monde
entier chantait autour de moi, par-dessus, par-dessous, par
côté, partout, alors c'était la pluie. C'était comme le retour
à la mer dont on aurait été longtemps sevré, comme l'étreinte
du bien-aimé.

Mais pendant toute une année la pluie manqua. On eût
dit que l'univers s'était détourné de nous. La température
se rafraîchit bien durant quelques jours. Nous eûmes froid,
mais il n'y avait pas trace d'humidité nulle part. La sécheresse s'accentua, toute la force et la grâce semblaient se retirer du monde. Le temps n'était ni bon ni mauvais, — il n'y
avait plus de temps, — un vent mou comme un courant
d'air passait au-dessus de nos têtes. Toutes les teintes du
paysage pâlissaient et se fanaient. La terre comme les bois
n'avaient plus de parfum : le sentiment d'une malédiction
pesait sur le monde.

Au Sud, les étendues brûlées rayaient le sol de leurs cendres
grises et blanches. Chaque journée qui s'achevait sans pluie
emportait un des espoirs de la ferme. Tout ce que nous avions
labouré, semé, planté pendant les derniers mois apparaissait si vain, si bête. L'activité de la ferme se ralentit, puis
cessa.

Les points d'eau tarissaient dans la plaine et sur les hauteurs. Les canards et les oies venus d'on ne sait où se pressaient autour de notre réservoir, celui de la route. Les zèbres,
en longues files de deux ou trois cents, venaient, à l'aube et
au coucher du soleil, s'abreuver à l'autre réservoir situé à
l'extrémité de la propriété. Les pouliches gardaient auprès
d'elles leurs poulains et ne s'écartaient même plus quand
j'arrivais à cheval au milieu d'elles. Nous les chassions, par
souci du bétail, car l'eau baissait constamment dans les réser-
voirs. Nous aimions à nous en approcher, rien que pour la
tache verte des joncs dans le brun du paysage.

Les indigènes se taisaient. Je n'obtenais plus d'eux d'indications sur le temps; ils devaient pourtant découvrir encore
plus de signes que nous dans le ciel ou dans le vent.

C'était leur existence qui se jouait; il leur était arrivé
— leurs pères en tout cas l'avaient vu — de perdre les neuf
dixièmes de leurs troupeaux pendant les grandes sécheresses.
Sur la terre grise et poussiéreuse des shambas desséchés, on
ne voyait plus que quelques rares maïs aux feuilles flétries
ou des plants étiques de patates.

Au contact des nègres, j'appris bientôt à me taire moi
aussi : j'acquis la résignation des êtres condamnés et cessai
de gémir; mais je n'avais pas encore assez vécu avec eux
pour tomber dans l'inertie qui vient aux Européens restés
seuls longtemps parmi les Noirs. J'étais jeune, et j'avais
besoin pour vivre de concentrer mes forces sur quelque objet
qui ne fût pas la sécheresse; je sentais le besoin de réagir,
pour ne pas étouffer dans la poussière qui s'accumulait sur
les chemins quand elle ne volait pas en gros nuages sur la
plaine.

C'est ainsi qu'un soir, je me mis à écrire. Je commençai
à la fois un roman et des contes; tout ce qui pouvait entraîner mes pensées vers d'autres lieux et d'autres temps me
paraissait bon. Les contes que j'écrivais amusèrent mes amis.

Quand je cessais et que je sortais, je sentais un vent léger
et cruel tourbillonner autour de moi. Le ciel était clair, constellé de millions d'étoiles implacables. Tout était sec.

Au début, je n'écrivais que le soir; par la suite je repre-
nais mes feuillets dès le matin, à l'heure où j'aurais dû être
dehors à distribuer le travail. Il était si difficile devant la
terre desséchée de savoir quel parti prendre! Fallait-il passer
la charrue sur les maïs flétris et recommencer à planter? Et
pour le café? Ne valait-il pas mieux sacrifier les fruits pour
sauver les pieds? Je remettais de jour en jour les décisions
à prendre.

J'écrivais dans ma salle à manger parmi le désordre des
papiers disséminés, car, à côté de la littérature, il y avait les
comptes à faire, les devis à examiner, sans parler des petites
notes désespérées du contremaître auquel il fallait répondre.

Les indigènes se demandaient ce que je faisais; quand ils
surent que j'écrivais un livre, ils en conclurent que c'était
un dernier effort pour nous tirer d'affaire et ils y prirent grand
intérêt. Chaque fois qu'ils me voyaient, ils me demandaient
comment allait le livre.

Ils entraient dans la salle à manger et restaient debout à
me regarder travailler. Leurs têtes sombres étaient si bien

assorties aux panneaux foncés de la pièce que le soir j'avais
l'impression de n'avoir plus autour de moi que des robes
blanches suspendues aux murs et qui me tenaient compagnie.

Ma salle à manger avait trois grandes fenêtres donnant sur
la terrasse, les pelouses et la forêt tout au fond. Le terrain
s'abaissait en pente douce jusqu'au petit fleuve qui séparait
ma propriété de la Réserve des Masaïs. On ne pouvait pas
distinguer le fleuve de la maison, mais on en reconnaissait
le cours sinueux à la large ligne d'acacias dont le vert sombre
se détachait sur le vert pâle des autres arbres.

De l'autre côté du fleuve le terrain se relevait et, au-dessus
des premières collines boisées, de vertes prairies s'étendaient
jusqu'au pied des montagnes.

Si j'avais eu la foi qui transporte les montagnes, ce sont
ces montagnes qui m'auraient suivie.

Les vents soufflant en général de l'Est, la salle à manger
se trouvait à l'abri et les fenêtres en étaient toujours ouvertes.
Cette façade était celle que préféraient les indigènes; ils étaient
toujours disposés à faire un détour et à traverser la pelouse
afin de mieux savoir ce qui survenait dans la maison. Pour
des raisons analogues, les petits bergers indigènes adoptaient
volontiers eux aussi mes pelouses pour y faire paître leurs
chèvres. Ces petits bergers kikuyus qui se promenaient autour
de chez moi avec leurs bêtes, à la recherche du meilleur
pâturage, servaient de liens entre les bois et ma maison,
entre la vie sauvage et la vie civilisée. Mes domestiques considéraient tous ces enfants avec méfiance et n'aimaient pas
les voir pénétrer dans la maison : et les aménités volaient entre
la pelouse et la cuisine! Les enfants n'en manifestaient pas
moins beaucoup d'enthousiasme pour la civilisation. Elle leur
était d'autant plus inoffensive qu'ils pouvaient s'en évader
quand ils voulaient.

Le vieux coucou suspendu dans la salle à manger la résu-
mait à leurs yeux. Une montre, si simple soit-elle, était déjà
un luxe dans nos montagnes où la hauteur du soleil permettait toute l'année de calculer l'heure, d'autant plus qu'il n'y
avait jamais de trains à prendre, que chacun pouvait à la
ferme organiser sa vie ainsi qu'il l'entendait et que, somme
toute, la question d'heure était bien secondaire. Mais mon
horloge n'était pas une montre ordinaire : au milieu d'une
guirlande de roses rouges, un coucou, toutes les heures, ouvrait
sa porte et nous criait l'heure avec force et noblesse.

Cette apparition déchaînait toujours l'enthousiasme des enfants. Ils savaient toujours d'après le soleil quand se produirait la grande apparition; aussi à partir de onze heures trente les voyait-on se rapprocher de la maison, suivis de leurs chèvres qu'ils n'osaient point abandonner.

Leurs têtes brunes et les têtes blanches et noires des chèvres émergeaient des buissons et des herbes hautes où les uns et les autres se frayaient un chemin, comme les têtes de crapauds qui surgissent d'un bassin.

Une fois sur la pelouse, ils y laissaient leurs chèvres et avançaient sans bruit sur leurs pieds nus. Les plus âgés pouvaient avoir dix ans et les plus jeunes deux ou trois ans.

Ils se tenaient très bien et observaient rigoureusement les consignes : il leur était permis d'entrer dans la maison à condition de ne toucher à rien, de ne pas s'asseoir et de ne pas parler sans qu'on les interroge.

Lorsque le coucou sortait de sa retraite, un frémissement de joie les parcourait et des rires fusaient, vite étouffés.

Il arrivait aussi parfois qu'un tout petit berger, moins soucieux que les grands de ses chèvres, revînt seul de grand matin. Il se tenait devant l'horloge, éperdu d'admiration; pour peu qu'elle ne répondît pas à sa muette supplication, il s'adressait à elle en kikuyu et l'implorait amoureusement. Puis gravement il repartait comme il était venu.

Mes domestiques riaient de la simplicité des petits pâtres: « ils croient, m'expliquaient-ils, que l'oiseau est vivant ».

Maintenant c'était au tour de mon personnel de venir me regarder écrire. Kamante, cet été-là, pouvait rester pendant des heures debout contre le mur à regarder la machine. Ses prunelles roulaient entre ses cils comme des perles noires, pour suivre de droite à gauche le mouvement de la machine, comme s'il avait dû la remonter et la remettre en marche après.

Un soir, en levant la tête, je rencontrai le regard de ses yeux attentifs. « Msabu, me demanda-t-il au bout de quelques secondes, est-ce que tu crois que tu es capable d'écrire un livre? » Je lui répondis que je l'espérais. Si l'on veut avoir une idée d'une conversation avec Kamante, il faut ponctuer chaque phrase d'une longue pause. Les indigènes sont passés maîtres en l'art de ces pauses qui ouvrent des échappées dans la conversation. Kamante réfléchit longuement · « Moi, je ne le crois pas », dit-il finalement

Je n'avais personne d'autre à qui parler de mon livre.
Je repoussai donc mes papiers et lui demandai pourquoi il
ne le croyait pas.

Je vis alors qu'il avait réfléchi à la question et qu'elle
ne le prenait pas au dépourvu. Il s'empara d'une jolie édition de l'*Odyssée*, qui était derrière lui sur une étagère, et
la déposa sur la table avec autorité :

« Regarde, Msabu, dit-il, ça c'est un bon livre. Il tient
ensemble, du commencement à la fin, même si on le prend
par le dos et même si on le secoue. L'homme qui l'a écrit
était fort, mais toi ce que tu écris, regarde, ajouta-t-il avec
un léger mépris mêlé de beaucoup de compassion, rien ne
se tient dans ton livre, il y en a un peu par-ci, un peu par-là.
Quand les gens rentrent et oublient de fermer la porte,
tout s'envole, tout tombe par terre et tu es très fâchée.
Ça ne sera pas un bon livre. »

Je lui expliquai que les gens d'Europe sauraient réunir
le livre pour que tout tienne ensemble.

« Est-ce que ton livre sera aussi lourd que celui-ci? » me
demanda-t-il en me montrant l'*Odyssée*. Quand il vit que je
réfléchissais, il me tendit le volume pour que je pusse bien
me rendre compte avant de répondre.

« Non, répondis-je, il ne sera pas aussi lourd, mais il y
a d'autres livres plus légers dans la bibliothèque.

— Sera-t-il aussi dur? » demanda-t-il.

Je lui expliquai qu'un livre aussi dur coûtait très cher.
Il réfléchit un peu, puis pour me prouver la confiance qu'il
avait en mon livre, il se mit à ramasser les feuillets épars
et à les arranger sur la table. Mais il ne partit point et au
bout d'un instant, profitant d'une pause, il m'interrogea de
nouveau : « Msabu, qu'est-ce qu'il y a dans les livres? » A
tout hasard et pour lui donner un exemple, je lui racontai
l'histoire d'Ulysse et de Polyphème et comment Ulysse,
ayant prétendu s'appeler « Personne », avait crevé l'œil de
Polyphème et s'était enfui, dissimulé sous le ventre d'un
bélier.

Kamante, qui m'écoutait avec attention, me fit observer
que le bélier en question devait être de la race des moutons
que le comice agricole de Nairobi avait exposés. Il revint
ensuite sur le sujet de Polyphème et me demanda s'il était
noir comme les Kikuyus. Je lui dis que non; il voulut alors
savoir si Ulysse était de la même race que moi.

« Et Ulysse, comment parlait-il? comment disait-il « Per
sonne » dans sa langue?

— Il disait Outis, répondis-je, ce qui veut dire « Personne »
dans sa langue.

— Est-ce que tu vas écrire la même histoire maintenant?
demanda-t-il.

— Non, on écrit ce qu'on veut, je pourrais même parler
de toi si je voulais. »

Kamante, qui s'était laissé aller pour une fois à ouvrir
son cœur au cours de la conversation, le referma immédiatement. Il détourna le regard et me demanda lentement ce
que je raconterais sur lui si je parlais de lui. « Je pourrais
raconter combien tu étais malade lorsque tu étais dans la
plaine avec tes chèvres. Te souviens-tu? A quoi pensais-tu
alors? »

Ses yeux firent le tour de la pièce qu'il examina dans tous
les sens avant de répondre d'un air détaché : « Je ne sais
plus.

— N'avais-tu pas peur quelquefois? »

Encore une longue pause : « Si, oh! si, tous les garçons
ont peur dans la plaine... quelquefois!

— De quoi avais-tu peur? » demandai-je.

Kamante demeura silencieux : je vis son visage se creuser
soudainement et ses yeux s'immobiliser, puis il eut un sourire :

« Tu veux savoir de quoi j'avais peur? J'avais peur d'« Outis ». Les garçons dans la plaine ont toujours peur d' « Outis ». »

Quelques jours plus tard j'entendis Kamante expliquer à
la cuisine que les Blancs d'Europe pouvaient faire tenir un
livre comme celui que j'écrivais et même, ajoutait-il après
s'être emparé de l'*Odyssée*, ils peuvent le rendre aussi dur
que celui-ci, mais ça coûte énormément d'argent; il ne pensait tout de même pas qu'on arrivât à le rendre bleu.

Kamante possédait le don des larmes, j'ajouterai qu'il
n'hésitait pas à l'exploiter contre moi. Je le soupçonnais
de pleurer à volonté. S'il m'arrivait de le gronder sérieusement, il me regardait avec l'expression désespérée que les
nègres savent si bien prendre, ses paupières se gonflaient,
et sans qu'aucun muscle de son visage eût bougé, de grosses
larmes coulaient lentement une à une sur ses joues. Je savais

que c'étaient des larmes de crocodile et si quelqu'un d'autre
les avait répandues elles ne m'auraient fait aucun effet,
mais avec Kamante le cas était spécial. Dès qu'il pleurait,
il reprenait sa figure d'enfant solitaire et malheureux, sa
pauvre petite figure que je lui avais si longtemps connue,
et je me demandais si ce n'était pas aussi ses larmes d'enfant qu'il retrouvait, celles qu'il répandait lorsqu'il était seul
dans la plaine avec ses chèvres.

De toutes façons ses larmes m'étaient pénibles, aussi pré-
férais-je ne pas insister sur ses fautes : je reconnais que le
procédé manquait de courage, mais étant donné notre entente,
Kamante devait songer que je n'étais pas dupe, et sans
doute lui-même n'accordait pas à ses larmes plus de valeur
qu'elles n'en méritaient. Elles répondaient, je crois, plus à
l'observation d'un rite, à une sorte d'hommage rendu aux
puissants de ce monde, qu'à un stratagème hypocrite.

Il aimait à rappeler qu'il était chrétien, et je me demandais toujours ce que le mot représentait pour lui. J'avais
essayé une ou deux fois de le catéchiser; il me prévint très
vite que, puisqu'il croyait tout ce que je croyais moi-même,
il ne voyait pas pourquoi je l'interrogeais.

De sa part, l'explication était vraisemblablement moins
une défaite qu'une profession de foi. Il avait adopté le Dieu
des Blancs, il était résolu à le servir en lui obéissant, mais
il préférait ne pas donner trop d'explications sur une méthode
de travail, qui pourrait, à l'usage, se révéler aussi dérai-
sonnable que tant d'autres méthodes de travail inventées
par les Blancs.

Lorsque mes actes ne lui paraissaient pas répondre aux
préceptes des missionnaires écossais qui l'avaient converti,
il venait me consulter pour savoir qui se trompait.

L'absence de préjugés dont témoignent les indigènes frappe
d'autant plus que l'on s'attend à trouver quantités de tabous
obscurs chez les peuples primitifs.

Cette absence de préjugés s'explique, je crois, par l'existence simultanée de tant de tribus et de races différentes
en Afrique orientale; les indigènes s'y sont trouvés constamment en rapport avec des individus très divers depuis le
marchand d'ébène, et le négrier de jadis, jusqu'aux colons
actuels, sans parler des chasseurs et des touristes. Dès leur
enfance, alors que, petits pâtres, ils gardaient leurs troupeaux

dans la plaine, les indigènes ont vu défiler les gens les plus variés, depuis les Italiens jusqu'aux Esquimaux, en passant par les Anglais, les Boers, les Arabes, les Somalis, les Souahélis, Masaïs-Kavirondo, si bien que les idées nouvelles ne l'étonnent plus et qu'il est toujours indulgent aux sentiments qu'il ne connaît pas, bien mieux parfois qu'un colon ou qu'un missionnaire, qui débarquent de leur province avec des idées arrêtées. Ce manque de préjugés ne contribue d'ailleurs pas à rapprocher les Blancs des Africains.

Personnellement, j'ai toujours été troublée par la pensée que je pouvais représenter le christianisme aux yeux de tout un peuple.

J'ai eu à mon service un jeune Kikuyu nommé Kitau, originaire de la Réserve Kikuyu. C'était un garçon réfléchi et consciencieux et un remarquable domestique.

Après avoir passé trois mois chez moi, il vint me demander un mot de recommandation pour mon vieil ami le Cheikh Ali Ben Salem de Mombasa qu'il avait vu chez moi, et au service duquel il désirait entrer. Regrettant d'avoir à me séparer de Kitau, alors qu'il était bien au courant des habitudes de la maison, je lui proposai de l'augmenter; il ne tenait pas à rester chez moi. Il m'expliqua que depuis longtemps, — l'idée lui en était venue, alors qu'il vivait dans la Réserve, — il avait pris la résolution de se faire soit chrétien, soit mahométan, mais qu'il ne savait pas encore à quelle alternative s'arrêter. Il était venu chez moi, sachant que j'étais chrétienne, pour connaître les chrétiens et leurs habitudes. Il désirait maintenant passer trois mois chez le Cheikh Ali à Mombasa pour connaître les musulmans, ensuite il déciderait.

J'imagine que même un archevêque eût été aussi peu rassuré que je le fus alors et qu'il aurait pensé, si même il ne l'avait pas dit : « Grand Dieu, Kitau, pourquoi ne me l'as-tu pas dit en entrant? »

Il est interdit aux musulmans de manger la chair d'un animal dont le cou n'aurait pas été tranché selon les rites par un mahométan. De sérieuses difficultés résultaient de cette interdiction durant les safaris, pour lesquels nous ne pouvions emporter que très peu de provisions et comptions sur la chasse pour assurer le ravitaillement. Quand on tirait du gibier et qu'il tombait, les musulmans se précipitaient pour arriver les premiers et couper le cou de la bête avant qu'elle mourût. Le chasseur les observe avec d'autant plus d'intérêt que, s'ils reviennent la tête basse et les bras ballants, c'est qu'ils sont arrivés trop tard, que la bête était morte et que l'on n'a d'autre ressource que de laisser les hommes jeûner ou de repartir à la recherche de zèbres ou de kongoni.

Au début de la guerre, j'étais partie en safari avec six chars à bœufs et j'avais trois musulmans pour diriger l'expédition que je commandais.

La veille du départ, rencontrant le shérif musulman qui était de passage à Kijahi, je lui demandai s'il ne pourrait pas accorder une dispense à mes gens pour la durée de ce safari. Ce shérif, bien que jeune, avait de l'expérience. Il s'entretint longuement avec Farah et les deux autres et déclara finalement : « Cette dame est chrétienne, mais quand elle tirera elle dira, au moins dans son cœur, « au nom de « Dieu », et ses balles auront le même pouvoir que le couteau d'un musulman; tant que durera cette expédition vous pourrez manger les bêtes qu'elle aura tuées. »

En Afrique le christianisme souffre de la guerre que se font entre elles les différentes missions.

J'avais l'habitude, quand je passais Noël en Afrique, de me rendre à la Mission française pour y entendre la messe de minuit. Noël tombait là-bas en pleine saison chaude; nous traversions heureusement la forêt domaniale, pour aller chez les Pères; le carillon des cloches s'entendait de loin dans l'air chaud et pur. La place de l'Eglise était ce jour-là très animée, on y voyait tous les Français et les Italiens de Nairobi. Les Sœurs de l'école étaient là aussi et les paroissiens indigènes, revêtus des atours les plus hétéroclites, se pressaient aux portes de la chapelle.

La jolie petite église était magnifiquement éclairée par des centaines de bougies et de grands transparents que les Pères avaient eux-mêmes confectionnés.

Le premier Noël qui suivit l'entrée de Kamante dans la maison, je le prévins que, puisqu'il était chrétien, je l'emmènerais avec moi à la messe de minuit et je lui décrivis toutes les belles choses qu'il y verrait, comme eût pu le faire un des Pères.

Kamante m'écouta avec attention et le soir de Noël il alla revêtir ce qu'il avait de plus beau, mais alors que la voiture était avancée, je le vis arriver tout ému, me décla-

rant qu'il ne pouvait pas m'accompagner. Je ne pus d'abord
en tirer aucune explication; pour toute réponse à mes questions je voyais battre ses paupières; finalement il avoua :
il venait seulement de comprendre que c'était à la Mission
française que j'allais, or les missionnaires écossais lui avaient
interdit de s'y rendre. J'essayai de le convaincre qu'il ne
pouvait y avoir là qu'un malentendu, mais tous mes efforts
paraissaient inutiles. Je le sentais obstiné et la sueur perlait
à son visage. « Non, non, Msabu, expliqua-t-il à voix basse,
je ne viendrai pas, je ne peux pas venir, je suis renseigné,
je sais que là-bas, dans la grande église, il y a quelqu'un,
Msabu, qui est terriblement méchant! » Désolée, ne sachant
que faire, je décidai de l'emmener tout de même et de m'en
remettre à la Sainte Vierge du soin de l'éclairer. Les Pères
avaient dans leur église une Madone de papier mâché bleu
ciel et blanc et les statues impressionnent toujours beaucoup
les indigènes, alors que les images les laissent froids, ils ne
comprennent pas. J'avais garanti à Kamante qu'il ne me
quitterait pas et qu'il serait sous ma protection : je n'étais
point parvenue à le rassurer; mais à peine avait-il franchi
la porte de la chapelle, que tous ses scrupules et toutes ses
craintes furent oubliés.

Il faut dire que jamais nous n'avions eu de plus belle
messe de minuit; une jolie crèche en constituait l'attraction
la plus grande, des étoiles l'éclairaient et l'on avait disposé
devant elle une centaine d'animaux, des vaches peintes en
rouge avec une clochette au cou et des agneaux blancs
comme neige à la toison d'ouate. Si les animaux ne témoignaient pas d'un grand respect des proportions, ils possédaient assurément toutes les qualités nécessaires pour ravir
l'âme d'un Kikuyu.

Depuis sa conversion, Kamante n'avait plus peur des
morts; il en avait eu la terreur autrefois et quand un malade
transporté sur ma terrasse venait à mourir, pas plus lui
que les autres Kikuyus n'aurait consenti à lever le petit
doigt pour m'aider à le transporter. Je dois reconnaître
cependant, qu'au lieu de s'enfuir comme les autres, il ne
m'abandonnait pas, mais il restait devant moi aussi immuable
qu'un roc, telle une statue de marbre noir. Je me suis souvent demandé comment il se faisait que les Noirs, qui redoutent
si peu la mort pour eux-mêmes, n'osaient pas toucher un
cadavre, tandis que les Blancs, qui eux ont peur de mourir,

l'acceptent sans répugnance. C'est encore un des points sur lesquels leur mentalité ne correspond pas à la nôtre. En tout cas, tous les coloniaux savent que les indigènes sont irréductibles sur ce point et qu'il est inutile d'espérer les modifier : ils préféreraient mourir plutôt que de céder.

Or cette appréhension avait effectivement disparu de l'âme de Kamante depuis qu'il était chrétien; il se moquait même de ceux qui l'éprouvaient encore.

Il ne manquait d'ailleurs pas de s'enorgueillir de cette transformation et d'y voir une preuve de la puissance et de la supériorité de son Dieu.

J'eus d'ailleurs l'occasion d'éprouver sa foi, car nous n'eûmes pas moins de trois morts à devoir transporter pendant mon séjour à la ferme.

La première fois, ce fut une petite fille Kikuyu, qu'un char à bœufs écrasa juste devant ma maison; la seconde fois, c'était un jeune bûcheron : l'arbre qu'il abattait était tombé sur lui; et la troisième fois, un vieil Européen venu habiter la ferme, où il joua d'ailleurs un certain rôle.

C'était un de mes compatriotes, un vieux Danois aveugle qui s'appelait Knudsen. Un jour où j'étais à Nairobi, il arriva péniblement jusqu'à ma voiture, se présenta et me demanda de lui donner asile à la ferme, car il n'avait plus de toit.

Je venais à l'époque, pour réduire nos frais, de congédier un des Européens de la ferme, l'un des bungalows était vide et je pus le prêter à Knudsen.

Ce marin perdu dans une ferme de montagne était assez incongru. Si peu terrien qu'il me faisait toujours songer à un vieil albatros dont on aurait coupé les ailes; les revers, les fièvres et l'alcool avaient eu raison de lui et l'avaient tassé, courbé. Ses cheveux avaient cette teinte particulière des roux qui grisonnent, on eût dit qu'il s'était couvert la tête de cendres, ou mieux, qu'il était encore imprégné du sel de la mer. Mais il y avait en lui une flamme qu'aucune cendre ne pouvait étouffer; il appartenait à une famille de pêcheurs. On se demandait quel vent l'avait poussé en Afrique, dont il avait été l'un des premiers pionniers.

Le vieux Knudsen avait tâté de bien des métiers dans sa vie, tous plus ou moins en rapport avec la mer ou la pêche, mais il n'avait jamais eu de chance. Il me raconta qu'il avait même été propriétaire de pêcheries sur le lac Victoria, qu'il y possédait alors des kilomètres de filets, — les meilleurs filets du monde — et un bateau à moteur. Mais la guerre lui avait tout enlevé. Son récit demeurait obscur quant à l'origine de la tragédie : tantôt c'était un fatal malentendu, et tantôt la trahison d'un ami qui avait déclenché tous ses malheurs : je n'ai jamais pu démêler au juste, car le récit variait. Il faut dire que le souvenir de son malheur mettait chaque fois le vieux Knudsen hors de lui; il commençait à bégayer et perdait le fil de son histoire.

Son récit devait tout de même comporter une part de vérité, car tant qu'il vécut à la ferme le gouvernement lui paya, à titre de dommages de guerre, une pension d'une roupie par jour. Je recevais souvent sa visite et c'est alors qu'il épanchait son cœur. Il cherchait refuge auprès de moi, car il n'était pas heureux dans son bungalow; les petits « totos » que je lui avais donnés pour l'aider ne restaient pas avec lui : il les effrayait lorsqu'il était en colère, en courant à tâtons après eux, et en brandissant son bâton.

Quand il était de bonne humeur, il venait à l'heure du café sur ma véranda; il me chantait alors de vieux airs de son pays. Nous avions l'un et l'autre grand plaisir à parler danois et nous échangions des remarques sur les incidents de la ferme pour le seul plaisir d'entendre notre langue. Malheureusement Knudsen était intarissable; lorsqu'il commençait, il fallait pour l'écouter une patience que je ne possédais pas toujours.

Simbad le marin se mêlait en lui au vieil écumeur de mers. Après avoir été un virtuose dans l'art du filet — il n'y en avait pas au monde de meilleurs que les siens —, il fabriquait maintenant des « kibokos ». Il achetait des têtes d'hippopotames aux indigènes qui vivaient au bord du lac Naïvaska et pouvait avec un peu de chance tirer une cinquantaine de fouets d'une seule tête.

J'ai encore une cravache remarquable qui me vient de lui. Malheureusement ce genre d'industrie était loin d'être inodore et l'on sentait autour de sa maison l'odeur effroyable des nids de vautours. Les derniers temps de sa vie nous le trouvions presque toujours assis près du bassin que nous venions de construire; la tête penchée sur l'eau, il paraissait contempler son image comme certains oiseaux des parcs zoologiques.

L'apparence fragile du vieux Knudsen dissimulait une âme

ardente de petit garçon; il ne rêvait que batailles et ven-
geances.

Aussi romantique qu'il fût, cet homme dévoré de haines
inextinguibles était un fléau; il en voulait d'ailleurs autant
aux institutions qu'aux hommes. Il appelait le feu du ciel
sur la tête de ses ennemis, et n'était jamais plus heureux
que lorsqu'il pouvait exciter les gens les uns contre les autres,
comme les enfants qui excitent les chiens à mordre les chats
ou à courir après eux.

C'était navrant et magnifique de sentir que le vieux Knudsen qui, après tant de ressacs, avait enfin trouvé son havre,
ne rêvait encore que combats et destructions avec une âme
aussi indomptable que celle d'un gosse. J'admirais malgré
moi l'ardeur de ce reître qui, un pied dans la tombe, refusait de se rendre.

Il ne parlait jamais de lui qu'à la troisième personne
comme du vieux Knudsen qui avait toujours triomphé de
tout et de tous!

Sur le sujet de ses semblables, il était pessimiste et pré-
voyait toujours la catastrophe que leurs entreprises méritaient, tandis que pour lui, toujours occupé à de nouveaux
projets, son optimisme ne connaissait pas de limites.

Peu de temps avant sa mort, il me confia, sous le sceau
du secret, le projet gigantesque qui allait enfin rendre le
vieux Knudsen millionnaire et confondre ses ennemis.

Il ne s'agissait rien moins que d'aller repêcher au fond du
lac Naïvasha les milliers de tonnes de guano que les siècles
y avaient accumulées. Par un suprême effort, il se rendit
jusqu'à Naïvasha pour étudier sur place les détails de l'affaire. On peut dire qu'il mourut dans l'enchantement d'un
projet qui réunissait tout ce qu'il avait aimé : l'eau, les
oiseaux, les trésors cachés; il y avait même jusqu'à ce relent
équivoque de la chose dont on ne peut guère entretenir les
dames. Et brochant sur le tout, ce qui le ravissait le plus,
c'était la silhouette épique d'un vieux Knudsen auréolé de
millions, et dominant les flots comme Neptune avec son trident!

Je n'ai jamais su par exemple comment il comptait remonter le guano à la surface.

Il y avait un contraste pitoyable qui ne pouvait échapper à personne entre les exploits, les dons, et la force du
vieux Knudsen, tels que le narrateur les peignait, et sa fra-
gilité, sa décrépitude.

Petit à petit j'arrivais à croire que j'avais affaire à deux personnes. La silhouette imposante du vieux Knudsen absorbait toute la toile de fond, pendant que j'avais devant moi la personne minable du serviteur et du disciple jamais las de célébrer les mérites de son maître.

Seule la gloire du vieux Knudsen comptait pour le pauvre homme et jusqu'à sa mort il demeura fidèle à son rêve.

Il connaissait, lui, ce vieux Knudsen, que nul autre — si ce n'est Dieu — n'avait découvert et il ne permettait à personne de mettre son existence en doute.

Je ne l'ai entendu user de la première personne qu'une seule fois. C'était environ un mois avant sa mort; il avait eu une attaque cardiaque, comme celle qui devait par la suite l'emporter, et comme je ne l'avais pas vu à la ferme depuis une semaine, j'étais allée jusqu'à son bungalow pour avoir de ses nouvelles.

Je le trouvai dans une chambre nue, où tout était à l'abandon dans une atmosphère empuantie par les têtes d'hippopotames.

Le visage de Knudsen avait pris une teinte violacée; il ne me répondit même pas quand je lui parlai et c'est seulement lorsqu'il me vit partir qu'il avoua d'une voix faible et haletante : « Je suis bien mal. »

Il n'était plus question alors du vieux Knudsen qui jamais n'avait été malade ou découragé. Pour une fois le fidèle serviteur pensait à lui et exhalait sa détresse.

Le vieux Knudsen s'ennuyait à la ferme, et de temps en temps il mettait la clef sous la porte et disparaissait de notre horizon. Cela se faisait en général chaque fois qu'il apprenait qu'un de ses vieux amis, un pionnier aussi, était de passage à Nairobi.

Son absence durait alors huit à quinze jours, et nous avions presque oublié son existence lorsque nous le voyions reparaître, courbé, malade, avec juste la force d'ouvrir sa porte.

Il faisait alors retraite un ou deux jours avant de venir nous trouver. Je crois qu'il redoutait de me voir dans ces moments-là; il devait penser que je désapprouvais ses fugues, et que je profiterais de sa faiblesse pour l'humilier.

Le vieux Knudsen qui venait me chanter des airs danois sur ma véranda nourrissait une grande méfiance à l'égard du sexe faible, toujours disposé à contrarier les hommes, toujours prêt à leur reprocher les plaisirs qui leur restent.

Le jour où Knudsen mourut, il avait déserté la ferme depuis un peu plus d'une semaine et personne ne le savait de retour.

Contrairement à ses habitudes, il avait pris en arrivant le petit chemin qui conduisait chez moi; c'est là qu'il s'écroula. Kamante et moi le découvrîmes à la fin de l'après-midi, en revenant d'une cueillette aux champignons; c'était au mois d'avril, au début de la saison des pluies.

Je me félicitai que ce fût Kamante qui l'eût découvert; à la ferme il avait été le seul à lui témoigner quelque sympathie. Il s'était même jusqu'à un certain point attaché au vieillard, attiré sans doute par ce qu'il sentait d'anormal chez le vieux Knudsen. Il lui apportait de temps en temps des œufs et veillait à ce que les petits boys ne l'abandonnent pas complètement.

Le vieillard gisait en travers du chemin, sur le dos; son chapeau avait roulé un peu plus loin et ses yeux n'étaient pas complètement fermés.

Il paraissait dans la mort singulièrement fort et détaché. Le vieux Knudsen était enfin lui-même.

J'aurais voulu le transporter chez lui, mais je savais que ce serait peine perdue que d'appeler les Kikuyus qui travaillaient à l'entour, car ils se seraient tous sauvés.

Je dis à Kamante de courir chercher Farah, mais il ne bougea pas.

« Pourquoi veux-tu que j'aille le chercher? demanda-t-il.

— Tu vois bien, lui dis-je, que je ne puis pas le porter toute seule. »

Kamante eut alors son sourire habituel :

« Tu oublies, Msabu, dit-il, que je suis chrétien. » Il souleva le vieillard par les pieds pendant que je le prenais par les épaules et à nous deux nous le transportâmes jusque chez lui. De temps en temps il fallait nous arrêter et le poser à terre. Kamante restait alors tout droit à considérer les pieds du vieux Knudsen : c'est ainsi sans doute qu'il avait vu les missionnaires se comporter devant un mort.

Quand nous eûmes déposé le vieux Knudsen sur son lit, Kamante se mit en quête d'un linge pour lui couvrir le visage et ne trouva qu'un vieux journal.

« Les chrétiens faisaient ainsi à l'hôpital », expliqua-t-il.

Longtemps après, Kamante aimait encore à rappeler l'incident, et comment j'avais pu oublier qu'il était chrétien. Allant et venant dans sa cuisine, il s'arrêtait tout à coup en riant, sa figure éclairée de satisfaction : « Te rappelles-tu, Msabu, cette fois quand tu avais oublié que j'étais chrétien et que tu croyais que j'aurais peur de t'aider à porter Msungu Mseï, le vieux Blanc? »

Kamante devenu chrétien était également guéri de la peur des serpents. Je l'ai entendu exposer aux jeunes Kikuyus qu'un chrétien pouvait, quand il le voulait, écraser de son talon la tête de n'importe quel serpent. Je ne l'ai jamais vu pratiquer cet exercice, mais je l'ai vu parfaitement calme, le visage décidé, les mains derrière le dos près de la hutte d'Esa, le jour où l'on découvrit de gros serpents, appelés « puffaders », sur son toit.

Les enfants se mirent à hurler et s'enfuirent vers le bois, comme la balle d'avoine que le vent balaye. Farah alla chercher son fusil et tua les serpents.

Lorsque l'émoi fut calmé et la vague retombée, Nyori l'un des jeunes gens, demanda à Kamante :

« Pourquoi n'as-tu pas écrasé la tête du serpent avec ton talon?

— Parce qu'il était sur le toit », répondit Kamante.

Il fut un temps où j'essayais de pratiquer le tir à l'arc. J'étais forte, mais j'éprouvais de la peine à tendre l'arc que Farah m'avait procuré; au bout de quelques essais cependant, j'étais parvenue à acquérir une certaine adresse. Kamante qui était encore petit à l'époque, et qui me regardait m'exercer sur les arbres de la pelouse, me demanda certain jour :

« Est-ce que tu es encore chrétienne quand tu tires avec l'arc?... Je croyais que les chrétiens se servaient d'un fusil. »

J'allais alors chercher ma Bible illustrée pour lui montrer l'image d'Ismaël tirant de l'arc, et je lus pour lui le texte qui accompagnait l'image : « ...Et le Seigneur était avec l'enfant pendant qu'il grandissait et vivait dans le désert et il devint un tireur d'arc. »

« Ah! bon, dit Kamante. Alors il était comme toi. »

Kamante avait une main particulièrement experte pour soigner les animaux. Nul mieux que lui ne savait extraire une écharde de la patte de mes chiens, ni découvrir les puces des sables qui pénétraient sous la peau et causaient des ravages. Une fois même il parvint à guérir un chien de la morsure d'un serpent.

Nous avions une fois recueilli une cigogne dont l'aile était brisée. J'avais en la regardant le mal du pays tant elle me semblait appartenir au Danemark; c'était une bête fière et réservée, elle se promenait à travers la maison, et il était amusant de la voir dans ma chambre devant l'armoire à glace se précipiter sur son image en battant des ailes. Cette cigogne était toujours sur les talons de Kamante et il était impossible de ne pas croire que l'oiseau imitait la démarche prudente et déhanchée de l'homme, dont la jambe était demeurée raide. L'homme et la bête avaient, par ailleurs, les jambes aussi dégarnies et les petits nègres, qui ont le sens de la parodie, ne pouvaient contenir leur joie devant le couple formé par Kamante et la cigogne.

Kamante savait fort bien ce qui-les amusait, mais Kamante ne s'arrêtait jamais à ce que les autres pensaient de lui; il se contentait d'envoyer les enfants chercher des grenouilles pour la cigogne.

C'est aussi Kamante qui se chargea de Lullu.

UNE ANTILOPE

Lullu me vint de la forêt comme Kamante m'était venu de la plaine.

A l'Est de ma ferme se trouvait la réserve des forêts domaniales du Ngong. C'était presque uniquement de la forêt vierge, et ce n'est pas sans chagrin que j'en vis plus tard abattre les grands arbres pour les remplacer par des eucalyptus et des grevillées. Cette forêt vierge aurait pu constituer un parc unique pour Nairobi.

La forêt vierge africaine est une région mystérieuse. Vous avez l'impression de pénétrer dans un fond de vieilles tapisseries dont les tons fanés ou assombris par l'âge offrent une infinie variété de nuances.

Quand on y pénètre, on ne voit plus le ciel, mais les rayons du soleil y jouent entre les feuilles. Les mousses qui pendent en longues barbes des branches, et les lianes qui enlacent les troncs et les tiges donnent au bois un caractère secret et dense. J'allais parfois m'y promener à cheval avec Farah, le dimanche quand il n'y avait pas de travaux à la ferme.

Nous escaladions les petites pentes ou suivions les ruisseaux. L'air de la forêt avait la fraîcheur des sources et il était chargé de senteurs, au début de la saison des pluies quand les lauriers-roses étaient en fleurs; des parfums qui rappellent le muguet et le lilas embaumaient l'air.

De place en place, des troncs creusés étaient suspendus aux branches par des lanières de cuir, pour attirer les essaims d'abeilles; c'est ainsi que les indigènes recueillent le miel.

A un détour du bois, nous avons certain jour aperçu un léopard, véritable figure de tapisserie, assis au milieu du sentier.

Tout un peuple de singes bruyants et bavards habitait le sommet des grands arbres.

Quand par hasard une troupe de singes empruntait le

chemin, l'air restait imprégné de leur odeur musquée, et à
mesure que vous avanciez, vous entendiez chuchoter au-dessus de votre tête : c'était une tribu singe qui s'installait.

A condition de demeurer rigoureusement immobile, vous
finissiez par apercevoir un premier singe sur une branche,
et petit à petit, vous découvriez que le bois était rempli
de singes. Ils apparaissaient posés sur les branches, comme
des fruits gris clair ou noirs, selon la manière dont ils étaient
éclairés; leurs longues queues pendaient toujours derrière eux.
Un bruit fin comme celui d'un baiser léger, suivi d'une toux
discrète, trahissait leur présence. Pour peu que vous imitiez
ce bruit, vous voyiez immédiatement les singes tourner la
tête de droite à gauche, avec des mines précieuses et étonnées, mais, au moindre geste un peu vif de votre part, tous
s'enfuyaient et vous pouviez suivre le bruit décroissant de
leur fuite au crissement des écorces; ils disparaissaient comme
un banc de poissons.

C'est dans la forêt du Ngong que, certain jour très chaud,
j'ai vu déboucher du fourré, devant moi, un sanglier de
grande taille, que l'on rencontre très rarement; il était suivi
de sa femelle et de deux marcassins. Les quatre bêtes passèrent à toute allure, se découpant comme des vignettes de
papier noir de dimensions différentes sur la verdure du fond.
C'était splendide à voir et émouvant comme un vieil étang
qui nous aurait soudainement renvoyé une ancienne image
gardée jalousement au cours des millénaires.

Lullu était une antilope bushbuck qui est la plus gracieuse
parmi les espèces d'antilope africaine. Un peu plus grande
qu'une biche, elle vit dans les bois : c'est un animal ombrageux, à l'allure légère et rapide, que l'on a rarement l'occasion d'apercevoir dans la plaine.

Dans la montagne et dans la région environnante, les
bushbuck étaient nombreuses; à la chasse, de grand matin,
ou au coucher du soleil, on pouvait les voir par bandes d'une
douzaine au plus, sortir du bois à la poursuite de la lumière.
Quand un rayon de soleil les frappait, leur robe avait la
couleur du vieux cuivre rouge. Le mâle porte de grandes
cornes finement découpées.

Voici la manière dont Lullu entra dans ma maison :
Je me rendais en voiture, un matin, de la ferme à Naı

robi. Mon usine avait brûlé quelques mois auparavant et j'avais à régler des questions d'assurance qui motivaient de nombreuses allées et venues entre ma maison et la ville. Ce matin-là j'avais la tête pleine de chiffres et de comptes. Je vis bien sur la route un groupe d'enfants me tendre une petite bushbuck.

Je compris qu'ils avaient dû la capturer et qu'ils désiraient me la vendre, mais, outre que je n'aimais guère acheter des bêtes sauvages, j'étais en retard et ne m'arrêtai point.

A mon retour le soir, j'entendis de nouveau des appels sur le bas côté de la route; c'étaient les mêmes enfants encore plus désireux de vendre leur petite antilope maintenant que le soleil était couché, ils étaient quelque peu las et découragés après une journée de tentatives infructueuses. Mais j'avais eu en ville une journée chargée, je n'étais ni d'humeur à m'arrêter ni d'humeur à discuter et je passai outre.

Je rentrai chez moi, je dînai et je me couchai sans penser davantage aux enfants rencontrés.

Au moment où je venais de m'endormir, je m'éveillai tout effrayée; la vision des enfants et de la petite antilope m'était apparue avec une telle intensité que je me dressai sur mon lit suffoquée, comme si quelqu'un avait cherché à m'étouffer. A quoi avais-je pu penser? Comment pouvait-on abandonner une si petite bête aux mains de tyrans qui l'avaient laissée les pattes liées toute la journée en plein soleil? C'était si petit que ça ne pouvait même pas se nourrir seul!

Je me levai prise d'une véritable panique, je réveillai mes gens à qui je déclarai que je voulais qu'on me retrouve l'animal et qu'on me l'apporte le lendemain matin, sans quoi tous recevraient leur congé.

Deux d'entre eux avaient été dans la voiture avec moi et bien qu'ils n'aient point sur le moment paru manifester d'intérêt, ils complétèrent mes indications et tous se précipitèrent hors de la maison. Il y avait un beau clair de lune et je les entendais discuter, bien persuadés qu'ils seraient tous renvoyés s'ils ne retrouvaient pas la petite antilope.

De bonne heure le lendemain, quand Farah m'apporta mon thé, Juno le suivait, l'animal dans les bras. C'était une femelle et on lui donna le nom de Lullu, qui signifie perle en souhaéli.

Lullu n'était à l'époque pas plus grande qu'un chat, avec
de grands yeux calmes couleur de violette. Elle avait des
jambes si fines, qu'on se demandait comment elles pouvaient, sans se briser, se plier et se déplier, chaque fois que
la petite bête se couchait ou se relevait; Lullu avait de
jolies oreilles lustrées et expressives, un petit bout de nez
tout noir comme une truffe; et des griffes si petites que
lorsqu'elle marchait on eût dit une noble dame chinoise aux
pieds mutilés.

On éprouvait une sensation curieuse à tenir dans ses bras
le chef-d'œuvre qu'était Lullu.

Lullu s'adapta instantanément à la maison et à ses habitants. La première semaine mes parquets cirés furent un
problème pour elle. Dès qu'elle s'aventurait hors des tapis,
c'était la catastrophe et ses quatre pattes s'en allaient aux
quatre points cardinaux, mais elle ne parut pas s'en émouvoir et finit par apprendre à marcher sur les parquets avec
le petit bruit sec d'un doigt impatient qui frappe sur du
bois. Elle manifestait beaucoup d'élégance et de distinction jusque dans les moindres détails, mais elle fut toujours
autoritaire et quand je voulais l'empêcher d'agir à sa fantaisie, elle prenait un air excédé, et semblait dire : « Tout,
mais pas de scène! »

Kamante la nourrit au biberon. Il l'enfermait le soir à
cause des léopards qui rôdaient autour de la maison dès le
soleil couché. Elle s'attacha si bien à lui qu'elle le suivait
comme son ombre. De temps en temps, quand il ne faisait
pas ce qu'elle voulait, elle lui donnait de sa tête dure un
coup sur la jambe.

Elle était si jolie, qu'involontairement on pensait en les
voyant à une transposition du conte de *la Belle et la Bête*.
D'ailleurs sa beauté et sa grâce assuraient à Lullu une place
de choix dans ma maison où tous la traitaient avec considération.

J'ai toujours eu comme chiens, tant que je fus en Afrique,
des lévriers écossais. Ce sont de nobles bêtes, il n'en est pas
de plus intelligentes ni de plus dévouées. Leur façon de
s'adapter à nos mœurs et à nos habitudes témoigne de
longs siècles passés auprès de l'homme. Ce sont d'ailleurs
toujours eux qui sont représentés sur les anciennes peintures
et les anciennes tapisseries et ils ont conservé une allure
féodale

Le premier de mes lévriers s'appelait Dusk; il m'avait été offert pour mon mariage et m'avait suivie en Afrique.

C'était une bête fidèle et dédaigneuse qui n'avait peur de rien. Dusk me suivait dans les safaris, mais il avait été tué deux ans plus tôt par un troupeau de zèbres. Quand Lullu parut, j'avais ses deux fils.

Les lévriers écossais ne détonnaient point dans le cadre africain. Peut-être était-ce l'effet de l'altitude et de l'air. Ils n'étaient plus les mêmes dès qu'ils redescendaient dans la plaine, à Mombasa par exemple. A la ferme ils semblaient compléter le paysage. Tous étaient de remarquables chiens de chasse; ils chassaient à vue et rien n'était plus beau que de les voir chasser ensemble. Je les avais emmenés avec moi, ce que je n'avais pas le droit de faire, dans les réserves de gibier, et c'était magnifique de les voir disperser les troupeaux de cerfs et de zèbres qui fuyaient effrayés comme si, du ciel, pleuvaient des étoiles. Quand je chassais avec eux dans la Réserve Masaï, il n'y avait jamais de gibier perdu.

Il fallait les voir dans la forêt vierge, se détachant en gris sombre sur les verts sombres. C'est là, que l'un d'eux affronta seul un vieux babouin mâle et le tua. Il avait eu d'ailleurs le museau traversé de part en part et en resta défiguré. Mais les indigènes considéraient sa cicatrice avec respect, car les babouins sont des bêtes très dangereuses dont les nègres ont peur.

Mes chiens, en outre, étaient très intelligents et distinguaient rapidement parmi mes gens les mahométans qui ne devaient pas les toucher.

Au début de mon séjour en Afrique, j'avais comme porteur de fusils un Somali du nom d'Ismaïl, qui mourut pendant mon séjour : c'était un porteur de fusils de la vieille école, et des gens comme lui n'existent plus. Il avait été dressé au début du siècle, alors que l'Afrique était le lieu privilégié des grandes chasses. Ismaïl ne connaissait de la civilisation que ce qui se rapportait à la chasse, et parlait l'anglais des chasseurs.

Alors qu'il était reparti pour son pays, je reçus de lui une lettre adressée, « à la lionne Blixen », et qui commençait par ces mots : « Honorable Lionne. »

Ismaïl était un musulman convaincu qui, pour rien au monde, n'eût touché un chien, ce qui dans sa profession était gênant; il faisait cependant une exception en faveur

de Dusk et lui permettait de monter avec nous dans la voiture que traînaient les mules.

Il acceptait même Dusk sous sa tente pendant la nuit,
car Dusk, disait-il, reconnaissait les musulmans et n'eût
jamais touché un serviteur de Mahomet. Ismaïl prétendait
même que Dusk savait distinguer un musulman véritable
de ceux qui n'observaient pas le Coran : « Ton chien, je le
vois, me disait-il, est de la même race que toi, il rit de tout
le monde. »

Mes chiens reconnurent très vite à Lullu son rang dans
la maison. Mes deux chasseurs si arrogants n'étaient plus
que douceur pour elle. Elle les écartait de l'assiette à lait
et de la bonne place au coin du feu où le plancher est chaud.
J'avais fixé une clochette au cou de Lullu avec une courroie de cuir, et les choses en vinrent au point que, lorsque
les chiens entendaient la clochette de Lullu, ils se levaient
avec résignation de leur place devant le feu, et allaient s'installer plus loin.

Mais personne ne savait être plus charmant que Lullu,
lorsqu'elle venait se coucher près du foyer. On eût dit une
dame qui rassemble ses jupes pour ne gêner personne. Elle
buvait son lait avec une condescendance exquise. Elle demandait à être caressée derrière les oreilles, pour ensuite le tolérer avec l'indulgence d'une jeune femme qui permet à son
mari de jouer avec ses doigts.

Quand Lullu eut atteint son plein développement, elle
était d'une beauté parfaite de la tête à l'extrémité de ses
jolies pattes dont le galbe s'élargissait insensiblement jusqu'aux belles cuisses bien lisses. On eût dit l'illustration,
peinte avec amour et minutie, de la poésie de Heine sur les
douces et sages gazelles du Gange.

Mais Lullu n'était point sage, elle avait même le diable
au corps. Elle possédait au suprême degré l'art bien féminin de paraître toujours sur la défensive pour priser son
intégrité, quand au fond elle ne songeait elle-même qu'à
attaquer; elle en avait contre le monde entier.

Ses sautes d'humeur étaient imprévisibles : elle pouvait
aussi bien se précipiter sur mon cheval quand elle le trouvait sur sa route. Je me rappelais alors le vieil Hagenbeck,
qui racontait que les cerfs sont les seules bêtes — les fauves
y compris — sur lesquelles on ne puisse compter; on peut,
prétendait-il, se tirer parfois indemne de l'amitié d'un léo-

pard, mais le jeune cerf en qui on a confiance vous assaille tôt ou tard par derrière.

Lullu était l'orgueil de la maison, lors même qu'elle se conduisait avec l'impertinence d'une jeune coquette; malheureusement elle ne se plaisait point parmi nous. De temps en temps elle nous tournait le dos et disparaissait pour quelques heures ou toute la journée.

A d'autres moments, suivant l'esprit qui la possédait, ou parce qu'elle était de mauvaise humeur, pour se détendre elle se livrait sur la pelouse à une sorte de danse guerrière, véritable invocation à Satan.

« Oh! Lullu, pensais-je, je sais que tu es forte et que tu peux sauter plus haut que toi; tu nous en veux maintenant, tu souhaiterais que nous soyons tous morts, et s'il n'avait tenu qu'à toi, ce serait chose faite, mais ton malheur n'est pas que nous t'ayons protégée de barrières trop hautes. En est-il pour toi de trop hautes? Ce dont tu souffres, c'est qu'il n'y en ait pas! Une force est en toi, et les obstacles aussi sont en toi; la vérité c'est que l'heure n'a pas encore sonné pour toi. »

Un soir Lullu ne rentra pas et nous l'attendîmes vainement toute la semaine. Nous avions perdu notre stimulant, la maison avait retrouvé la banalité des autres maisons. Je pensais aux léopards au bord du fleuve, et un soir j'en parlai à Kamante.

Il ne me répondit pas tout de suite pour digérer mon incompréhension. Ce n'est qu'au bout d'un ou deux jours qu'il reprit la question :

« Tu crois sans doute que Lullu est morte, Msabu? » dit-il.

Je ne voulais pas que ce fût dit; je me plaignais simplement de ne pas comprendre pourquoi Lullu n'était pas revenue.

« Lullu, dit Kamante, n'est pas morte, elle est mariée. »

C'était une excellente nouvelle, mais comment la savait-il? Qui la lui avait annoncée?

« Oui, reprit-il, elle est mariée et vit dans le bois avec son bwana, mais elle n'a pas oublié la maison. Elle revient presque chaque matin. J'écrase pour elle du maïs que je dépose derrière la cuisine et quand le soleil se lève, elle sort du bois et vient le manger. Son bwana est avec elle, mais il a peur des hommes, parce qu'il ne les connaît pas. Il reste en bas près du grand arbre, de l'autre côté de la pelouse, sans oser avancer jusqu'à la maison. »

Je dis à Kamante de m'appeler la prochaine fois qu'il verrait Lullu. Et quelques jours plus tard, au lever du soleil, il venait me chercher.

C'était un merveilleux matin, les dernières étoiles traînaient dans un ciel de rouille. Le ciel était haut et clair, mais le monde où nous étions était encore obscur et rempli de silence. L'herbe était humide et plus bas entre les arbres, là où s'arrêtait la pelouse, on voyait briller la rosée comme de l'argent mat.

L'air matinal était vif et mordant; dans nos pays du Nord, il eût présagé la gelée. Quelque expérience que l'on ait, on a toujours peine à croire que, deux heures plus tard, le soleil et la lumière pourront être intolérables. Un brouillard gris s'étendait sur les collines et leur prêtait les formes les plus étranges. Les buffles qui paissaient ainsi dans un nuage devaient avoir bien froid!

L'étendue se remplissait peu à peu de clarté, comme un verre s'emplirait tout à coup de vin doucement versé; les plus hauts sommets captèrent les premiers rayons du soleil, et successivement, à mesure que la terre s'abandonnait au soleil, je vis se dorer les pentes gazonnées au pied de la montagne et la Réserve Masaï apparut à l'horizon.

Mes arbres se couronnèrent de lumière et prirent des tons de cuivre. C'était l'heure où les pigeons sauvages qui nichaient de l'autre côté du fleuve venaient manger mes châtaigniers; on ne les avait que pour une courte période. Leur envol matinal était précipité comme une charge de cavalerie. Aussi le tir au pigeon, au petit matin, était-il un des sports favoris de mes amis de Nairobi. Quand je les invitais, ils arrivaient, leurs phares allumés, avant que le soleil eût paru.

En regardant le ciel léger et les sommets empourprés pendant que l'ombre douce vous enveloppait encore, vous aviez l'impression d'être au fond de la mer et de chercher, mollement porté par le courant frais, à gagner la surface ensoleillée.

Un oiseau lança quelques notes et tout aussitôt j'entendis dans le bois le bruit d'une clochette. Quelle joie! Lullu revenait... Le son se rapprochait et je pouvais imaginer le rythme de ses mouvements : elle s'arrêtait, puis repartait.

Une hutte nous la cachait. Brusquement elle déboucha devant nous. C'était extraordinaire de voir une bushbuck si près des habitations. Elle resta immobile, comme si, préparée à trouver Kamante, elle ne s'était pas attendue à me voir. Elle ne s'enfuit pas : elle me regardait sans crainte, paraissant avoir oublié aussi bien nos dissensions passées, que sa propre ingratitude.

La forêt avait transformé Lullu; elle était devenue une créature libre et magnifique : on la sentait entrée en possession de ses droits. Si, après avoir connu une jeune princesse en exil, je l'avais soudain retrouvée sur le trône, notre rencontre n'eût pas été moins solennelle. Lullu, tout comme Louis XII, avait oublié les injures faites au duc d'Orléans. Elle n'avait plus son allure agressive. A qui en voudrait-elle maintenant? Elle se souvenait de moi juste assez pour savoir que je n'étais pas dangereuse.

Pendant une minute ses grands yeux violets plongèrent dans les miens, sans qu'elle cillât, sans rien exprimer. Je pensais aux yeux immuables des déesses : j'avais devant moi Héra aux yeux de vache.

Lullu brouta une herbe près de moi, fit un petit bond gracieux pour me dépasser, puis elle se dirigea posément derrière la cuisine où Kamante avait déposé pour elle du maïs pilé.

Kamante me toucha le bras et tendit la main dans la direction du bois. Je vis alors sous l'un des grands châtaigniers de la pelouse la silhouette brune d'un cerf bushbuck, aux cornes finement découpées, qui se tenait aussi immobile qu'un tronc d'arbre. Kamante l'observa et sourit :

« Regarde-le, dit-il, Lullu a expliqué plusieurs fois à son mari qu'il n'y avait rien à craindre auprès de la maison, mais il n'ose pas venir; chaque matin il croit qu'il s'y risquera, mais dès qu'il sort du bois il sent une pierre sur l'estomac, et il s'arrête près de l'arbre. »

La pierre sur l'estomac est un mal très répandu dans le monde indigène, un mal qui compliquait souvent le travail à la ferme.

Lullu vint ainsi longtemps jusqu'à la ferme au lever du soleil. Le tintement de sa clochette m'annonçait que le soleil éclairait les pentes des montagnes, alors que j'étais encore couchée. Je l'attendais quelquefois pendant une semaine ou deux; on ne l'entendait plus, elle nous manquait, et nous nous préoccupions des chasseurs. Et un jour mes gens venaient me dire : « Lullu est là », comme s'il s'était agi d'une fille mariée revenant en visite chez ses parents. Une ou deux fois, je distinguai la silhouette du mâle près des châtaigniers, mais Kamante avait deviné juste : jamais il n'osa s'aventurer plus loin.

Un jour que je revenais de Nairobi, j'aperçus Kamante qui me guettait près de sa cuisine. Il vint tout joyeux m'annoncer que Lullu était venue à la ferme vers midi et qu'elle avait son « toto » avec elle. Quelques jours après j'avais moi-même l'honneur de l'apercevoir entre les huttes du personnel.

Lullu s'avançait, une Lullu méfiante, avec laquelle il n'eût pas fait bon plaisanter; sur ses talons marchait un petit bébé antilope, aussi fin qu'elle, avec des mouvements aussi déliés que lorsqu'on me l'avait apportée.

La saison des pluies s'achevait, et durant tout l'été on put voir Lullu autour de la maison, pas seulement le soir et le matin, mais encore l'après-midi; vers midi, elle se tenait souvent à l'ombre des arbres.

Le petit de Lullu n'avait pas peur des chiens; il se laissait renifler par eux, sans aucune crainte, mais il ne put jamais s'habituer aux nègres ni à moi. Si nous essayions de l'attraper, sa mère et lui s'enfuyaient et disparaissaient dans les bois.

Lullu elle-même, depuis qu'elle nous avait quittés, ne s'approchait jamais assez pour qu'on pût la toucher.

Bienveillante d'ailleurs, elle comprenait que nous eussions plaisir à voir son petit, elle consentait même parfois à saisir un morceau de sucre au bout d'une main tendue. Quelquefois nous l'avons vue s'avancer dans le soleil jusqu'au seuil du salon, et fixer songeuse la demi-obscurité de la pièce; mais jamais elle ne franchit ce seuil. Elle s'était débarrassée de sa clochette, et désormais ses allées et venues s'effectuaient en silence.

Mes gens proposèrent de capturer son petit et de le conserver dans la maison comme nous avions conservé Lullu, mais il me semblait que ce serait une vilaine réponse à la confiance qu'elle nous témoignait.

J'avais le sentiment qu'une alliance librement consentie existait entre la race des antilopes et nous. Lullu en quittant sa forêt nous témoignait l'amitié qui cimentait le pacte; elle intégrait en quelque sorte ma maison au paysage africain.

La forêt n'avait plus de secrets pour Lullu : Lullu savait

où se tenait le grand sanglier, elle avait dû voir s'accoupler
les rhinocéros et rencontrer au lever du soleil, à la lisière
de la forêt, le zèbre que le lion a tué, puis abandonné aux
hyènes faméliques.

Il existe un coucou africain qui se fait entendre au milieu
des journées les plus chaudes; on croirait entendre battre
le cœur de l'Afrique. Je n'ai jamais eu la chance de l'apercevoir, ni moi ni d'autres je crois, car personne encore n'a
pu me le décrire. Peut-être Lullu au détour d'un sentier solitaire s'est-elle arrêtée sous l'arbre où le coucou chantait.

Je lisais alors un livre sur l'impératrice de Chine et j'apprenais comment la jeune Yahanda, ayant eu un fils, sortit
de la ville interdite dans un palanquin d'or aux tentures
vertes et s'en fut revoir la maison de ses parents. Et je pensais que ma maison ressemblait à la demeure familiale de la
toute-puissante impératrice.

Les deux antilopes, la grande et la petite, hantèrent la
maison tout l'été, il ne s'écoulait jamais longtemps sans
qu'on les vît l'une ou l'autre ou toutes les deux.

Au début de la saison des pluies qui suivit, mes gens me
dirent qu'ils avaient vu Lullu avec un nouveau petit. Je ne
le vis pas moi-même, car le trio ne s'aventurait pas encore
aussi près des habitations, mais en me promenant dans la
forêt un certain jour, j'aperçus un groupe de trois antilopes
bushbuck.

Ces rapports entre Lullu, sa famille et ma maison se pro-
longèrent plusieurs années. Les antilopes étaient constamment autour de la maison. Elles sortaient des bois et se
promenaient sur les pelouses et dans l'allée. Elles choisis-
saient de préférence le coucher du soleil.

On voyait paraître entre les arbres leurs fines silhouettes
noires, mais, quand elles venaient paître sur la pelouse, leurs
robes luisaient avec des reflets de cuivre dans le soleil couchant. L'une d'elles devait être Lullu car elle montait jusqu'à la maison et prenait le chemin de la cuisine; je voyais
aussi ses oreilles se dresser au bruit d'une voiture qui arrive
ou d'une fenêtre qui se ferme, et puis les chiens la connaissaient.

Lullu fonça en vieillissant. Ses enfants et peut-être ses
petits-enfants conservèrent l'habitude de venir jusqu'à la
maison. Une après-midi, en rentrant de la ville, je trouvai
quatre antilopes sur ma terrasse autour du sel que j'avais
répandu pour mes vaches.

Un fait curieux, c'est qu'à l'exception du grand beau cerf, le « bwana » de Lullu que nous avions vu tête dressée sous les châtaigniers, aucun mâle ne se joignit jamais aux antilopes qui venaient nous visiter. Le matriarcat existerait-il dans la jungle?

Les chasseurs et les naturalistes de la colonie s'intéressaient beaucoup à mes bushbucks; le directeur des chasses monta jusqu'à la ferme pour les voir. Lullu et sa famille connurent même les honneurs de la presse. Elles firent l'objet d'un article dans *The East African Standard*.

Les années qui virent Lullu et ses descendants fréquenter ma maison furent parmi les plus heureuses de ma vie. J'en étais arrivée à voir, dans mes relations avec mes antilopes de la brousse, le signe de l'amitié et de la bienveillance, le don de l'Afrique.

Pendant les dernières années que je passai en Afrique, je vis de moins en moins Lullu et sa famille. Je crois que la dernière année elles ne parurent même pas. Il est vrai que les conditions étaient changées. Tous les terrains au Sud de la propriété avaient été lotis. Le bois lui-même avait été rasé. Des constructions s'élevaient sur son emplacement et les tracteurs avançaient péniblement sur ce qui était autrefois des clairières. Les nouveaux colons étaient grands chasseurs : on entendait souvent des coups de fusil; il y avait moins de gibier; sans doute avait-il émigré vers l'Ouest, ou peut-être était-il réfugié dans les forêts de la Réserve Masaï.

Je ne sais pas combien de temps peut vivre une antilope. Lullu est peut-être morte depuis longtemps. Très souvent à l'aube, dans l'apaisement des premières heures du jour, j'ai cru entendre le son argentin de la clochette de Lullu. Est-ce parce qu'elle-même au fond de la forêt rêve de sa clochette? Est-ce que le souvenir des hommes et des chiens, comme des ombres à la surface de l'eau, traverse encore sa jolie tête aux grands yeux humides et aux fines oreilles?

Lorsque mon cœur évoque l'Afrique je revois les girafes au clair de lune, les champs labourés, les faces luisantes de sueur pendant la cueillette du café. L'Afrique se souvient-elle encore de moi? Est-ce que l'air vibre sur la plaine en reflétant une couleur que je portais? Mon nom intervient-il encore dans les jeux des enfants? La pleine lune jette-t-elle sur le gravier de l'allée une ombre qui ressemble à la mienne? Les aigles du Ngong me cherchent-ils parfois?

Je n'ai jamais rien su de Lullu. Mais Kamante m'écrit. Il y a moins d'un mois j'avais une lettre de lui. Hélas ces nouvelles d'Afrique me semblent aussi illusoires qu'une ombre ou qu'un reflet : elles n'ont plus de vie!

Kamante ne sait pas écrire et il ignore l'anglais. Lorsqu'il estime, lui ou l'un de mes gens, que le moment de m'écrire est venu, ils vont trouver l'écrivain public, un Indien qui, nanti de son pupitre et de son écritoire, siège devant la poste; ils lui expliquent ce qu'ils voudraient me dire. Les écrivains publics savent à peine l'anglais et guère mieux écrire, cependant ils ne doutent pas d'eux-mêmes, et pour mieux montrer leur art, ils émaillent leurs lettres de signes et de fioritures, qui les rendent difficiles à déchiffrer. Ils ont aussi la singulière habitude de recourir, pour une même lettre, à des encres de couleurs variées, et quelle qu'en puisse être la raison, il semble qu'ils usent toujours les ultimes gouttes d'un régiment de bouteilles. Finalement le message qui parvient jusqu'à moi rappelle les Oracles de Delphes.

Une certaine profondeur n'en est pas absente. Je sens que celui qui me l'envoie a quelque chose à me mander, une nouvelle qui lui tient à cœur; qu'il n'a pas hésité, pour me la faire connaître, à parcourir les trois ou quatre milles qui séparent la Réserve de la poste. Mais la traduction a tout obscurci. La misérable feuille toute polluée qui a franchi tant d'espace est un appel, et je ne comprends pas ce qu'elle dit.

Kamante a sur la correspondance des idées particulières. C'est ainsi qu'il mettra dans une même enveloppe trois ou quatre lettres soigneusement numérotées. Première lettre, deuxième lettre, troisième lettre et ainsi de suite. Toutes contiennent les mêmes choses, répétées plusieurs fois. Peut-être Kamante croit-il m'impressionner davantage par la répétition. Il en usait déjà quand nous étions ensemble et qu'il tenait tout particulièrement à ce que je comprenne ou à ce que je me souvienne. Peut-être aussi trouve-t-il dur de s'interrompre lorsque le contact s'établit avec l'amie qu'il sent si lointaine.

Kamante m'écrit qu'il est sans travail et cela depuis quelque temps déjà. Je n'en suis pas autrement étonnée : j'avais dressé un chef pour des princes, et je l'ai abandonné parmi des émigrants. En outre, avec lui bien plus qu'avec d'autres, le « Sésame ouvre-toi » était nécessaire. Le mot de passe est perdu et la porte s'est refermée sur le trésor.

Dans le « chef » génial que nous avons connu, le monde ne voit plus qu'un Kikuyu aux jambes étiques : un nain à face plate, au visage inexpressif.

Qu'est-ce que Kamante peut avoir à me dire quand il suit la longue route qui mène à Nairobi, ou quand il attend son tour de passer devant l'Indien grippe-sou auquel il dévoile le message qui devra parcourir le quart du monde? Les lignes en sont aussi tordues que les doigts de Kamante et il n'y a aucun lien entre les phrases, mais la grande âme de Kamante transparaît dans tout ce qu'il fait.

Sa voix est puissante quand il crie vers moi, elle résonne par delà les mers, comme la harpe du berger David.

« Je ne t'ai pas oubliée Memsahib, honorée Memsahib, m'écrit-il. Tes serviteurs n'étaient jamais heureux parce que tu es partie. Si nous étions des oiseaux, nous volerions pour te voir. Alors nous revenons. Notre ancienne ferme elle était bonne pour vaches, pour petits veaux, pour négros. Maintenant elle n'a plus de vaches, plus de chèvres, plus de moutons, elle n'a plus rien. Maintenant les méchants ils sont contents parce que ton serviteur est devenu pauvre gens. Dieu garde ça dans son cœur pour aider ton serviteur. »

Et dans une lettre N⁰ 3 Kamante montre comment un indigène peut tourner un madrigal.

« Ecris-nous et dis-nous que tu reviens ici. Nous croyons tous que tu reviens. Pourquoi nous croyons? Nous croyons parce que tu ne peux jamais nous oublier, parce que nous croyons que tu te rappelles encore nos visages et le nom de notre mère. »

Un Blanc aurait écrit :

« Je ne pourrai jamais vous oublier. »

Mais un Africain dit :

« Nous ne croyons pas que tu nous oublies jamais. »

UN ACCIDENT DE CHASSE A LA FERME

L'arme était chargée...

. . . .

Dans la soirée du 19 décembre, j'étais sortie pour examiner le temps en quête de quelque signe annonciateur de pluie.

Il est vraisemblable que bien ·des propriétaires firent de même ce soir-là. Dans les bonnes années il pouvait arriver que nous eussions trois ou quatre averses violentes au moment de Noël. C'était particulièrement favorable à la croissance du café dont les fruits commençaient à apparaître après la floraison qui avait suivi les pluies d'octobre.

Ce soir-là, rien ne permettait d'espérer la pluie; le ciel était clair et constellé d'étoiles. La voûte du ciel est plus constellée au-dessus de l'Equateur que dans nos pays nordiques et on en jouit davantage. L'intérieur des maisons a peu d'attrait pendant les nuits tropicales. Dans le Nord de l'Europe les nuits d'hiver sont trop froides pour aller étudier les étoiles, et en été c'est à peine si on les distingue, le ciel est trop pâle.

La nuit tropicale est accueillante; il y a entre elle et nos nuits d'Europe la même différence qu'entre les églises catholiques et les temples protestants où l'on ne va que lorsqu'une cérémonie vous y appelle.

Les nuits du Sud protègent un va-et-vient incessant de bêtes et de gens.

En Afrique, comme en Arabie, le soleil de midi est mortel, et c'est la nuit que l'on voyage, que l'on vit et que l'on a donné des noms aux étoiles qui pendant des siècles ont guidé les humains à travers mers et déserts. Aujourd'hui encore dans ces pays-là, c'est de nuit que circulent le plus souvent les automobiles.

Il est peu de voluptés comparables à celle de fendre l'espace sous la voûte étoilée. Entre amis on se donne rendez-vous à la prochaine lune. On attend la nouvelle lune pour partir en safari et disposer de plusieurs nuits claires.

Un Européen qui a vécu sous les tropiques est toujours frappé de constater à quel point les phases de la lune semblent peu compter en Europe.

C'est la nouvelle lune qui fut pour le chamelier de Kha-didja le signal de l'action. Les caravaniers devaient attendre qu'elle parût pour se mettre en branle. C'est en méditant à sa clarté les yeux fixés sur elle que Mahomet a refait le monde. Comme il a dû le contempler, ce croissant dont il devait faire l'emblème de la victoire!

Mon prestige était grand parmi les indigènes, pour avoir été quelquefois la première à découvrir au soleil couchant l'arc effilé de la nouvelle lune; d'autant plus que, deux ou trois ans de suite, c'est encore moi qui la première aperçus la nouvelle lune qui marquait le début du Ramadan, le mois sacré des mahométans.

Les planteurs qui arrivent en Afrique consultent toujours longuement le ciel et font du regard le tour de l'horizon. D'abord vers l'Est. Si la pluie doit venir, c'est de là qu'elle viendra, de l'Est où brille l'étoile claire de la Vierge, puis vers le Midi, le premier regard sera pour la Croix du Sud qui ouvre le monde au navigateur, ensuite au-dessous de la voie lactée on cherchera Alpha et Bêta du Centaure. Un peu plus loin vers l'Ouest, c'est Sirius qui étincelle avec la douce Cassiopée et au-dessus des vagues contours du Ngong estompés par la nuit les trois diamants Rigal, Betelgeuse et Bellatri. Et pour finir, les yeux se portent vers le Nord, vers la voie du retour qu'il faudra prendre quelque jour. La grande Ourse à cause de la perspective paraît suspendue au-dessus de nos têtes, plaisanterie d'ours qui devrait réjouir le cœur des émigrants scandinaves.

La nuit apporte à ceux qui rêvent un enchantement par-ticulier, une joie du cœur, une légèreté de l'âme que le jour ne connaît pas.

Le rêve, aussi doux que le miel qui fond dans la bouche, est l'enchanteur qui nous délivre du destin. Grâce à lui, nous connaissons la liberté, non pas celle du dictateur qui impose au monde sa volonté, mais celle de l'artiste libéré de vouloir.

Le bonheur de rêver ne tient pas à ce qu'on rêve, mais

au jeu facile d'événements qui n'exigent aucun effort de notre part. Les paysages se déroulent d'eux-mêmes, les perspectives et les couleurs se succèdent, les voies, les demeures s'ouvrent devant nous; des étrangers, qui ne sont ni amis ni ennemis, paraissent et disparaissent sans que nous leur fassions ni bien ni mal. La fuite et la poursuite si fréquentes dans les rêves y sont, elles aussi, enivrantes.

Toutes les paroles que nous prononçons, toutes celles que nous entendons sont profondes, spirituelles. Si elles nous revenaient à l'esprit, dans la journée, peut-être nous paraîtraient-elles fanées et dépourvues de sens, c'est parce qu'elles appartiennent à un autre monde.

Dès que l'on s'endort et que le courant se rétablit, tout leur lustre reparaît.

Mais la volupté du rêve c'est cette liberté qui vous pénètre comme la lumière ou l'air des sommets, qui répand en vous une joie surhumaine.

Le rêveur est l'élu, l'être comblé; le plaisir et la richesse s'offrent à lui, il les accueille sans effort « ...et les rois de Tarshish lui apportaient leurs dons ». Il participe, vaguement étonné du privilège d'être allongé pendant que tous ces événements s'accomplissent, à des batailles, à des chasses, à des exploits, il va au bal...

Dès que la nécessité apparaît, lorsqu'il faut se hâter pour écrire une lettre, prendre un train, dès que le cheval pour galoper ou le fusil pour tirer ont besoin d'encouragements, c'est que le rêve s'achève ou que s'approche le cauchemar, caricature du rêve.

Hors du sommeil vous retrouvez parfois très atténuée la sensation du rêve : la nuit dans une grande ville où personne ne vous connaît, sous le ciel africain, dans la nuit qui libère ou encore à l'approche de grands événements; le destin se déroule, nous sommes environnés de ses remous, mais nous n'existons pas pour lui.

En Afrique toute une vie animale semble s'éveiller dès le coucher du soleil; l'espace se peuple alors mystérieusement. Les chauves-souris glissent dans l'air aussi silencieuses que les belles autos sur l'asphalte, les oiseaux de nuit traversent l'espace, et l'on peut voir le hibou, celui qui se tient au bord des routes et dont les yeux étincellent une seconde dans l'éclat des phares avant qu'il tombe comme une pierre devant les roues.

Les jeunes lièvres sortent de partout et s'amusent à leur manière comme des kangourous en miniature, avec un rythme qui n'appartient qu'à eux; leurs cabrioles ressemblent à des plongeons dans l'eau, et les cigales chantent inlassablement dans l'herbe haute.

Les parfums courent sur la terre pendant que les étoiles roulent dans le ciel comme des larmes sur une joue. Tu es encore l'élue à qui tout est offert « ...et les rois de Tarshish lui apportaient leurs dons ».

Dans la Réserve Masaï les zèbres la nuit changeaient de pâturages; leurs troupeaux rayaient la plaine et les buffles très haut s'ébranlaient dans la montagne.

Je voyais parfois passer les jeunes gens de la ferme, deux ou trois à la fois, petites ombres sur la plaine. Ils savaient où ils allaient, et je ne comptais plus pour eux; ils ralentissaient un peu l'allure en apercevant le point rouge de ma cigarette sur la véranda. Quelques mots s'échangeaient au passage.

« Jambo Msabu.

— Jambo jeunes guerriers; où allez-vous ainsi?

— Nous allons à Kathegu, c'est la fête!

— Bonsoir, Msabu. »

Quand ils étaient plus nombreux ils emportaient leurs tambours pour danser, les coups étouffés m'en parvenaient de très loin comme le pouls de la nuit. Puis brusquement l'oreille était surprise, moins par un bruit que par une sourde vibration de l'air. C'était le bref rugissement d'un lion. Je pouvais l'imaginer avançant dans la plaine, marquant son passage. Le bruit ne se répétait pas, mais il avait suffi de l'entendre pour que l'horizon s'élargît; les longues vallées de la montagne, les sources et les sentiers surgissaient devant mes yeux.

J'étais assise sur la terrasse lorsqu'un coup de feu retentit.

Un coup! un seul, puis le silence retomba. Les cigales qui semblaient s'être tues pour écouter reprirent leur chant monotone.

Un coup de feu, qui ne se répète pas, a dans la nuit quelque chose de fatal et de définitivement inachevé. C'est le message qu'on lance, le mot unique que l'on ne redit pas. Je me demandais ce que pouvait bien signifier ce coup; ce n'était pas pour effrayer une bête : on eût tiré dans ce cas deux ou plusieurs coups. Peut-être était-ce mon vieux forgeron indien, Pooran Singh, qui tirait sur les hyènes qu'attiraient au moulin les peaux de bœuf que nous mettions à sécher pour faire des courroies; Pooran Singh, qui n'était pas un héros, avait peut-être trouvé le courage de décharger son vieux fusil, car il n'avait pu ouvrir que le volet supérieur de sa porte.

Mais lui aussi aurait tiré deux coups; ensuite il aurait tranquillement rechargé son fusil et probablement, après avoir goûté à l'ivresse de l'héroïsme, tiré de nouveau.

Je ne comprenais pas ce coup, puis ce silence.

Pendant un moment j'attendis un autre coup, mais comme il ne vint pas, après avoir donné un dernier coup d'œil au ciel, et constaté que la pluie ne s'annonçait pas, je partis me coucher avec un livre et ma lampe.

En Afrique, quand on a la chance, parmi tant de mauvais livres que d'honnêtes bateaux vous apportent, de découvrir un livre qui mérite d'être lu, toute la ferveur que souhaiterait son auteur vous anime; on demande simplement au ciel que la suite ne nous déçoive pas et l'esprit s'élance reconnaissant et allègre sur les sentiers nouveaux.

Cinq minutes ne s'étaient pas écoulées, qu'une motocyclette s'arrêtait devant l'entrée et que l'on frappait énergiquement à la porte du salon donnant sur le jardin. J'enfilai précipitamment une blouse et une paire de pantalons, mes pieds chaussèrent les premiers souliers venus et je sortis, tenant ma lampe.

Je trouvai le contremaître de l'usine les yeux affolés et le visage en sueur sous la lumière de la lampe. C'était un Américain nommé Belknap, un ouvrier remarquablement adroit et ingénieux pour tout ce qui touchait à la mécanique, mais fort peu équilibré par ailleurs. La situation de la ferme ne lui apparaissait jamais que merveilleuse ou désespérée.

Avant d'avoir appris à le connaître, j'avais été souvent troublée par le caractère excessif de ses opinions sur la vie, sur les événements et sur la situation de la ferme; il me donnait toujours un peu le vertige. Maintenant je savais que ces écarts de pensée n'étaient à vrai dire qu'une gymnastique intellectuelle et quotidienne, par où se dépensait un besoin d'agir qui ne trouvait pas assez chez nous l'occasion de s'exercer

En Afrique, c'était un peu le mal dont souffraient les jeunes gens, ceux qui n'avaient pas quitté les villes. Mais cette nuit-là Belknap sortait d'une tragédie et n'avait pas encore décidé si son âme inquiète en exploiterait les détails ou s'il affecterait d'en ignorer l'horreur.

Devant ce dilemme, il ressemblait à un petit garçon qui a couru pour être le premier à annoncer un malheur, et il bégayait en parlant.

Il renonça à tirer parti d'événements qui ne le concernaient à peu près pas. Une fois de plus l'Afrique le frustrait d'un rôle possible.

Il me dit alors dans quelle atmosphère paisible et joyeuse s'était déclenchée la tragédie. Le cuisinier de Belknap avait eu congé et, en son absence, Kabero, le plus jeune « toto », d'une dizaine d'années, qui l'aidait à la cuisine, avait organisé une réception d'enfants dans la cuisine. Ce Kabero était le fils de mon voisin, Kaninu, un vieux renard, qui était par surcroît mon squatter. La réunion avait été fort gaie et Kabero, grisé par le succès, voulut éblouir ses jeunes amis de la plaine et leur montrer comment faisaient les Blancs : il était donc allé chercher le fusil de son maître. Belknap avait un très bel élevage de volailles sélectionnées — des poules et des dindons qu'il achetait aux expositions de Nairobi — et il avait en permanence un vieux fusil à plombs à sa portée, pour effrayer les vautours et les chats sauvages. Belknap nous a bien affirmé, pendant l'enquête qui suivit, que son fusil n'était pas chargé, et que les enfants avaient dû s'emparer de ses cartouches; mais je crains que sur ce point la mémoire lui ait fait défaut et que pour une fois le fusil fût chargé.

Toujours est-il qu'une décharge se produisit après que Kabero, emporté par l'élan de la jeunesse et du succès, eut visé ses camarades et pressé la gâchette. Le coup avait ébranlé la maison. Trois enfants légèrement blessés s'étaient sauvés, deux autres étaient restés sur place grièvement blessés ou morts. Belknap, en guise de commentaire, maudit copieusement l'Afrique et ce qu'on y voyait.

Pendant qu'il parlait, Farah et les domestiques étaient sortis de la maison; ils l'avaient d'abord écouté sans bouger, puis étaient rentrés chercher des lanternes.

Nous réunîmes précipitamment quelques objets de pansements et dévalâmes la pente en courant à travers le bois;

il eût été trop long de sortir l'auto. Nos lampes tempête projetaient nos ombres d'un bord à l'autre du chemin. A mesure que nous approchions, les gémissements rauques d'une agonie d'enfant parvenaient jusqu'à nous.

La porte de la cuisine était grande ouverte comme si la mort, après être entrée, en était partie précipitamment, laissant la pièce aussi dévastée que le poulailler visité par un renard. Sur la table, une lampe tempête fumait jusqu'au plafond, le fusil était posé à côté de la lampe, l'odeur de la poudre flottait encore dans l'air, il y avait du sang répandu dans toute la pièce et je glissais dans les flaques.

Il est difficile de diriger la lumière des lampes tempête, mais la pièce, ou la situation, ainsi éclairée est si forte, que des scènes vues à leur lueur restent mieux que d'autres fixées dans ma mémoire.

Je connaissais les deux enfants qui avaient été atteints, je les voyais souvent dans la plaine où ils gardaient les moutons de leurs pères. Wamaï, le fils de Jogona, un enfant très éveillé que j'avais remarqué au cours du soir, gisait entre la porte et la table. Il n'était pas mort, mais n'en valait guère mieux, il avait perdu connaissance et malgré qu'une plainte lui échappât parfois, il n'avait plus conscience de rien.

Nous le déplaçâmes un peu, afin de pouvoir pénétrer dans la pièce. Wanyangerri, l'enfant qui criait, avait été le plus jeune du groupe. Il était assis, appuyé contre la lampe, et de son visage ou plus exactement de ce qui restait de son visage, le sang coulait comme l'eau d'un robinet. Il avait dû se trouver devant le canon du fusil, quand le coup était parti, car il avait eu la mâchoire inférieure complètement emportée. Il agitait ses bras de chaque côté comme ces poulets dont on a coupé la tête et qui courent en battant des ailes.

Devant une affreuse blessure, la première pensée qui vienne à l'esprit, à la chasse comme à l'écurie, c'est d'achever le malheureux qui en est victime et l'on reste un instant paralysé de ne pouvoir le faire. Je ne sais pas alors quelle inspiration me vint, mais je saisis à deux mains la tête de l'enfant et la pressai désespérément. J'ai pu croire que j'avais tué l'enfant, car il cessa instantanément de crier; ses bras retombèrent le long de son corps et il demeura rigide comme s'il avait été pétrifié.

Je sais maintenant ce qu'il en est de guérir par l'imposition des mains.

Il est difficile de bander un visage dont la moitié est emportée. Si l'on comprime la blessure pour arrêter l'hémorragie, on risque d'étouffer le blessé. Je dus soulever l'enfant et le mettre sur les genoux de Farah, que je chargeais de lui maintenir la tête. Lorsqu'elle tombait en avant, je ne pouvais plus la bander, et lorsqu'elle partait en arrière, le sang coulait dans la gorge. Finalement nous réussîmes tant bien que mal, grâce à l'immobilité de l'enfant, à fixer le bandage.

Nous étendîmes ensuite Wamaï sur la table en élevant la lampe pour l'examiner.

Il avait reçu toute la charge dans la gorge et dans la poitrine, mais il saignait peu. Il ne coulait que deux minces filets de sang aux commissures des lèvres. C'était une étrange sensation de voir ainsi, inanimé, un enfant qui avait eu toute l'exubérance d'un jeune animal.

Son visage changeait sous nos yeux et prenait petit à petit une expression de stupeur.

J'envoyai Farah chercher l'auto car il n'y avait pas de temps à perdre, si nous voulions transporter les enfants à l'hôpital.

Pendant que nous attendions je cherchai à savoir ce qu'était devenu Kabero, par qui tant de sang avait été répandu. Belknap me raconta alors un fait curieux.

Quelques jours plus tôt, Kabero avait acheté à son maître une paire de vieux pantalons courts, pour lesquels il était entendu qu'il verserait, sur ses gages, une roupie à la fin du mois. Lorsque Belknap après avoir entendu la détonation se précipita dans la cuisine, Kabero était debout au milieu de la pièce, le fusil encore fumant à la main.

Il regarda Belknap une seconde et plongeant la main gauche dans la poche du pantalon qu'il venait d'acheter et qu'il portait pour la réception, il en tira une roupie et il déposa en même temps la roupie d'une main et le fusil de l'autre sur la table.

Ce geste accompli, ayant en quelque sorte liquidé ses dettes envers le monde, il avait disparu comme si la terre l'avait englouti. Nous ne savions pas alors combien c'était exact.

C'était de la part d'un indigène une attitude surprenante,

car les indigènes n'ont en général pas le souci de leurs dettes, surtout à l'égard des Blancs.

Peut-être Kabero avait-il cru le Jugement dernier arrivé et voulu y jouer son rôle? Peut-être encore avait-il cherché à se gagner un défenseur? Il est possible tout simplement que sous le choc, et devant la mort de ses amis, toutes ses idées aient été bousculées, et que celles de la périphérie se soient retrouvées au centre et réciproquement.

J'avais à l'époque une vieille auto, dont je ne veux pas médire, car elle m'a rendu service pendant plusieurs années. Jamais plus de deux cylindres ne fonctionnaient à la fois; quant à l'éclairage, il marchait rarement, et pour aller au bal à Nairobi, j'en étais réduite à installer une lanterne enveloppée d'un foulard rouge à l'arrière. Cette auto était, en outre, très difficile à mettre en route, surtout la nuit quand il faisait froid. Tous se mirent à la pousser ce soir-là; et nous pûmes démarrer.

Les gens qui venaient me voir se plaignaient en général de l'état de mes chemins, ce qui me surprenait, car j'avais l'impression de les entretenir. Mais pendant ce lugubre voyage dans la nuit, j'ai partagé l'avis de mes amis. J'avais d'abord confié le volant à Farah, mais je le lui repris car il me paraissait rechercher les ornières.

Pour tenir le volant je dus m'arrêter près du réservoir et me laver les mains dans l'obscurité. Le trajet jusqu'à Nairobi me parut interminable : il me semblait que le temps qu'il prenait m'aurait permis d'aller jusqu'au Danemark.

L'hôpital indigène de Nairobi est situé sur une des hauteurs qui surplombent le creux où la ville s'est engouffrée. L'hôpital était plongé dans l'obscurité et paraissait bien paisible. Nous eûmes du mal à l'éveiller. Au bout d'un certain temps, un vieux docteur soudanais, peut-être n'était-ce qu'un aide, apparut sur le seuil, dans la plus singulière chemise de nuit. Il paraissait immense, placide, gras, et chaque fois qu'il faisait un geste avec la main droite, il le répétait avec la gauche.

Je soutins Wamaï pendant qu'on le descendait, et je le sentis remuer et s'étirer un peu dans mes bras, mais quand nous l'eûmes déposé dans la salle puissamment éclairée de l'hôpital, je vis qu'il était mort. Le vieux Soudanais étendit une main vers lui : « Il est mort », me dit-il; de l'autre main, montrant Wanyangerri : « Il est vivant », ajouta-t-il.

Je n'ai jamais revu cet homme, car je ne suis jamais revenue de nuit à l'hôpital, seul moment où l'on pouvait l'y voir.

Son attitude m'irrita; en nous accueillant sur le seuil, vêtu de ses longs vêtements blancs, il avait simplement représenté le Destin qui répartit avec la même indifférence et la vie et la mort.

Wanyangerri s'éveilla de sa torpeur pendant que nous l'installions à l'hôpital et fut alors pris d'un véritable accès de terreur; il ne voulait pas rester et s'agrippait désespérément à ceux de la ferme qu'il pouvait saisir.

Le vieux Noir le calma avec une piqûre de morphine et, me regardant par-dessus ses lunettes noires, il répéta : « Il vit. » Je m'en allai, abandonnant à leur sort les deux enfants, le vivant et le mort, chacun sur sa civière.

Belknap nous avait suivis sur sa moto pour nous aider à remettre l'auto en mouvement au cas où elle s'arrêterait en route. Il s'approcha de moi et me rappela qu'il fallait aller déclarer l'accident à la police. Nous descendîmes donc vers la ville et la vie nocturne de Nairobi.

Il n'y avait aucun agent européen à cette heure-là au commissariat. Il fallut en envoyer chercher et nous l'attendîmes dehors devant l'auto.

La rue était bordée de ces eucalyptus, qui restent l'arbre type de presque toutes les villes d'émigrants. D'altitude moyenne, leurs feuilles étroites, qui répandaient une odeur pénétrante et agréable, se détachaient curieusement à la lueur des réverbères.

Des policiers indigènes tentaient d'amener au commissariat une grande et belle jeune femme, une Somalie, qui leur résistait de toutes ses forces, les mordant, leur crachant au visage et se débattant entre leurs mains comme un cochon qu'on égorge. Nous avons vu aussi des pugilistes d'occasion que l'on amenait au poste. Sur l'escalier du bureau de police, il fallait encore les retenir, prêts qu'ils étaient à se jeter l'un sur l'autre. Peu après, c'était un voleur venant d'être arrêté qui descendait le même escalier, une bande de noctambules le suivait, les uns prenaient parti pour lui et les autres pour la police, mais tous criaient.

Finalement un jeune commissaire parut, il sortait évidemment d'une soirée.

Il surprit d'abord Belknap, car il se mit à établir son rapport avec beaucoup de zèle et à toute allure, mais bientôt il s'arrêta pour réfléchir, posa son crayon et renonça à poursuivre.

Pendant ce temps je gelai dehors, car je n'avais guère de vêtements sur moi. Les formalités prirent tout de même fin et nous pûmes repartir.

Le lendemain matin, alors que j'étais encore au lit, au lourd silence qui entourait la maison, je devinai qu'il y avait un rassemblement sous mes fenêtres; j'imaginai facilement tous les vieux de la ferme, accroupis sur les pierres de la terrasse, occupés à chuchoter autant qu'à priser, moucher et cracher. Je savais aussi ce qu'ils voulaient : ils venaient me demander de réunir un « kyama » pour examiner les événements de la nuit et prendre les décisions que comporte le meurtre d'un enfant.

Le « kyama » est l'assemblée des anciens à laquelle le gouvernement laisse le soin d'arbitrer les conflits entre squatters. Les vieillards du « kyama » se rassemblent autour des crimes ou des malheurs comme une bande de vautours; on les verra pendant des semaines se repaître de viande de mouton, de commérages et de catastrophes. Ils essayeront aussi de m'attirer dans la discussion, pour que ce soit moi qui prononce la sentence.

Mais, en me réveillant, je n'étais pas disposée à me replonger dans les misères de la nuit, aussi ordonnai-je de seller mon cheval, bien décidée à les fuir.

En sortant de chez moi je vis comme je pouvais le prévoir tous mes vieux assis par terre en rond, près des huttes du personnel. En juges imbus de leur dignité, ils firent semblant de ne point me voir, jusqu'au moment où ils comprirent que je m'apprêtais à partir.

Ils se levèrent alors en trébuchant sur leurs vieilles jambes et me firent de grands gestes avec leurs bras. Mais tout en leur rendant leurs saluts, j'éperonnai mon cheval.

DANS LA RÉSERVE

Je pris la direction de la Réserve Masaï. Il me fallait traverser le fleuve pour l'atteindre, mais de là il me suffisait d'un quart d'heure pour gagner la zone de protection du gibier. J'avais eu du mal à découvrir dans le fleuve un endroit guéable à cheval.

La descente était très raide, et la remontée se faisait à travers les éboulis, « mais une fois engagée, de quelle joie l'âme ne tressaille-t-elle pas »?

De l'autre côté du fleuve, j'avais devant moi cent kilomètres de terrain découvert et ondulé où mon cheval pouvait s'en donner à cœur joie; il ne rencontrait ni un obstacle, ni un trou, ni une route. On n'apercevait pas à l'horizon d'autres habitations que les manyattas des Masaïs, encore étaient-elles vides la moitié de l'année quand les Masaïs, qui étaient de grands nomades, emmenaient leurs troupeaux à la recherche de nouveaux pâturages. Des arbres épineux et bas ponctuaient seuls la plaine, coupée de ravins très encaissés, dont le fond, tapissé de grandes pierres plates, trahissait le lit desséché d'une rivière. Des sentiers de chèvre permettaient de les traverser.

Peu à peu on se laissait gagner par le calme de cette nature. Quand, avec le recul des années, je songe à ma vie en Afrique, je me rends compte combien j'ai été favorisée d'avoir pu mener une vie libre et humaine sur une terre paisible, après avoir connu le bruit et l'inquiétude du monde.

Les Masaïs avaient coutume, avant que recommencent les pluies, d'allumer de grands feux pour brûler l'herbe desséchée; il ne faisait guère bon alors de parcourir cette steppe noircie et désolée; la cendre, qui volait sous les sabots du cheval, vous aveuglait et les fragments d'herbe carbonisée, devenus coupants comme du silex, déchiraient les pieds des chevaux. Mais après la pluie, alors que la plaine

était recouverte d'herbe fraîche d'un vert tendre, on ne pouvait trouver meilleur terrain pour le cheval. On avait l'impression de marcher sur des sommiers à ressorts.

A sentir la terre aussi élastique sous ses sabots, le cheval
était grisé. Différentes espèces de gazelles, attirées par l'herbe,
ressemblaient à des jouets sur un tapis vert; parfois aussi
un troupeau d'élans se laissait surprendre. Ces grandes bêtes
pacifiques vous laissaient approcher tout près d'elles avant
de s'enfuir, têtes dressées, leurs bois immenses répandus en
arrière comme une chevelure, tandis que la peau flasque de
leur poitrine tressautait comme un tablier; on les eût dit
échappées de ces dessins égyptiens qui nous les montrent
labourant la terre à côté des hommes.

Les élans ont conservé leur apparence d'animaux domestiques, qui surprend toujours dans le cadre sauvage de
l'Afrique.

Les girafes ne se montraient point, elles cantonnaient dans
la partie la plus reculée du terrain réservé.

La saison des pluies terminée, pendant à peu près un mois,
la plaine était toute fleurie d'œillets blancs; ils s'y épanouis-
saient avec une telle profusion que de loin on pouvait croire
que de grandes plaques de neige recouvraient la terre.

J'étais venue chercher refuge auprès des bêtes; j'avais le
cœur lourd après les événements de la nuit, et la vue des
vieillards autour de ma maison m'avait été désagréable. Je
devais connaître le sentiment qu'éprouvaient nos ancêtres
à la rencontre d'une sorcière maléfique, qu'ils soupçonnaient
de cacher sous ses jupes la poupée de cire portant leur nom.

Les rapports « constitutionnels », si je puis dire, que j'entretenais avec les indigènes, étaient très particuliers. Je ne
pouvais pas demeurer étrangère à leurs contestations, étant
donné que je voulais avoir la paix à la ferme. Une querelle
entre squatters que l'on ne règle pas risque toujours de
s'éterniser à la manière de ces blessures, bien connues en
Afrique, qui pour peu que vous les y aidiez, cicatrisent, mais
progressent par-dessous, si bien qu'on ne peut les guérir sans
débrider complètement la plaie.

Les indigènes le savaient bien aussi, et quand ils voulaient
vraiment en terminer avec un litige, ils venaient me trouver
pour que ce soit moi qui prononce l'arrêt.

Comme je ne connaissais rien de leurs lois, je me faisais
l'effet au cours de ces séances de la prima donna qui, ne

sachant pas un mot de son rôle, attend que ses partenaires
le lui soufflent.

Mes vieux bonshommes s'acquittaient de cette tâche avec
beaucoup de patience et de discrétion. J'ai dû parfois leur
faire aussi l'effet de la prima donna froissée et mécontente
de son rôle, qui refuse de continuer et menace de quitter
la scène.

Mon public acceptait en silence mes incartades comme un
coup du sort qui dépassait son entendement; il se contentait de cracher.

La notion du droit est en Afrique très différente de ce
qu'elle est en Europe, et il est malaisé de saisir le point de
vue d'un continent opposé au sien.

Les Africains ne connaissent qu'un moyen pour rétablir
l'équilibre changeant des circonstances; c'est d'évaluer et de
payer le préjudice causé. Comme l'eau qui afflue là où le
niveau baisse, ils cherchent à combler les trous que le destin creuse; les motifs d'un acte ne les intéressent aucunement.

Si quelqu'un rencontre son ennemi et lui coupe le cou,
ou si un bûcheron écrase un promeneur imprudent en abat-
tant un arbre, le résultat est le même. La société a subi un
préjudice qui doit être réparé dans la mesure du possible.

Les Africains ne s'inquiètent ni de la responsabilité ni
des circonstances atténuantes, soit qu'ils redoutent d'être
entraînés trop loin, soit qu'ils jugent que cela ne les concerne
pas, mais ils se livrent à des calculs passionnés pour déterminer quel nombre de moutons ou de chèvres pourra éteindre
la dette. Le temps alors ne compte plus pour eux; ils sont
engagés dans un labyrinthe de sophismes où l'on ne progresse que lentement.

Inutile de dire que lorsque je débarquai en Afrique ces
méthodes me révoltèrent par ce qu'elles avaient de contraire
à ma notion du juste et de l'injuste.

Et sur ce point les Africains sont tous les mêmes. Les
Somalis, qui ne ressemblent en rien aux Kikuyus qu'ils
méprisent, se livrent aux mêmes calculs qu'eux, lorsqu'il
s'agit d'évaluer le prix d'un meurtre, d'un vol ou d'une agres-
sion. Que ce prix s'exprime en argent ou en bétail, qu'il
s'agisse des chamelles si prisées en pays somali ou des chevaux dont le pedigree est inscrit dans le cœur de chacun,
la passion est la même.

On apprit un jour à Nairobi que le jeune frère de Farah,

un enfant de 10 ans, avait, en s'amusant à lancer des pierres dans le village somali de Buramur, cassé deux dents à un enfant appartenant à une autre tribu que la sienne. Des représentants des deux tribus vinrent alors trouver Farah à la ferme, pour régler la question et négocièrent, assis par terre dans la hutte de Farah, plusieurs nuits de suite. Leur délégation comprenait non seulement des hommes desséchés par l'âge, avec le turban vert des pèlerins de la Mecque, mais encore des Somalis plus jeunes, de belle prestance qui, lorsque de graves questions comme celles-ci ne les retenaient pas, accompagnaient dans leurs chasses les grands touristes européens et se chargeaient du soin des fusils. Quelques adolescents timides, aux joues rondes et aux yeux bruns, étaient venus avec leurs aînés pour représenter leur famille. Ils se taisaient, sans perdre un mot de ce qui se disait. Farah m'expliqua que l'affaire était grave parce que l'enfant avait eu la figure abîmée et que son mariage pourrait en devenir plus tard moins facile; il ne pourrait plus se montrer aussi exigeant envers sa femme sur le chapitre de la beauté ou de la réputation. Après bien des palabres, on estima que cinquante chameaux correspondaient au dommage subi; encore n'était-ce là qu'une demi-amende; s'il s'était agi d'un homme au lieu d'un enfant, l'amende eût été de cent chameaux. Après quoi, l'on procéda solennellement à l'achat des chameaux. Ajoutés au prix d'une épouse, ils aideraient celle-là à fermer les yeux sur la mâchoire ébréchée. Une tragédie était peut-être évitée; en tout cas Farah estimait s'en être tiré à bon compte.

Les indigènes n'envisageaient même pas·qu'un tel système pût me surprendre. Dès qu'ils avaient subi une perte quelconque, j'étais la première personne qu'ils venaient trouver pour être indemnisés.

Pendant la cueillette du café, un été, une jeune Kikuyu, du nom de Wamboï, fut écrasée par un char à bœufs juste devant chez moi. Le char transportait le café des champs au moulin et j'avais toujours interdit de monter sur les chars; sachant bien que, sinon, les enfants auraient été constamment perchés sur les charrettes, se grisant de lenteur comme d'autres de vitesse; outre les accidents que je redoutais, je ne voulais pas non plus de charges excessives pour mes bêtes. Mais les jeunes Kikuyus qui conduisaient les chars étaient sans résistance devant les jolies filles qui couraient derrière les lourds véhicules et demandaient à monter. Ils se bornaient à les prévenir d'avoir à descendre quand on arriverait en vue de la maison.

C'est précisément en voulant sauter que Wamboï était tombée; la roue lui avait écrasé la tête, laissant à peine un peu de sang dans l'ornière.

Je fis prévenir immédiatement les vieux parents qui ramassaient le café et qui vinrent se lamenter sur le corps de leur fille. Je savais que sa mort représentait pour eux une grosse perte matérielle; la jeune fille était bonne à marier et leur aurait rapporté un bon prix : des moutons, peut-être des chèvres, une vache même ou deux.

Ils avaient vécu, depuis la naissance de leur fille, dans l'attente de cette bonne affaire; elle leur échappait au moment où elle allait être réalisée. Je me demandais ce que je pourrais faire pour aider ces pauvres gens; mais ils me devancèrent, en se retournant vers moi pour être indemnisés.

Je déclarai tout net que je ne paierais rien : j'avais toujours interdit de monter sur les chars, nul ne l'ignorait. Les parents de Wamboï ne pouvaient le contredire, mais ils n'en maintenaient pas moins leurs exigences. Leur argument était simple : quelqu'un devait payer. Quant à leur faire admettre une dérogation à cette règle, autant leur expliquer le principe de la relativité. Ce n'était ni la cupidité ni même un désir de vengeance qui les animait et les poussait à me suivre lorsque, refusant d'en entendre davantage, je me levai pour rentrer. Ils me suivaient selon une loi naturelle, comme si j'avais été aimantée.

Ils s'assirent et attendirent devant ma maison. C'étaient de pauvres diables, sous-alimentés : sur ma pelouse, ils ressemblaient à des squelettes. Le soleil se coucha sans qu'ils fissent mine de bouger; le soir tombait et je distinguais à peine leurs silhouettes dans l'herbe, je les sentais écrasés par le désespoir.

Le chagrin de n'avoir plus leur fille se mêlait dans leurs vieux cœurs au sentiment de la perte matérielle et leur causait une peine intolérable. Farah étant absent ce jour-là, il était à Nairobi pour vingt-quatre heures, je fis remettre de quoi acheter un mouton aux parents de Wamboï. C'était une faute stratégique, car ils interprétèrent ma pitié comme le premier signe d'épuisement de la ville assiégée, et ils prirent leurs dispositions pour passer la nuit sur ma pelouse.

Je ne vois pas ce qui aurait pu les en déloger, si l'idée ne leur était venue dans le courant de la nuit de porter plainte contre le jeune conducteur du char.

C'est ainsi qu'ils partirent sans un mot de plus pour Dajoretti, d'où nous dépendions.

Cette affaire ne se régla d'ailleurs point toute seule, il fallut discuter, négocier, la police s'en mêla, je dus me rendre plusieurs fois à Nairobi, je reçus même la visite de la police, d'agents indigènes qui ne quittaient plus la ferme. Tout ce qu'ils trouvaient à proposer, c'était de pendre le jeune conducteur! Les conclusions de l'enquête ne leur laissèrent même pas cette ressource!

Les anciens n'osèrent pas me demander un kyama quand ils virent que la police abandonnait l'affaire.

Force fut aux parents de s'incliner devant la loi générale sans y rien comprendre, semblables en cela à la plupart des mortels.

Il m'est arrivé quelquefois de perdre patience avec mes anciens du kyama, et de leur dire ce que je pensais d'eux.

« Vous les vieux, leur disais-je, vous infligez aux jeunes des amendes qu'il leur est impossible de payer. Ceux-ci ne peuvent pas lever le petit doigt sans que vous tombiez sur eux, et pendant ce temps c'est vous qui achetez les jeunes filles. » Mes vieux en perdaient le souffle, leurs petits yeux brillaient dans leurs faces sombres et je voyais remuer leurs lèvres comme s'ils se délectaient de l'image entrevue.

Malgré nos dissentiments, mon rôle de juge suprême me laissait trop de possibilités pour que je m'en désaisisse facilement; mais j'étais jeune, la question du juste et de l'injuste était un problème que je ne pouvais examiner sans passion. A vrai dire je ne l'avais jamais envisagé jusque-là que sous l'aspect personnel et très particulier qu'il revêt pour le condamné.

Jamais encore je n'avais occupé le siège du juge!

Je ne négligeais aucun effort pour maintenir la paix à la ferme. Il arrivait, lorsque la question qui m'était posée était par trop insoluble, de me retirer en moi-même; je faisais comme le juge qui se couvre, et, bien que ce ne fût marqué par aucun geste de ma part, il était entendu que personne ne devait interrompre mes méditations.

Le procédé en imposait toujours et longtemps après j'entendais parler avec révérence de cette affaire si difficile, qu'une semaine n'avait pu suffire à la régler.

On impressionne toujours les indigènes en consacrant à
une question plus de temps qu'ils n'y consacreraient eux-
mêmes. Malheureusement cela exige une patience difficile à
soutenir.

Le désir que les indigènes manifestaient de m'avoir pour
juge, tout autant que leur respect de mes arrêts, seraient
inexplicables pour ceux qui ne connaîtraient pas la forme
particulière à la fois mythique et panthéiste de leur esprit.
Les Européens ne savent plus créer des mythes; ils vivent
de ceux que le passé leur a légués. Mais la pensée des Africains chemine facilement à travers les vieux sentiers perdus.
Leurs rapports avec nous en témoignent tout autant que
leur facilité à donner des surnoms aux Européens qui les
entourent, surnoms que vous devrez connaître si vous dési-
rez qu'un message parvienne à un ami, ou si vous tenez à
être renseigné sur le chemin qui conduit chez lui; les indigènes ne le connaissent que sous ce nom.

J'ai eu pour voisin un misanthrope qui jamais n'ouvrait
sa porte à personne. Les indigènes ne l'appelaient que « Sahni
Modja », « Le couvert ». « Resasi Modja », « Une cartouche »,
était le nom donné à mon ami suédois Enk Otter, parce
qu'il n'avait jamais besoin de plus d'une cartouche pour
atteindre sa bête. Et quels jolis surnoms! Je connaissais un
automobiliste fervent que les indigènes avaient dénommé
« moitié homme moitié auto ». Quand les indigènes donnent
aux Européens un nom d'animal : le poisson, la girafe, le
bœuf gras, nous retrouvons le même esprit qui enfanta les
centaures, les faunes et les harpies. Pour eux, les Blancs
sont à la fois hommes et bêtes, esprit et machine.

Il y a aussi le sortilège des mots. Un homme, habitué à
recevoir de son entourage le nom d'une bête, finira par se
découvrir une parenté avec elle et par se retrouver en elle.
De retour en Europe quelque chose lui manquera; il sera
privé du lien qui l'unissait à son double, parce que personne
ne saura plus que tous les deux appartiennent à la même
famille.

Je me rappelle avoir aperçu un jour au Zoo de Londres
un vieux fonctionnaire en retraite que j'avais connu en
Afrique sous le nom de Bwana Tembu : M. l'éléphant. Tout
seul, immobile devant les éléphants, il paraissait hypnotisé
par eux. Peut-être y revenait-il souvent? Tous les jours?
Un domestique indigène n'en aurait éprouvé nulle surprise,

mais en dehors d'un indigène, dans cette grande ville, il ne restait que moi, voyageuse de passage, à pouvoir le comprendre.

Le raisonnement des indigènes ne procède pas comme le nôtre.

Les nègres ressemblent aux races disparues, qui trouvaient tout naturel qu'Odin sacrifiât un œil pour obtenir la perception complète de l'univers ou que le dieu de l'amour fût représenté par un enfant ignorant de l'amour.

Il est très possible que les Kikuyus aient vu dans mon ignorance de leurs lois la preuve de ma compétence à les appliquer. Le pouvoir mythique des indigènes les conduit à user de vous à votre insu, sans même que vous puissiez réagir. Nous devenons pour eux des symboles.

Cette impression est curieuse pour celui qui en est l'objet; je l'ai éprouvée, j'avais même trouvé un terme pour la désigner. J'appelais cela, faire de moi « le serpent d'airain ».

Les Européens qui ont vécu longtemps avec des nègres sauront ce que je veux dire, bien que l'expression n'ait pas tout à fait le sens que la Bible lui prête.

Quelle que soit notre activité dans leur pays, quels que soient les progrès techniques ou scientifiques réalisés, je reste persuadée que cette utilisation des Blancs par les Nègres est le plus grand bénéfice qu'ils tirent de nous.

Tous les Européens ne sont pas également aptes à jouer les serpents d'airain, mais le rang et l'importance qui nous sont attribués dans le monde indigène sont toujours proportionnés aux dispositions que l'on nous reconnaît pour ce rôle.

Plusieurs de mes amis témoignaient à cet égard d'aptitudes particulières. Ainsi Lord Delamere était un serpent d'airain de toute première grandeur.

Je me rappelle avoir voyagé dans la montagne à l'époque où les grillons dévastaient le pays. Les sauterelles étaient apparues l'année précédente et cette année-là c'était au tour de leur progéniture de dévorer ce qu'elles avaient pu laisser et de veiller à ce que pas un brin d'herbe ne subsistât.

C'était pour les indigènes, après celle de l'année précédente, une épreuve très dure à supporter. Aussi avaient-ils perdu tout courage; ils geignaient comme des chiens malades.

Ils se jetaient la tête en avant comme si l'air en face d'eux était une muraille.

Arrivant sur ces entrefaites de la ferme de Delamere, je leur racontai que j'y avais vu les sauterelles installées partout, aussi bien dans les paddocks que sur les prés, et j'ajoutai combien Delamere était furieux.

Immédiatement mes gens se calmèrent et parurent soulagés. Ils me demandèrent ce que Delamere avait dit devant le désastre. Ils me firent répéter les mots qu'il avait prononcés, et cessèrent de se plaindre.

Comme « serpent d'airain », je ne pouvais être comparée à Lord Delamere, mais à l'occasion les indigènes pouvaient m'utiliser.

Pendant la guerre ils s'inquiétaient du sort des leurs qui faisaient partie du corps d'expédition. Mes squatters venaient s'asseoir autour de ma maison. Ils ne parlaient point, même pas entre eux, mais ils conservaient leur regard fixé sur moi. J'étais leur « serpent d'airain », je pouvais difficilement les renvoyer : ils ne faisaient aucun mal et d'ailleurs, chassés d'un endroit, ils seraient revenus dans un autre.

C'était plus lourd à supporter qu'on ne l'aurait cru!

Les Kikuyus m'utilisaient aussi comme pleureuse et s'en remettaient à moi du soin d'apaiser les dieux quand un malheur survenait à la ferme. Ce fut le cas pour le malheureux accident provoqué par Kabero. Les indigènes savaient la peine que j'éprouvais de la mort de l'enfant, et se croyaient par là autorisés à se décharger sur moi de toute l'affaire. Dans les jours difficiles, ils me regardaient un peu comme les catholiques d'une paroisse regardent leur curé : il vide seul le calice, mais c'est pour tous les fidèles.

Le propre de la magie, c'est de marquer à tout jamais celui qui en fut une fois l'instrument.

Le rôle de serpent d'airain était lourd, dépourvu d'agrément; j'aurais souhaité souvent m'y soustraire. Et les jours sont venus pourtant où je m'étonnais qu'après avoir été un serpent d'airain, je pusse encore être bafouée.

Sur le chemin du retour, près du fleuve, ou plus exactement au milieu du fleuve, je rencontrai les fils de Kaninu, trois hommes et un adolescent. Ils étaient armés de leurs javelots et me parurent pressés. Je leur demandai s'ils avaient des nouvelles de leur frère. Ils étaient dans l'eau jusqu'aux genoux; leurs traits étaient tirés et leurs yeux battus. Ils me répondirent que non, avec une voix sans timbre. Kabero, me dirent-ils, n'avait point reparu depuis sa fuite; pour eux,

certainement il était mort. Soit qu'il se fût tué par désespoir (l'idée du suicide vient facilement aux indigènes, même
aux enfants), soit que s'étant égaré dans la forêt les fauves
l'eussent mangé.

Ses frères avaient exploré les environs et se dirigeaient
maintenant vers la Réserve. Après avoir traversé le fleuve
et regagné mes terres, je me retournai vers la plaine. Je
n'y découvrais pas signe de vie, si ce n'est au loin une troupe
de zèbres, lorsque les fils de Kaninu émergèrent du lit du
fleuve. Je les vis marcher rapidement à la queue leu leu,
comme une chenille qui progresse dans l'herbe; de temps en
temps, je voyais leurs armes étinceler dans le soleil.

Ils paraissaient savoir où ils allaient. Où pouvaient-ils se
rendre?

Il n'y avait guère que les vautours qui pussent les guider,
ce sont les premiers à découvrir un cadavre dans la plaine,
ce sont eux qui le matin révèlent au chasseur l'endroit où
les lions ont passé.

Mais peut-être le petit corps de Kabero était-il trop maigre
chère pour des oiseaux habitués à d'autres festins; de toute
façon il ne les retiendrait pas longtemps sur la plaine.

Mais tout cela était lugubre; mon cheval et moi reprîmes
le chemin de la maison.

WAMAÏ

Je me rendis au kyama suivie de Farah. J'emmenais toujours Farah avec moi chaque fois qu'il s'agissait de parlementer avec les indigènes, car bien que le bon sens lui fît défaut quand il s'agissait de ses propres affaires et qu'il perdît la tête dès qu'intervenaient les rivalités entre d'autres tribus et la sienne, il était de bon conseil, avisé et prudent lorsqu'il s'agissait des affaires des autres.

Il était en tout cas impartial et me servait d'interprète, car il parlait admirablement le souahéli.

Je savais, avant d'ouvrir le kyama, que l'on y était bien déterminé à tondre Kaninu aussi ras que possible. Il pouvait s'attendre à ce qu'on lui enlevât ses moutons qui serviraient tout autant à apaiser les familles des victimes qu'à engraisser les vieux du kyama.

J'étais d'avance opposée à une telle procédure; j'estimais que Kaninu avait lui aussi perdu son enfant et que le sort de Kabero était encore le plus pitoyable. Wamaï était mort et ne souffrait plus, Wanyangerri était soigné à l'hôpital, tandis que pour Kabero, abandonné de tous, personne ne savait même comment il avait fini.

Kaninu était en effet un veau gras tout indiqué pour le sacrifice; il était l'un de mes plus gros squatters, et les listes de recensement indiquaient qu'il possédait cinq femmes, trente-cinq têtes de bétail et soixante chèvres. Il habitait avec sa famille en bordure de mon parc, autant dire en bordure de la forêt. Je voyais fréquemment ses enfants avec leurs chèvres; j'avais beaucoup de mal à obtenir que ses femmes n'abîment pas mes grands arbres.

La notion du luxe est étrangère aux Kikuyus; dès qu'ils ont dépassé le stade où l'on meurt de faim, ils se trouvent riches; aussi ne trouvai-je pas trace de meubles à l'exception d'un ou deux escabeaux de bois dans les huttes de Kaninu.

Par contre ses huttes et leurs alentours fourmillaient de vieilles femmes, de jeunes gens et d'enfants, et Kaninu se plaisait à regarder le soir ses vaches arriver une à une pour la traite, pendant que leur ombre bleue marquait l'herbe à côté d'elles; ceci assurait au grand vieillard maigre sous son manteau de cuir, à son visage souriant tout marqué de crasse et de rides, l'auréole du nabab.

Kaninu et moi avions eu plusieurs démêlés au cours des deux dernières années. J'avais dû à plusieurs reprises le menacer de l'expulser de la ferme à cause de certain trafic tout à fait illicite auquel il se livrait.

Kaninu entretenait des relations cordiales avec nos voisins les Masaïs. Il leur avait même donné plusieurs de ses filles en mariage. Les Kikuyus me racontaient eux-mêmes qu'autrefois les Masaïs auraient estimé au-dessous de leur dignité de s'allier aux Kikuyus; mais depuis une cinquantaine d'années ce peuple épuisé avait été contraint pour retarder sa fin de rabattre beaucoup de ses prétentions.

Les femmes masaïs étaient très souvent stériles et les Kikuyus prolifiques étaient particulièrement recherchées dans la Réserve.

Tous les enfants de Kaninu étaient beaux. C'est ainsi qu'au cours des années il avait pu souvent ramener de la Réserve de belles vaches lisses et pétulantes en échange de ses filles. Plus d'un père de famille parmi les Kikuyus avait réalisé des opérations du même genre. Kinanjui le grand chef kikuyu avait, me disait-on, envoyé plus de vingt-cinq de ses filles de l'autre côté de la frontière des Masaïs et reçu plus de deux cents têtes de bétail en échange. Mais depuis un an la Réserve était en quarantaine à cause de la fièvre aphteuse, et aucun animal ne pouvait plus en sortir. Cette mesure atteignait durement Kaninu, car les Masaïs sont de grands nomades qui se déplacent suivant la saison, la pluie, ou l'état des pâturages. Les vaches, qui légalement lui appartenaient, étaient ainsi conduites à l'autre bout du monde, parfois à plus de cent milles de chez lui, dans des régions sauvages où personne ne pouvait savoir ce qu'il en advenait.

Les Masaïs sont d'autre part gens peu scrupuleux dans leurs transactions sur le bétail avec les autres tribus, surtout lorsqu'il s'agit des méprisables Kikuyus.

Ce sont de superbes guerriers, dit-on, aussi experts aux jeux de l'amour qu'à ceux de la guerre. Entre leurs mains les filles de Kaninu, telles les Sabines, oublièrent vite la tribu paternelle; leur père ne pouvait plus compter sur elles. Aussi, en vieux renard avisé qu'il était, Kaninu décida-t-il de récupérer ses vaches en leur faisant traverser la frontière de nuit, alors que devaient dormir les agents chargés de la surveiller. C'était d'autant plus mal que les indigènes ont très bien compris la nécessité des quarantaines et qu'ils les respectent.

D'autre part, si des vaches venues de la Réserve des Masaïs avaient été trouvées sur mes terres, toute la ferme eût été mise en quarantaine.

Je postai donc des sentinelles la nuit le long du fleuve pour empêcher les vaches de Kaninu de passer l'eau.

Le clair de lune fut témoin d'embuscades dramatiques, de luttes et de fuites éperdues le long du fleuve argenté, pendant que les vaches, cause initiale de ces bagarres, s'enfuyaient dans toutes les directions.

Jogona, le père du petit Wamaï, était par contre un pauvre homme, il n'avait qu'une femme, et trois chèvres constituaient son avoir. Il y avait peu de chance qu'il possédât jamais beaucoup plus car son âme était simple. Je le connaissais bien. Un an plus tôt la ferme avait été déjà le théâtre d'un crime épouvantable. Deux Indiens, auxquels j'avais loué un peu en amont du fleuve un moulin où les Kikuyus venaient apporter leur millet, avaient été assassinés.

Le crime avait été commis la nuit et les meurtriers qui avaient tout pillé ne furent jamais retrouvés.

Le bruit de ce meurtre avait écarté de nos parages commerçants et meuniers indiens, comme si une tempête les avait balayés.

Il n'était resté que le vieux Pooran Singh que j'avais muni d'un vieux fusil. Il m'avait fallu dépenser beaucoup d'éloquence pour le convaincre de rester à mon moulin. Ayant entendu des pas autour de la maison les nuits qui suivirent le crime, j'avais cru bon de faire garder la maison pendant quelques jours en postant un homme sur la véranda et c'est Jogona que j'avais chargé de cette surveillance. Non pas que cet homme doux et souriant eût été d'un grand secours, en face d'assassins, mais j'aimais ce vieillard gai et bienveillant et je causais volontiers avec lui.

Il avait une candeur d'enfant, et, chaque fois qu'il me rencontrait, un large sourire éclairait sa face sombre.

Il parut heureux de me voir au kyama.

Le Coran que j'étudiais à l'époque défend, même en faveur des pauvres, de fléchir les rigueurs du droit.

Je n'étais pas la seule dans l'assemblée à ne conserver aucune illusion; quelqu'un d'autre savait comme moi qu'il s'agirait avant tout de faire rendre gorge à Kaninu, et ce quelqu'un c'était Kaninu lui-même.

Tous les vieux, alléchés par l'affaire, étaient déjà assis par terre, formant le cercle, tout prêts à entamer la procédure. Kaninu enfoui sous sa peau de chèvre laissait échapper de temps en temps un sanglot étouffé ou un gémissement, comme un chien qui, épuisé d'avoir hurlé, se contente d'entretenir tout juste son tourment.

Mes vieillards auraient préféré examiner d'abord le cas de l'enfant blessé qui offrait davantage matière à palabres. On pouvait en effet envisager toutes sortes de réparations : Wanyangerri pouvait encore mourir, il pouvait être défiguré pour la vie, ou encore perdre l'usage de la parole.

Farah les informa de ma part que je me refusais à discuter cette question avant d'être allée à Nairobi et d'avoir vu le docteur. Force leur fut d'avaler leur déconvenue, et de passer à l'autre affaire.

J'expliquai au kyama qu'il importait de régler l'affaire rapidement; je jugeais superflu qu'ils lui consacrent le reste de leur vie, étant donné qu'il s'agissait non pas d'un meurtre, mais d'un lamentable accident, et qu'en tout cas le fils de Kaninu n'était pas un assassin.

Le kyama me fit l'honneur de m'écouter avec attention, mais mon préambule n'était pas plus tôt terminé que les protestations commencèrent.

« Mais, Msabu, nous ne savons rien du tout », rectifia l'un d'eux du ton de quelqu'un qui se croit renseigné. « Sans doute toi-même n'es-tu pas complètement informée, nous ne comprenons pas très bien ce que tu viens de dire. Nous croyons en effet que c'est le fils de Kaninu qui a tiré, sinon comment serait-il le seul à n'être pas blessé?

— Pour le reste, tu pourrais peut-être demander à Mauge, son fils y était, il a eu l'oreille emportée. »

Mauge était aussi l'un des riches squatters de la ferme; il pouvait jusqu'à un certain point rivaliser avec Kaninu.

C'était un homme imposant dont l'opinion comptait, il s'exprimait avec lenteur en cherchant ses mots :

« Msabu, dit Mauge, mon fils m'a dit ceci : « Les garçons prirent le fusil l'un après l'autre et le tendirent à Kabero, qui ne voulait pas leur montrer quelle était la manière de s'en servir. Il s'y refusait absolument. Finalement il le prit et au même moment le coup partit, blessant tous les enfants et tuant Wamaï, le fils de Jogona. C'est ainsi que les choses se sont réellement passées. »

— Tout ceci, je le savais, répondis-je. C'est bien ce qu'on appelle un accident ou un malheur. Kabero n'avait pas l'intention de tuer les totos. Si l'on avait voulu les tuer il aurait suffi d'un seul coup de fusil tiré de chez moi ou de chez toi, Mauge. »

Ce raisonnement parut impressionner l'assemblée, tous les regards se portèrent sur Mauge qui parut inquiet. Ils se concertèrent un moment et reprirent la discussion : « Cette fois-ci, Msabu, nous ne te comprenons plus du tout. Nous pensons que tu veux parler d'un bon fusil comme ceux dont tu te sers, car tu n'as pas l'habitude des vieilles pétoires. S'il s'était agi d'un vrai fusil, tu aurais raison, mais avec une mauvaise arme comme celle de Kabero, il est impossible, en tirant de chez toi ou de chez Mauge, de tuer quelqu'un dans la maison de Bwana Menanya, c'est hors de question. »

J'attendis un peu avant de leur répondre : « Nous sommes tout à fait d'accord, leur dis-je, tous savent ici que c'est le fils de Kaninu qui a déchargé l'arme et que Kaninu donnera à Jogona un certain nombre de moutons pour le dédommager. Mais tous savent également que le fils de Kaninu n'était pas un assassin, qu'il n'a pas tué Wamaï volontairement et que par conséquent Kaninu donnera moins de moutons qu'il ne l'eût fait dans le cas contraire. »

Un vieillard nommé Ereri s'avança alors et prit la parole. Il avait de notre civilisation un peu plus d'expérience que les autres, étant donné qu'il avait passé sept ans en prison.

« Msabu, dit-il, tu nous dis que le fils de Kaninu n'était point mauvais et que Kaninu doit à cause de cela donner moins de moutons. Mais si son fils avait été mauvais et avait fait exprès de tuer Wamaï, crois-tu que l'affaire aurait été meilleure pour Kaninu? Crois-tu qu'il en aurait été si satisfait qu'il aurait consenti à payer davantage?

— Ereri, lui dis-je, tu sais que Kaninu a perdu son fils.

Tu sais aussi, puisque tu vas au cours du soir, je t'y ai vu, que Kabero était un bon élève, et qu'en dehors de l'école c'était aussi un garçon capable; c'est donc dur pour Kaninu de l'avoir perdu. »

Une longue pause suivit. Tous observaient le silence, c'est le moment que choisit Kaninu pour se mettre à gémir de toutes ses forces, comme si, ayant oublié sa douleur et ce qu'il lui devait, il entendait réparer.

« Memsahib, dit alors Farah, laisse tous ces Kikuyus avouer le chiffre qu'ils ont dans la tête. » Il s'adressait à moi en souahéli pour que tous le comprennent et ses paroles étaient de nature à jeter le trouble dans l'âme de tous ces vieux, car un chiffre comporte toujours une précision que n'aiment point les indigènes. Farah les regarda tous successivement, puis leur jeta à la tête d'un ton suprêmement dédaigneux : « C'est cent moutons qu'ils veulent. »

Cent moutons représentent une telle somme que personne ne pouvait la prendre au sérieux.

Le silence retomba sur le kyama, tous sentaient le dédain du Somali et préféraient ne pas y donner prise davantage.

Au bout d'un certain temps, l'un des plus vieux lança timidement : « Cinquante. » Mais le chiffre n'eut pas d'écho; il semblait que, par sa diversion, Farah eût détourné l'attention.

On attendit encore et, finalement, c'est Farah lui-même qui, avec la désinvolture apparente du maquignon, leur jeta : « Quarante. »

Ce chiffre réveilla l'assemblée qui se remit à discuter avec animation. Il fallait maintenant leur laisser le temps de réfléchir, de bavarder et d'ergoter, mais les bases de la négociation étaient posées.

Une fois rentrés à la maison, Farah me fit part de ses pronostics.

« Je crois, me dit-il, que les vieux se mettront d'accord sur quarante moutons. »

Une autre épreuve attendait encore Kaninu. Le vieux Karthegu, un vorace, qui prenait rang aussi parmi les richards de la ferme, et qui régentait une nombreuse famille, se leva et proposa de désigner un à un les moutons que devrait livrer Kaninu.

Ceci était contraire à l'usage et Jogona était bien incapable d'avoir trouvé cela tout seul; je le soupçonnais de

s'être laissé entraîner dans une combinaison dont Karthegu
pouvait tirer tout le bénéfice.

J'attendis un peu de voir ce qui allait venir. Kaninu me
parut tout d'abord résigné au martyre; il baissait la tête et
se cramponnait comme si chaque fois que l'on désignait une
bête c'était une dent qu'on lui arrachait. Mais lorsque Karthegu non sans avoir hésité désigna une grande chèvre jaune
sans cornes, le cœur de Kaninu se brisa et toute sa force
d'âme le déserta.

Il émergea de sa peau de chèvre comme Lazare du tom-
beau, et hurla vers moi comme un taureau. C'était le cri
de Rama, un véritable *De profundis*. Mais il eut tôt fait de
deviner que j'étais avec lui et que je ne permettrais pas
qu'on lui arrachât la chèvre jaune.

Il se rassit alors sans rien ajouter, se contentant de toi-
ser Karthegu d'un air ironique qui ne présageait rien de
bon.

Après que le kyama eut siégé pendant une semaine, et
multiplié les séances ordinaires et extraordinaires, il fut enfin
décidé que Kaninu livrerait à Jogona quarante moutons,
seulement il n'était plus question de les choisir.

Quinze jours plus tard, Farah venait un soir me trouver
pour me mettre au courant de la tournure que prenait l'affaire.

La veille, me dit-il, trois vieux Kikuyus de Nyeri étaient
arrivés à la ferme. Ils avaient entendu parler de l'accident
et des quarante moutons et venaient réclamer leur part du
butin, car Wamaï, déclaraient-ils, n'était pas le fils de Jogona,
mais le fils de feu leur frère aîné; ils estimaient en conséquence que c'était à eux que devait revenir l'amende.

Leur insolence m'amusa et je dis à Farah qu'elle ne m'étonnait pas des gens de Nyeri. Farah demeurait songeur; pour
lui, ces hommes disaient la vérité. Jogona arrivait de Nyeri
quand, six ans plus tôt, il s'était installé à la ferme, et d'après
ce que Farah avait pu savoir, Wamaï n'était pas le fils de
Jogona et « ne l'avait jamais été », dit Farah.

C'était une chance, ajouta-t-il, que Jogona ait touché
deux jours plus tôt vingt-cinq moutons sur les quarante que
le kyama lui avait attribués; Kaninu aurait certainement
préféré envoyer ses moutons à Nyeri pour s'épargner le chagrin de les revoir à la ferme, mais Jogona avait encore à se
méfier, car il ne se débarrasserait pas facilement des Kikuyus

de Nyeri. Ceux-ci, bien installés à la ferme, menaçaient de porter l'affaire devant le tribunal de Dagoretti.

Préparée comme je l'avais été par Farah, je ne fus point autrement étonnée en voyant arriver les trois hommes de Nyeri quelques jours plus tard sur ma terrasse. Ils avaient tous les trois des têtes bestiales; ils ressemblaient à des hyènes affamées que le sang de Wamaï aurait attirées.

Jogona lui-même les accompagnait; il paraissait en proie à l'agitation et au désespoir.

L'attitude différente des deux parties en cause tenait au fait que les Kikuyus de Nyeri n'avaient rien à perdre, tandis que Jogona avait vingt-cinq moutons. Les trois étrangers étaient assis sur les pierres de la terrasse comme trois punaises sur un mouton.

Je n'éprouvais *a priori* aucune sympathie pour eux, outre qu'ils ne s'étaient jamais autant inquiétés de Wamaï que depuis qu'il était mort; j'étais ennuyée pour Jogona qui s'était bien comporté au kyama et qui, me semblait-il, regrettait sincèrement l'enfant. Jogona tremblait, soupirait, et bégayait tellement qu'il me fut impossible d'en rien tirer.

Deux jours plus tard, Jogona vint me trouver dans la matinée pendant que j'écrivais à la machine; il me demanda avec beaucoup de gravité de bien vouloir écrire pour lui le récit de ses rapports avec Wamaï et la famille de ce dernier; il désirait remettre cet exposé entre les mains de la police de Dagoretti. La simplicité de Jogona autant que la sincérité de son récit et jusqu'à son émotion étaient désarmantes.

Il était clair que la résolution qu'il venait de prendre ne lui apparaissait pas exempte de dangers.

J'écrivis sa déclaration comme il me le demandait; ce fut assez laborieux, car elle se rapportait à des événements vieux de six ans assez difficiles à dégager. A mesure qu'il se les remémorait, Jogona les revivait et il était obligé de s'interrompre pour réfléchir et reprendre son récit de plus haut.

Il soutenait sa tête en parlant et se frappait le front, comme s'il avait voulu en faire jaillir les faits.

A un moment donné, il alla même appuyer son front sur la muraille comme les femmes kikuyus qui sont en train d'accoucher.

J'avais écrit la déclaration de Jogona en deux exemplaires; j'en ai conservé un. Elle se rapporte à des situations embrouillées et les détails l'alourdissent. Il n'était pas étonnant que Jogona ait eu tant de mal, je ne dirai pas à composer son récit, mais seulement à se rappeler les faits. Voici cette déclaration, telle que je l'ai reçue de Jogona :

« Waweru Wamaï, de Nyeri, était sur le point de mourir (on dit en souahéli « désirait mourir »); et il avait deux femmes : l'une d'elles avait trois filles et se remaria peu après la mort de Waweru. Quant à l'autre, Waweru venait de l'acheter, et n'avait pas tout à fait fini de la payer : il avait réglé l'essentiel, mais devait encore deux chèvres à son beau-père. Or cette femme avait, en soulevant du bois, fait un effort qui avait provoqué une fausse couche; personne ne savait si elle pourrait avoir d'autres enfants. »

Le récit se perdait ici dans une série de détails sur les coutumes et les idées kikuyus.

« Cette femme, expliquait la déclaration, avait un bébé qui s'appelait Wamaï, lequel était malade à l'époque; on prétendait qu'il avait la petite vérole. »

« Waweru, qui aimait beaucoup cette femme et l'enfant qu'il en avait eu, était très préoccupé, se sentant près de sa fin, de ce qu'il adviendrait d'eux. »

« Alors il envoya chercher son ami Jogona Kanyagga, qui n'habitait pas très loin et qui lui devait deux roupies, ainsi qu'une paire de chaussures, et Waweru proposa un arrangement. »

L'arrangement pouvait se résumer ainsi : « Jogona se chargerait de la femme et de l'enfant et paierait au beau-père les deux chèvres qui restaient dues sur le prix de la femme. » Ici suivait la liste minutieuse de tout ce que Jogona avait dû dépenser tant pour la femme que pour l'enfant.

Il avait commencé par acheter un excellent remède pour Wamaï qui était encore malade. Chez un Indien, il avait également acheté du riz pour l'enfant qui ne supportait pas la farine de maïs. En une autre circonstance, il avait versé cinq roupies à un de ses voisins qui accusait l'enfant d'avoir noyé un de ses dindons.

Il insista tout particulièrement sur cette dernière dépense. Les cinq roupies avaient dû être bien dures à trouver, car elles revinrent souvent sur le tapis!

Il était facile de voir, pendant que Jogona me dictait sa déclaration, qu'il avait fini par complètement oublier que

Wamaï n'était pas son enfant; et le préjudice matériel, que pouvait lui causer la venue des trois individus de Nyeri, n'était pas la seule cause de son émotion.

Bien des gens simples ont aussi l'admirable faculté d'adopter les enfants des autres au point d'oublier que ces enfants ne sont pas les leurs. Le même phénomène s'observe en Europe. Lorsque Jogona eut terminé sa déclaration et que j'eus achevé de l'écrire, je lui proposai de la lui lire. Pendant que je lisais il me tournait le dos, comme s'il tenait à ce que rien ne vînt distraire son attention.

Mais lorsque j'arrivai à ce passage : « ...alors il envoya chercher son ami Jogona Kanyagga » il se retourna vers moi et me jeta un regard triomphant; le visage transfiguré du vieil homme retrouva pour un instant l'éclat de la jeunesse.

Quand je fus arrivée au bout de la déclaration et que je prononçai pour la deuxième fois ce nom Jogona Kanyagga que j'avais inscrit sous l'empreinte de son pouce, il me regarda de nouveau, mais le sentiment de la dignité acquise parut alors l'emporter sur le plaisir.

Ce regard c'était celui qu'Adam avait dû jeter sur Dieu après avoir reçu une âme. Je venais à nouveau de créer Jogona Kanyagga, de le révéler à lui-même.

Quand je lui tendis le document, il le prit avec respect, l'enveloppa dans un coin de son vêtement et partit en le tenant bien serré. Pour rien au monde il n'eût voulu le perdre. Ce document, où il avait mis toute son âme, contenait la preuve de son existence.

C'était le récit de ce que Jogona Kanyagga avait accompli, son nom désormais serait impérissable. La chair était devenue le Verbe et il vivait parmi nous plein de grâce et de vérité!

Il faut dire que le monde de la parole écrite s'est ouvert aux Africains, pendant que j'étais en Afrique. Ainsi, il m'a été donné de saisir le passé au vol et de revivre un peu de notre propre histoire, le moment merveilleux où l'écriture fut révélée à un petit peuple d'Europe. Je crois que devant le livre la réaction a été partout la même et que rarement les hommes ont appliqué avec plus de conscience et de passion le principe de l'art pour l'art.

Les lettres que les jeunes indigènes échangeaient entre eux provenaient encore de l'écrivain public. Bien que dans la génération des parents certains se soient laissé gagner par l'esprit du temps, et que quelques vieux Kikuyus soient venus s'initier aux mystères de l'abécé sur les bancs de mon école, la plupart ne savaient pas lire et se défiaient encore de ce phénomène.

Les indigènes qui étaient à mon service m'apportaient toujours les lettres qu'ils recevaient et me demandaient de les leur lire. Ces messages me frappaient toujours par leur insignifiance : je les voyais avec des yeux de civilisée. Je commettais à leur endroit l'erreur du botaniste qui aurait voulu disséquer la branche d'olivier rapportée par la colombe de Noé, cet humble rameau qui annonçait la résurrection du monde et dépassait en importance l'Arche et tout ce qu'elle contenait.

Les lettres des indigènes, d'une uniformité désolante, répondaient à une formule invariable qui donnait à peu près ceci :

« Mon cher ami Kamero Marefu,

« Je prends maintenant la plume (ce qui était inexact, car c'était l'écrivain public qui la tenait) pour t'écrire une lettre, car il y a longtemps que je veux t'envoyer une lettre. Je vais bien et j'espère que, avec la grâce de Dieu, il en est de même pour toi. Ma mère va bien, ma femme ne va pas bien, mais j'espère que ta femme grâce à Dieu va bien. »

Ici une liste de noms, tous agrémentés de remarques fantaisistes, qui le plus souvent ne signifiaient rien.

Et la lettre se terminait ainsi :

« Maintenant, ami Kamero, je vais arrêter cette lettre car je n'ai pas le temps de t'en écrire davantage.

« Ton ami NDWETTI LORI. »

Il y a cent cinquante ans des postillons sautaient en selle et les chevaux galopaient sur les routes d'Europe pour transporter des messages analogues. On fabriquait du beau papier à lettre doré sur tranche. Les lettres étaient attendues avec impatience et reçues avec émotion.

Elles étaient lues, relues et soigneusement conservées. J'ai pu en voir et avant d'avoir appris le souahéli, il m'arrivait cette chose curieuse de pouvoir donner lecture d'une lettre dont je ne comprenais pas un mot. La langue souahéli ne s'écrivait pas avant que les Européens aient importé l'écriture, c'est ce qui explique qu'elle s'écrive rigoureusement comme elle se prononce; c'est une langue qui ne réserve aucune embûche au lecteur. Assise à mon bureau, je déchiffrais consciencieusement les lettres mot à mot; devant leurs destinataires qui m'écoutaient bouche bée, je suivais sur leurs visages l'effet de ce que j'annonçais sans le savoir. Je voyais parfois mes auditeurs éclater en sanglots et se tordre les mains, ou pousser des cris de joie.

Le rire était l'effet le plus souvent provoqué par ma lecture, un fou rire qui tenait mes auditeurs pliés en deux tout le temps que durait ma lecture.

Quand, plus tard, je compris ce que je lisais, j'ai constaté que le seul fait pour une nouvelle, d'être écrite, en augmentait considérablement l'effet.

Des nouvelles qui, si elles avaient été orales, auraient été accueillies avec scepticisme, par des moqueries, — car les indigènes sont facilement goguenards — s'acceptaient une fois écrites, comme parole d'évangile. De même les indigènes si prompts à remarquer le moindre lapsus dans la conversation, à s'en amuser et même à le retourner contre son auteur avec une joie malicieuse, ne veulent jamais admettre qu'une faute ait pu se glisser dans une lettre. Il s'en commettait pourtant, car l'ignorance des écrivains publics était grande. Les gens repoussaient l'hypothèse d'une faute et préféraient se mettre l'esprit à la torture pour trouver un sens à une phrase tronquée.

La moindre erreur engendrait les discussions les plus saugrenues; plutôt que de mettre en doute l'écriture, l'indigène préfère croire les choses les plus invraisemblables.

Une lettre adressée à un de mes jeunes Kikuyus contenait, entre autres nouvelles, cette phrase inattendue : « J'ai fait cuire un singe. » J'essayai d'expliquer que l'auteur de la lettre avait certainement voulu dire : « J'ai attrapé un singe » (en somali les deux verbes se ressemblent). « Mais non, Msabu, qu'a-t-il écrit? me demandait-on. Il est bien dit « J'ai fait cuire un singe »? — Mais comment veux-tu qu'on fasse cuire un singe? demandai-je. S'il l'avait vraiment fait il te donnerait bien quelques explications et il t'expliquerait comment il s'y est pris. » Mais je contristais l'âme de mon jeune Kikuyu, désolé de m'entendre discuter un terme de sa lettre. Il me demandait alors de lui rendre sa lettre, la pliait soigneusement et l'emportait.

En ce qui concerne la déclaration que j'avais écrite pour Jogona, elle lui fut d'un très grand secours, car lorsque la police en eut pris connaissance, elle débouta les gens de Nyeri de leur demande et ceux-ci durent s'en retourner les mains vides.

Le document fut, à dater de ce jour, le grand trésor de Jogona. J'eus bien des occasions de le revoir. Jogona le portait dans une petite bourse de cuir brodée de perles qu'il portait suspendue à son cou en guise d'amulette. De temps en temps, le dimanche principalement, il ouvrait la bourse et en sortait le papier pour que je le lui lise. Il m'arriva d'être malade; la première fois que je sortis à cheval, Jogona courut après moi, et arrivé presque à bout de souffle près de mon cheval, il me tendit la lettre. A chaque lecture il retrouvait la même expression d'enthousiasme quasi religieux. Lorsque j'avais fini, il repliait soigneusement la feuille et la remettait dans sa bourse.

L'importance du document, loin de s'affaiblir, augmentait à chaque lecture. Le plus grand miracle pour Jogona était de voir ce document rester le même.

Ce passé qu'il avait eu tant de peine à retrouver et à fixer, et auquel il découvrait un aspect différent chaque fois qu'il l'évoquait, était désormais fixé pour toujours, il s'offrait aux regards dans sa forme définitive. Ce passé était entré dans l'histoire, mais une histoire sans ombre et sans variations

WANYANGERRI

La première fois que j'eus l'occasion de me rendre à Nairobi, j'allai voir Wanyangerri à l'hôpital.

Nous avions tant de monde à la ferme et les familles de mes squatters étaient si nombreuses, qu'il était rare que je n'eusse pas quelqu'un à l'hôpital. C'est dire que j'étais une habituée de la maison; j'en connaissais aussi bien la directrice que le personnel. Je n'ai jamais vu personne user de la poudre et du rouge avec plus de prodigalité que la directrice de cet hôpital.

Elle n'était plus jeune et sous la coiffe blanche elle ressemblait à ces poupées russes qui se dévissent et contiennent une série de poupées de plus en plus réduites; dans le commerce on les vend sous le nom de Kathinka. Cette directrice avait toute la rondeur et la compétence que l'on pouvait attendre d'une Kathinka.

Le jeudi on sortait tous les lits et on les installait en plein air devant l'hôpital, pendant que l'on procédait au grand nettoyage des chambres. C'était pour les malades le meilleur jour. La vue que l'on découvrait de l'hôpital était magnifique avec la plaine d'Athi toute brûlée au premier plan et la montagne bleue du Donyo Sabouk à l'horizon, ainsi que la longue chaîne des Mua.

Les vieilles femmes kikuyus étaient toujours comiques dans leurs lits d'hôpital entre leurs draps blancs. Un cheval ou n'importe quelle bête de trait dans un lit n'aurait pas semblé plus cocasse. Elles riaient en me voyant, sentant bien la drôlerie de la situation, car elle ne leur échappait pas, mais elles n'osaient cependant s'en amuser, car les indigènes ont toujours un peu l'effroi de l'hôpital.

La première fois que j'allai voir Wanyangerri à l'hôpital, il était si abattu et si désespéré que je songeais qu'il aurait mieux valu qu'il mourût. Il avait peur de tout et pleurait constamment; tant que je fus auprès de lui, il ne cessa pas

de me supplier de le ramener à la ferme. Il s'agitait et déplaçait son pansement.

Quand je revins une semaine plus tard, il était transformé;
très calme, il me reçut avec dignité. Il était cependant heureux de me voir; les infirmières m'avaient raconté qu'il
m'attendait avec impatience. Il se réjouissait de pouvoir me
narrer par le menu en crachant ses phrases à travers un
tube de caoutchouc sa grande expérience de la veille : il
avait été tué par les docteurs, et il mourrait de nouveau
quelques jours plus tard.

Le docteur qui soignait Wanyangerri avait fait la guerre
en France, où il avait réparé pas mal de visages.

Il apporta tous ses soins à la réparation de Wanyangerri;
il fit une armature de métal pour remplacer la mâchoire,
la fixa aux os qui restaient, puis il habilla le tout des lam-
beaux de chair qu'il put trouver à l'aide de coutures. Wanyangerri me raconta qu'il ne restait plus assez de chair sur le
visage et que le docteur avait dû prélever un supplément
de peau sur la cuisse pour compléter le raccommodage.

Quand le traitement fut achevé et le bandage enlevé, le
visage de l'enfant était complètement changé. Sans menton,
sa tête ressemblait un peu à celle du lézard, mais l'enfant
pourrait manger comme tout le monde et même parler; il
ne lui resterait qu'un certain zézaiement. Mais la réparation
demanda des mois.

Chaque fois que je venais le voir, Wanyangerri me réclamait du sucre, aussi arrivais-je toujours avec quelques cuille-
rées de sucre en poudre dans un cornet de papier.

Les indigènes, que la frayeur ne paralyse pas, ne cessent
de se lamenter tant qu'ils sont à l'hôpital; ils passent leur
temps à chercher le moyen d'en sortir : la mort elle-même,
étant donné qu'ils ne la redoutent pas, leur apparaît comme
un expédient possible!

Les Européens, qui se sont donné du mal pour construire
des hôpitaux, qui s'en donnent encore pour y faire entrer
et y soigner les indigènes, se plaignent amèrement de ce que
ceux-ci ignorent la reconnaissance et n'apprécient aucunement ce que l'on fait pour eux.

Semblable mentalité ne peut que froisser ou irriter les
Européens. Il est exact que les indigènes demeurent indifférents à ce que nous faisons pour eux, ou, plus précisément,
rien de ce que nous faisons pour eux ne les émeut.

Ils n'ont pour nous ni reconnaissance ni rancune; ils ne nous laissent aucun moyen de parer le mal que nous leur avons fait. C'est pour nous aussi inattendu que désagréable. Nous avons l'impression que les indigènes nous dénient toute existence personnelle et qu'ils nous rangent, que nous le voulions ou non, parmi les phénomènes de la nature. Entre les variations du temps et celles de notre humeur, ils ne voient pas grande différence.

Les Somalis, à cet égard, sont très différents des indigènes. Non seulement notre attitude à leur égard provoque des réactions de leur part, mais il est rare même d'entretenir avec eux des relations sans exciter leurs passions dans un sens ou dans l'autre.

Leur reconnaissance pourra être aussi durable que leur haine et un bienfait autant qu'un outrage demeure gravé dans leur cœur. Les Somalis sont des mahométans rigides et comme tous les mahométans ils ont des idées particulières sur le chapitre de l'honneur. Un seul fait leur suffit pour juger quelqu'un. Avec eux, l'échec ou la réussite dépendent parfois d'une bien petite chose.

Les Masaïs se distinguent aussi des autres tribus indigènes : ils n'oublient point, et peuvent aussi bien éprouver de la reconnaissance que de la haine. En ce qui nous concerne, ils nourrissent un ressentiment qui ne s'éteindra qu'avec eux.

Mais les Kikuyus, les Wakambas et les Kavirondos, dépourvus de préjugés, n'ont aucun code. Ils considèrent que la plupart des hommes sont capables de tout et, quoi que vous fassiez, vous ne parviendrez pas à les choquer. Le Kikuyu qui serait sensible à votre manière de le traiter serait considéré, par les autres, comme chez nous, celui qui prétendrait juger Dieu, ou la vie, d'après la couleur du temps.

Laissés à eux-mêmes et à leurs traditions, les Kikuyus ne considèrent pas notre activité autrement qu'ils ne considèrent les transformations de la nature ou celles de la température. Ils ne jugent pas; mais comme ils sont observateurs, c'est la somme de leurs observations qui déterminera l'opinion qu'ils auront de vous. Quelques communautés européennes particulièrement misérables ressemblent à cet égard aux indigènes : elles ne jugent pas, elles additionnent.

Donc, si les indigènes éprouvent de l'amitié ou de la considération pour vous, ce n'est pas en raison de ce que vous faites pour eux, mais en raison de ce que vous êtes

Ils ont pour nous le genre de sentiments que l'on peut éprouver pour Dieu.

En traversant l'hôpital, certain jour, je remarquai trois nouveaux malades : un nègre très noir, à la tête épaisse, encadré de deux jeunes gens. Tous les trois avaient le cou enveloppé de pansements. L'infirmier de la salle, un bossu assez bavard, qui me signalait volontiers parmi ses malades ceux qu'il jugeait intéressants, s'approcha de moi, quand il me vit arrêtée devant le trio, et il me raconta son histoire.

C'étaient trois Nubiens qui faisaient partie de la musique du King's African Rifles, le régiment noir de la colonie.

Le grand nègre jouait du cor et les deux jeunes gens étaient tambours. Le sonneur de cor avait éprouvé quelques vicissitudes qu'il n'avait pu supporter ainsi qu'il arrive souvent avec les nègres. Comme dérivatif, il avait commencé par décharger son fusil à droite et à gauche; ceci se passait à la caserne, et quand il n'avait plus eu de munitions, il était allé trouver dans leur baraquement deux jeunes gens qu'il connaissait bien, et là, histoire de s'amuser, il avait essayé de leur couper la gorge, ainsi qu'à lui-même. L'infirmier regrettait que je n'aie pu les voir au moment où on les avait amenés à l'hôpital une semaine plus tôt, car ils nageaient dans le sang et j'aurais certainement juré qu'ils étaient morts. Maintenant ils étaient hors de danger et le meurtrier avait retrouvé toute sa raison.

Le narrateur ne négligeait aucun détail et les trois malades étaient tout oreilles et n'hésitaient pas à l'interrompre pour rectifier, à l'occasion, certains points.

Les deux jeunes gens se retournaient vers le grand nègre dont le lit était entre les leurs, pour qu'il pût corroborer leurs dires et contribuer lui aussi à l'agrément de la narration : « Tu te rappelles comme tu avais la bouche pleine de bave? Tu disais que tu voulais nous couper en petits morceaux, petits comme des sauterelles.

— C'est vrai! c'est vrai! » répondait le meurtrier d'un air assez contrit.

Il m'arrivait d'être retenue toute la journée à Nairobi, soit pour des rendez-vous d'affaires, soit dans l'attente du courrier quand le train de la côte avait du retard.

Quand je n'avais rien de mieux à faire, je me rendais à l'hôpital indigène et j'offrais une promenade en voiture aux convalescents.

Au moment où Wanyangerri était à l'hôpital, le gouverneur avait, dans le parc de sa résidence, dans une fosse, deux jeunes lionceaux destinés au jardin zoologique de Londres. Ces animaux excitaient vivement l'intérêt des malades de l'hôpital, et ceux que je promenais demandaient toujours à aller voir les lions.

J'avais promis aux trois nouveaux blessés que je les y conduirais, mais ils ne voulaient y aller qu'ensemble. Le joueur de cor fut le dernier à quitter son lit; lorsqu'il fut en état de sortir, l'un des jeunes gens avait déjà quitté l'hôpital, il y revenait chaque jour voir ses deux camarades, et quand je le rencontrais à la porte de l'hôpital, il m'expliquait que le joueur de cor souffrait de terribles migraines, ce qui, m'expliquait-il, n'avait rien d'étonnant, quand on pensait à tous les diables qu'il avait eus dans la tête.

Finalement, ils vinrent tous trois avec moi voir les lions, et je ne pouvais plus les arracher à leur contemplation.

Un des lionceaux, irrité d'être regardé si longtemps, se fâcha brusquement et bondit en poussant un rugissement. Les spectateurs prirent peur et le plus jeune du trio chercha refuge derrière le joueur de cor. « Ce lion, lui dit-il, quand nous reprîmes la route de l'hôpital, était presque aussi effrayant que toi. »

Pendant tout le séjour de Wanyangerri à l'hôpital, son affaire resta en suspens. Ce n'était pas qu'on l'eût oubliée.

La famille de l'enfant venait de temps en temps me demander de ses nouvelles, mais tous, à l'exception de son petit frère, paraissaient redouter de le voir.

Kaninu venait aussi m'en demander des nouvelles; il arrivait toujours le soir assez tard comme un vieux blaireau qui renifle une trace; il pensait surtout à ses moutons et à ses chèvres et tâchait de savoir par moi comment allait le blessé. Farah et moi, à tour de rôle, lui décrivions toutes les souffrances de Wanyangerri, cherchant à déterminer ce qu'elles pourraient bien représenter en moutons.

Près de deux mois avaient passé sur le drame quand Farah vint à nouveau m'entretenir. Lorsque Farah avait quelque chose à m'apprendre, il arrivait en général pendant mes repas. Il se tenait debout à l'extrémité de la table et cherchait de son mieux à m'éclairer. Farah parlait couramment l'anglais et le français, tout en les émaillant d'expressions qui lui étaient propres et qui prêtaient à confusion si l'on n'était pas initié. Toujours très digne, il adoptait volontiers le tour abstrait pour entamer la conversation : « Memsahib, Kabero », commença-t-il. Ce simple nom était un programme, la manière pour Farah de poser le thème; j'attendis donc la suite.

Après un moment de silence, il revint au sujet.

« Memsahib, dit-il, tu crois que Kabero est mort et que les bêtes l'ont mangé. Il n'est pas mort, il est chez les Masaïs. »

Je fus agréablement surprise quoique mécontente de la comédie qui m'avait été jouée et je demandai à Farah comment il l'avait su. « Oh! je suis renseigné, dit Farah, Kaninu a trop de filles mariées à des Masaïs. Kabero savait qu'il ne pouvait trouver aucun secours ici et s'est réfugié auprès du mari de sa sœur. Il n'en est pas moins vrai qu'il a passé une terrible nuit avant d'arriver à destination. Il a passé la nuit sur un arbre avec les hyènes autour de lui.

« Il est maintenant dans la Réserve où un vieux Masaï très riche, qui a plus de cinq cents vaches et pas d'enfants, voudrait l'adopter. Kaninu est au courant et s'est déjà rendu à plusieurs reprises chez les Masaïs pour arriver à un accord.

« Il n'ose pas te le dire, car il est persuadé que si des Blancs retrouvaient son fils, Kabero serait pendu à Nairobi. »

Farah parlait toujours des indigènes avec beaucoup de dédain : « Les femmes masaïs, qui ne peuvent pas avoir d'enfants, m'expliqua-t-il, ne sont que trop contentes d'avoir des petits Kikuyus à qui laisser toutes leurs vaches. Elles en volent assez pourtant!

« Quant à Kabero, ajouta-t-il, il reviendra chez toi à la ferme quand il sera grand, il préférera ne pas passer sa vie à errer d'un endroit à l'autre comme les Masaïs. Les Kikuyus sont bien trop paresseux pour cela. »

Je pouvais, de ma ferme, suivre année par année le destin tragique de ces Masaïs condamnés à disparaître. Cette tribu de guerriers, à qui la guerre était interdite, ressemblait à un vieux lion dont on aurait rogné les griffes. C'était une nation châtrée.

Leurs lances, leurs boucliers en peau de buffle ornés de dessins, tout leur avait été enlevé : ils avaient à peine de quoi se défendre dans la brousse de la Réserve. Les lions suivaient leurs troupeaux à la trace. Je me rappelais, en pensant à eux, trois jeunes taureaux que j'avais eus à la ferme : ayant besoin de bœufs pour labourer, je les avais fait opérer et nous les avions enfermés dans la cour de l'usine. Les hyènes, attirées par l'odeur du sang, avaient pénétré dans la cour pendant la nuit et les avaient tués.

J'imaginais toujours qu'un sort semblable attendait les Masaïs.

« La mère de Kabero, continua Farah, qui, en bon musulman, avait plus de considération pour les mères que pour les pères, est malheureuse d'être séparée de son fils et de devoir en être privée si longtemps. »

Je n'envoyai pas chercher Kaninu, car je ne savais pas si je devais croire ce que Farah m'avait raconté, mais, lorsque je le vis arriver devant la maison, je sortis pour lui parler : « Kaninu, lui dis-je, est-il vrai que Kabero est vivant? Est-il vrai qu'il est chez les Masaïs? »

Aucune question n'a jamais démonté un indigène quel qu'il fût. Kaninu éclata en sanglots et se répandit en lamentations sur son fils.

Je l'écoutai et le regardai pendant quelques minutes.

« Kaninu, dis-je de nouveau, ramène Kabero; il ne sera pas pendu, sa mère pourra le conserver à la ferme. » Kaninu n'avait point interrompu ses gémissements pour m'écouter, mais le mot « pendu » avait dû le frapper, car ses sanglots redoublèrent et il se lança dans l'énumération dithyrambique des promesses que donnait Kabero, pour finir par s'attendrir sur la préférence qu'il éprouvait pour cet enfant.

Kaninu avait de nombreux enfants et petits-enfants que l'on trouvait à peu près constamment autour de chez moi. Il y en avait parmi eux un tout petit, appelé Sirunga dont la mère, une fille de Kaninu, après avoir épousé un Masaï, était revenue vivre dans sa famille en ramenant son fils.

Le mélange des races avait donné un être singulier d'une étrange vitalité, qui ressemblait bien moins à un enfant qu'à une flamme, à un étrange oiseau de nuit ou encore à quelque démon familier de la ferme.

Mais il était épileptique et les autres enfants qui, pour cette raison, avaient peur de lui, le chassaient et ne voulaient point de lui dans leurs jeux. Ils l'avaient surnommé « Sheitani », le diable. Je l'avais pris chez moi. Il était trop petit et trop malade pour rendre le moindre service, mais il était drôle et ne paraissait jamais à court d'inventions, et il me suivait partout comme une petite ombre noire.

Kaninu savait mon affection pour Sirunga, il en avait jusqu'ici souri avec l'indulgence d'un grand-père, mais ce jour-là il s'en servit.

Il me déclara avec insistance qu'il aurait préféré, dix fois plutôt qu'une, voir Sirunga dévoré par les léopards, plutôt que de perdre Kabero, Kabero la prunelle de ses yeux.

Si Kabero était véritablement mort, j'avais devant moi David pleurant Absalon, tragédie dans laquelle nous n'avions pas à intervenir. Mais si Kabero était vivant, s'il se cachait chez les Masaïs, c'était plus que tragique, c'était une lutte ou une feinte pour sauver la vie de son enfant.

J'avais vu les gazelles de la plaine se livrer à la même comédie lorsque à cheval je me trouvais sans le savoir à proximité de l'endroit où se cachaient leurs nouveau-nés; elles dansaient devant, sautaient sur place, ou bien encore faisaient semblant de boiter ou d'être blessées; tout cela pour détourner l'attention. Et l'on découvrait tout à coup, presque sous les sabots du cheval, bien allongé dans l'herbe, la petite tête d'un enfant de gazelle, qui faisait le mort pendant que sa mère dansait pour concentrer sur elle l'attention.

Les oiseaux recourent aux mêmes artifices pour sauver leurs oisillons; ils imitent alors l'oiseau blessé, dont une aile brisée traîne à terre.

Ici c'était Kaninu qui jouait la comédie pour moi. Qui aurait cru qu'il restait encore assez de chaleur dans son vieux corps et assez de force pour faire ces cabrioles? Ses vieux os grinçaient un peu dans la danse; on aurait dit qu'il changeait de sexe peu à peu : il ressemblait à une vieille femme, à une poule ou encore à une lionne.

Le rôle, à la fois grotesque et admirable, était un rôle de femme : Kaninu rappelait le mâle de l'autruche qui relaye la femelle sur les œufs pour couver. Aucune femme n'aurait pu, devant les efforts de Kaninu, rester insensible.

« Kaninu, lui dis-je, lorsque Kabero voudra revenir à la ferme, qu'il revienne. Il ne lui sera fait aucun mal. Seulement c'est toi-même qui me l'amèneras. »

Kaninu resta silencieux, et partit la tête basse, comme s'il avait compris qu'il venait de perdre le dernier ami qui lui restât en ce monde.

Je puis peut-être anticiper ici sur les événements et montrer que mes paroles n'étaient point tombées dans l'oreille d'un sourd; six ans plus tard, alors que j'avais oublié toute l'histoire, Kaninu me fit demander par Farah de le recevoir.

Je le trouvai devant la maison, debout sur un pied, l'air digne, mais inquiet.

Il s'adressa à moi sur le ton enjoué de la conversation : « Kabero est revenu », me dit-il.

Je ne répondis pas, car j'avais appris moi aussi l'art des pauses. Le vieux Kikuyu sentit le poids de mon silence; il changea de pied, ses paupières battirent :

« Mon fils Kabero est revenu à la ferme, reprit-il.

— Ah! il revient de chez les Masaïs? » demandai-je.

Du fait que j'avais parlé, Kaninu conclut aussitôt que nous étions réconciliés. Il n'osait pas encore sourire, mais toutes ses vieilles rides crasseuses s'y préparaient.

« Oui, Msabu, oui, dit-il, il est revenu de chez les Masaïs pour travailler chez toi. »

Mais il fallait aller déclarer Kabero à la police, car le « Kipanda », l'inscription obligatoire de tous les indigènes, avait été ordonné dans la colonie. Kaninu et moi prîmes donc rendez-vous pour nous retrouver à Dagoretti.

Au jour dit, Kaninu et son fils arrivèrent bien avant l'inspecteur de police. Kaninu me présenta Kabero de la manière la plus joviale, bien qu'au fond de son cœur il ne fût pas sans inquiétude devant le fils qui lui revenait : c'était assez compréhensible, car si les Masaïs avaient reçu de la ferme un agneau, c'est un jeune léopard qu'ils lui rendaient. Kabero, certainement, devait avoir en lui du sang masaï; la vie et la discipline des Masaïs n'auraient pu suffire à elles seules à produire et à justifier la transformation qui s'était opérée en lui. C'était un Masaï de la tête aux pieds.

Les jeunes Masaïs sont très beaux : ils ont une allure et un « chic [1] » inimitables; aussi audacieux et aventureux qu'ils soient, il faut reconnaître qu'ils sont fidèles, autant envers eux-mêmes qu'envers l'idéal qui leur est inculqué. Leur manière d'être n'a rien d'artificiel, il n'est pas question pour eux d'imiter un modèle étranger : leur attitude correspond à leur nature profonde, elle est l'expression même de leur race, d'une race qui s'est constituée et affirmée tout au long de leur histoire.

Armes et bijoux, chez eux, sont aussi inséparables de celui

1. En français dans le texte.

qui les porte, que la crinière du lion ou les cornes du buffle.

Kabero avait adopté la coiffure des Masaïs; il portait les cheveux longs et tressés autour d'une cordelière et leur natte se terminait par une sorte de queue. Une lanière de cuir lui barrait le front. Il avait aussi le port de tête caractéristique et le menton levé des Masaïs. On dirait toujours qu'ils vous présentent sur un plateau leurs beaux visages dédaigneux et arrogants.

Kabero se tenait tout droit devant moi, le maintien raide, avec l'attitude à la fois passive et insolente des Masaïs, qui se laissent admirer et regarder comme des statues qui ne voient personne.

Les jeunes guerriers masaïs se nourrissaient presque exclusivement de lait et de sang. Peut-être est-ce à ce régime qu'il faut attribuer l'étonnante finesse et la qualité soyeuse de leur épiderme?

La peau de leurs visages aux pommettes saillantes, à la mâchoire proéminente, est lisse et ferme sans un pli, tendue comme la peau d'une balle. Leurs yeux sombres qui ne voient rien ni personne sont enfoncés dans leurs orbites, comme deux pierres incrustées dans une mosaïque; d'ailleurs, tout chez le Masaï a le fini et la dureté de la mosaïque.

Les muscles de leur cou sont impressionnants; ils saillent aussi menaçants que ceux du cobra, du léopard ou du taureau. La virilité qu'ils dénotent est si agressive, si provocante, que les Masaïs paraissent toujours plus ou moins en guerre avec le genre humain, les femmes exceptées.

L'opposition ou peut-être l'harmonie profonde de leurs visages arrogants et lisses qui surmontent des cous épais et des épaules magnifiques, avec leurs hanches étroites, leurs cuisses maigres et ramassées et leurs longues jambes musclées, fait toujours songer à quelque bête de race, qu'une discipline de fer aurait entraînée à la rapacité et à la férocité.

Les Masaïs ont une démarche très particulière : ils se tiennent très raides et posent leurs pieds, qu'ils ont très fins, l'un devant l'autre. La raideur de cette démarche frappe d'autant plus que les mouvements des bras et des mains sont souples et gracieux.

Lorsqu'un jeune Masaï tend son arc et lâche la flèche, on a l'impression que les muscles de ses longs poignets vibrent autant que l'arc lui-même.

L'inspecteur de police de Nairobi était un fonctionnaire

frais émoulu, qui débarquait d'Angleterre. Il parlait un
souahéli si correct que ni Kaninu ni moi ne pouvions le
comprendre. L'histoire de Kabero l'intéressa tellement qu'il
soumit Kaninu à un véritable interrogatoire, devant lequel
je sentais celui-ci se fermer comme un mur.

L'interrogatoire fini, l'inspecteur m'expliqua que Kaninu
avait été odieusement traité, et que, d'après lui, toute l'affaire devrait être reprise et portée devant le tribunal de
Nairobi. « Mais cela absorbera une bonne partie de votre
vie et de la mienne », lui dis-je. A quoi il me répondit avec
pertinence que de telles considérations ne jouent plus lorsqu'il s'agit d'assurer la justice.

Kaninu jetait des regards inquiets; il crut un instant
avoir été attiré dans un piège.

Heureusement pour nous, il y avait prescription et l'inspecteur dut se contenter d'inscrire Kabero parmi les employés
de la ferme. Mais tous ces événements n'eurent lieu que
plus tard. Lorsque Kabero revint, il y avait sept ans qu'il
était mort pour la ferme. Pendant que son fils accompagnait
les Masaïs dans leurs pérégrinations, Kaninu connut encore
bien des épreuves, avant d'en avoir fini avec les conséquences
de l'accident. Depuis qu'il était vulnérable, toutes les forces
se liguaient contre lui pour le dépouiller.

Je n'entrerai pas dans le détail des intrigues qui se nouèrent,
d'autant plus qu'elles étaient assez obscures. J'avais des
soucis personnels qui me détournaient non seulement des
affaires de Kaninu, mais encore de celles de la ferme.

Il en était d'elles comme du lointain Kilimandjaro : tantôt il domine l'horizon et tantôt il disparaît.

Les indigènes admettaient fort bien que j'aie l'esprit ailleurs, mais j'étais alors pour eux aussi absente que si j'avais
été transportée sur une autre planète.

Pour eux, à ces moments-là, je désertais la ferme et ils
le traduisaient très simplement : « Le grand arbre devant
la maison... » ou bien « Mon enfant est mort... », « Pendant
que tu étais avec les Blancs ».

Lorsque Wanyangerri avait été assez rétabli pour quitter l'hôpital, j'étais allée le chercher, et je l'avais ramené
à la ferme. A partir de ce moment-là je ne devais plus le
rencontrer que très occasionnellement dans la plaine ou aux
ngomas.

Quelques jours après son retour je reçus la visite de son

père Wanaïna et de sa grand-mère. Wanaïna était un petit
homme gras, ce qui est exceptionnel pour un Kikuyu. Les
Kikuyus sont en général grands et maigres. Il avait en
outre une petite barbe grise et rare et, comme troisième
particularité, il ne pouvait regarder personne en face. Il donnait l'impression d'un « troglodyte mental », qui aime par-
dessus tout la paix de son trou. Il avait amené avec lui sa
mère, une très vieille Kikuyu.

Les femmes indigènes ont l'habitude de se raser la tête
et de se la raser d'aussi près que possible; il est curieux de
constater à quel point on s'habitue vite à ces petites têtes
rondes et lisses qui ressemblent à des noix d'ébène et même
à des noix serties de métal, à cause des cercles qui barrent
le front et des pendants d'oreille; on finit par leur trouver
une grâce toute féminine, au point que le moindre duvet
sur une tête y paraît aussi déplacé que la barbe sur un visage
de jeune fille!

La vieille mère de Wanaïna avait laissé pousser quelques
touffes de cheveux blancs sur son crâne dénudé, et elle en
paraissait aussi négligée qu'un homme mal rasé. Elle se
traînait, appuyée sur deux bâtons, et ne disait rien, laissant la parole à son fils. Mais son silence était lourd d'électricité; on avait l'impression que des étincelles jaillissaient
d'elle. Pendant que Wanaïna parlait, on sentait en elle une
vitalité, dont son fils n'avait pas hérité. En réalité, tous
deux se valaient et nous ne devions pas tarder à le découvrir!

Ils étaient venus chez moi animés, semblait-il, des intentions les plus pacifiques. Wanyangerri, m'expliqua son père,
ne pouvait pas mâcher le maïs, et comme ils étaient de
pauvres gens qui ne disposaient ni de farine ni de lait,
n'ayant pas de vaches, ils venaient me demander si je ne
voudrais pas donner à Wanyangerri, jusqu'à ce qu'il touche
son indemnité, un peu de lait de mes vaches, sans quoi ils
ne voyaient vraiment pas comment ils pourraient jusque-là
nourrir l'enfant.

Farah était à Nairobi pour la journée; il y avait été appelé
au sujet d'un de ces innombrables démêlés entre tribus, qui
opposent perpétuellement les Somalis.

En son absence, j'autorisai Wanyangerri à venir tous les
matins à la ferme remplir sa bouteille et à traire lui-même
sa vache et j'en prévins mes gens qui, je le sentis, désapprou-
vaient ma décision.

Quinze jours ou trois semaines ne s'étaient pas écoulés, lorsque je vis un soir Kaninu arriver chez moi. Je le vis surgir brusquement dans le salon où je lisais au coin du feu après le dîner.

Les indigènes traitent de préférence leurs affaires en plein air, et rien qu'à la façon dont Kaninu entra et referma la porte derrière lui, je devinai que quelque chose de grave se passait. Ma première surprise fut de constater que Kaninu était muet. Sa langue, si alerte et si habile à distiller le miel, semblait collée à son palais et le salon était avec Kaninu tout aussi silencieux que si personne n'était entré. Le vieux Kikuyu me parut très changé, comme un homme mortellement atteint. Il pesait lourdement sur son bâton et semblait n'être plus qu'une ombre sous son manteau. Il avait le regard éteint et devait constamment humecter de sa langue ses lèvres desséchées.

Lorsqu'il se décida à parler, ce fut pour me dire d'un ton découragé que l'avenir lui paraissait bien menaçant. Il ajouta un peu plus tard, d'un ton encore plus détaché, qu'il avait remis dix moutons à Wanaïna et que Wanaïna réclamait encore une vache et son veau, qu'il s'apprêtait encore à lui abandonner.

Je lui demandai pourquoi il le faisait, puisque la sentence n'avait pas encore été prononcée? Kaninu ne répondit point, évitant même de me regarder. Loin d'avoir devant moi un des plus gros squatters de la ferme, je n'avais plus qu'un pauvre hère sans feu ni lieu.

Il était entré en passant, et, de l'air de quelqu'un qui a terminé son rapport, il repartait.

Je supposais qu'il devait être très malade, et après une assez longue pause, je lui proposai de le conduire à l'hôpital le lendemain. Pour toute réponse, il me jeta un long regard douloureux : c'était l'histoire du voleur volé. Le vieux renard était pris au piège.

Pourtant, avant de partir, je le vis faire un geste qui me frappa : il passa la main sur son visage, comme s'il essuyait une larme. Or une larme dans les yeux de Kaninu était au moins aussi étonnant que pourrait l'être la fleur qui apparaîtrait sur le bâton desséché du mendiant; mais le plus surprenant, si larme il y avait, était encore qu'il n'en eût point tiré profit! Que pouvait-il donc s'être passé à la ferme, pendant que mon esprit l'avait désertée? Sitôt Kaninu parti, j'envoyai chercher Farah.

Farah manifestait, par moments, une certaine répugnance à me parler des indigènes, comme s'il lui paraissait indigne de lui de leur prêter attention. J'obtins cependant quelques explications, mais Farah, au lieu de me regarder, tenait les yeux fixés très loin au-dessus de ma tête; on eût dit qu'il découvrait les étoiles à travers la fenêtre ouverte.

« Tous les malheurs de Kaninu provenaient, me dit-il, de ce que la vieille mère de Wanaïna l'avait ensorcelé!

— Voyons, Farah, lui dis-je, ne me raconte pas cela, Kaninu est bien trop malin pour croire à la sorcellerie!

— Mais si, Memsahib, répondit Farah, et moi-même je crois au pouvoir de cette vieille Kikuyu. »

La vieille femme avait raconté à Kaninu qu'il ne tarderait pas à constater qu'il eût mieux valu, pour lui, livrer sans plus tarder ses vaches à Wanaïna. Et voici que les vaches de Kaninu étaient en train de devenir aveugles les unes après les autres. Le cœur de Kaninu était tout près de se rompre comme se rompaient autrefois, sous un poids trop lourd, les muscles de ceux qui étaient soumis à la torture.

Farah parlait de la sorcellerie kikuyu d'un air navré, comme si la fièvre aphteuse, ou toute autre maladie qui, sans nous atteindre, anéantit le bétail, s'était abattue sur la ferme!

Je demeurai longtemps ce soir-là à réfléchir à la sorcellerie qui s'exerçait à la ferme. J'avais l'impression qu'échappée d'une vieille tombe, elle venait maintenant coller sa face camuse aux vitres de ma fenêtre. J'entendais les hyènes glapir au loin près du fleuve. J'imaginais que les Kikuyus ne manquaient pas de loups-garous et que de vieilles femmes pouvaient la nuit se changer en hyènes. Qui sait si au moment même la mère de Wanaïna ne montrait pas ses crocs le long du fleuve?

Je m'étais petit à petit familiarisée avec l'idée de la sorcellerie. N'était-ce pas sage de ma part? Tant de choses s'accomplissent la nuit en Afrique.

Cette vieille femme est pétrie de méchanceté, pensais-je en souahéli. Elle a jeté un sort sur les vaches de Kaninu et les rend aveugles, pendant que moi je nourris son petit-fils du lait de mes vaches!

Mais je pensais plus tard, en anglais et un peu plus sainement : « Le malheur est survenu, et tout ce qu'il a entraîné a contaminé la ferme, et c'est ma faute! Il faut que l'on m'aide à ne pas laisser ce cauchemar s'étendre sur la ferme. Je sais ce que je vais faire. Je vais faire appel à Kinanjui. »

UN CHEF KIKUYU

Le grand chef Kinanjui habitait à une quinzaine de kilomètres de la ferme, dans la Réserve Kikuyu qui touchait à la Mission française; son autorité s'exerçait sur plus de cent mille Kikuyus.

C'était un grand et beau vieillard, à l'allure fière et qui ne manquait pas d'une certaine noblesse, bien que le pouvoir qu'il exerçait n'eût rien d'héréditaire. Le pouvoir lui avait été confié quelques années plus tôt par les Anglais, qui n'avaient pu s'entendre avec le chef légitime.

Kinanjui était un ami pour moi et en maintes circonstances j'avais eu recours à lui. La manyatta, où j'avais eu déjà l'occasion de me rendre, était tout aussi sale et tout aussi envahie par les mouches que celle des autres Kikuyus, elle ne s'en distinguait guère que par ses dimensions. C'est la manyatta la plus importante que j'aie connue.

Il faut dire que Kinanjui avait besoin de place pour sa famille, car depuis qu'il était chef il ne mettait plus aucun frein à ses ardeurs conjugales.

La manyatta fourmillait de femmes, depuis les vieilles sorcières décharnées et édentées qui se traînaient sur leur bâton, jusqu'aux tendrons aux yeux de gazelle, dont les fines attaches s'alourdissaient d'anneaux de cuivre ou de laiton. Les enfants jouaient, pleuraient et apprenaient à marcher. De grands jeunes gens, ses fils, reconnaissables aux ornements qu'ils portaient sur la tête, allaient et venaient et commettaient force sottises.

Kinanjui avouait en avoir établi près de soixante.

Le vieux chef venait parfois jusqu'à ma ferme. Il arrivait vêtu d'un somptueux manteau de fourrure, escorté de deux ou trois sénateurs à cheveux blancs et de quelques jeunes gardes, les fils de ses guerriers; que ce fût pour une visite amicale ou pour oublier le fardeau du pouvoir, il passait l'après-midi sur une de mes chaises longues. Je la faisais transporter pour lui sur la pelouse, il fumait les cigares que je lui envoyais, pendant que ses conseillers et sa jeune garde, accroupis sur le gazon, faisaient cercle autour de lui.

Quand mes squatters apprenaient son arrivée, ils accouraient tous et s'éparpillaient par petits groupes sur ma pelouse. Ils racontaient à Kinanjui les menus incidents de la ferme, et il semblait que mes grands arbres abritaient une réunion politique. Kinanjui avait d'ailleurs pour ces occasions une manière à lui de procéder. Quand il estimait que la discussion traînait en longueur, il s'allongeait dans son fauteuil, fermait les yeux et, sans laisser éteindre son cigare, pratiquait une sorte de large respiration régulière, qui pouvait laisser croire qu'il ronflait. C'était une sorte de sommeil *pro forma* auquel il s'était exercé en vue sans doute des conseils de cabinet. Je faisais parfois apporter pour moi un second fauteuil et je venais bavarder avec lui.

Kinanjui écartait immédiatement tous ses gens pour bien témoigner qu'alors commençaient les affaires sérieuses.

A l'époque où je le connus, il n'était déjà plus ce qu'il avait été. La vie l'avait marqué; mais quand il pouvait causer librement avec moi, sa conversation révélait un esprit original et fertile en ressources. Il connaissait la vie sous toutes ses faces et avait su tirer les conclusions nécessaires de ses expériences. Notre amitié avait été cimentée un ou deux ans plus tôt à la suite d'un incident dont nous aurions pu l'un et l'autre être victimes.

Il était arrivé chez moi certain jour où j'avais à déjeuner un ami de passage qui se rendait dans la montagne.

Je n'avais vraiment pas le temps de m'occuper du chef kikuyu pendant les derniers moments que mon ami passait à la ferme. D'autre part, je savais que Kinanjui appréciait les rafraîchissements qu'il trouverait en arrivant à la ferme, après avoir marché en plein soleil.

Or, ce jour-là, il se trouvait que toutes mes bouteilles étaient entamées, au point qu'aucune n'était plus offrable, et nous avions eu l'idée, mon ami et moi, de mélanger dans un grand verre à eau tous les fonds de bouteilles d'alcools variés destinés aux cocktails, estimant que plus ce serait fort, mieux Kinanjui serait occupé en m'attendant. Je lui portai moi-même le mélange. Après avoir goûté au breuvage et souri en connaisseur, Kinanjui jeta sur moi le regard le plus ému qu'un homme m'ait jamais adressé, puis, renversant la tête, d'un seul trait, il vida son verre.

Une demi-heure plus tard, alors que mon ami venait de partir, mes gens vinrent me trouver fort émus : « Msabu, Kinanjui est mort », m'annoncèrent-ils. Je sentis passer sur moi le vent de la catastrophe et j'allai voir Kinanjui.

Il était étendu sur le sol à l'ombre de la cuisine, le visage aux lèvres bleuies ne donnait plus signe de vie, les doigts étaient glacés et raides. J'eus l'impression d'avoir abattu un éléphant. J'étais responsable de la destruction d'un être fort et puissant, prompt à l'action, amoureux de la vie et sachant en user. Je l'avais en quelque sorte dépouillé et même dégradé, car les Kikuyus l'avaient aspergé d'eau et lui avaient ôté son manteau de fourrure. Dans sa nudité il ressemblait à un animal abattu et privé du trophée convoité par le chasseur.

Je voulus envoyer Farah chercher le docteur, mais mon automobile refusa de démarrer. D'autre part, l'entourage de Kinanjui me suppliait d'attendre encore avant d'entreprendre quoi que ce fût.

Une heure plus tard, comme je sortais le cœur lourd d'appréhension pour essayer de m'entendre avec les conseillers, mes gens vinrent me dire : « Kinanjui vient de partir. » J'appris par eux qu'il s'était levé brusquement, qu'il avait remis son manteau, rassemblé ses gens et repris la route de sa manyatta sans un mot.

Je crois qu'à la suite de cette aventure Kinanjui sentait que, pour lui faire plaisir, je m'étais mise dans un mauvais cas; il était en effet formellement interdit de donner de l'alcool aux indigènes. Depuis il était revenu à la ferme, il y avait fumé son cigare avec nous, mais jamais plus il n'avait été question de boisson. Je lui en aurais donné s'il me l'avait demandé; mais je savais qu'il ne me demanderait rien.

Pour en revenir à Wanaïna, j'avais donc fait appel à Kinanjui; je l'avais mis au courant de tout ce qui s'était passé à la ferme et je lui demandai de venir y mettre fin. J'estimais, et je le lui avais dit, que Kaninu devrait donner à Wanaïna la vache et le veau dont il avait parlé, mais qu'il fallait que la question fût ensuite définitivement réglée.

Je me réjouissais de la venue de Kinanjui, car je savais que sa seule présence suffirait à renverser les chances, et à donner une tout autre allure à l'affaire.

Ma démarche eut pour effet de réveiller cette affaire qui somnolait, elle faillit même lui donner une conclusion tragique.

Une après-midi, alors que je revenais d'une promenade à cheval, je vis une automobile pénétrer chez moi à toute vitesse. C'était une voiture rouge foncé, aux nickels rutilants, que je connaissais bien; elle appartenait au consul américain de Nairobi.

Je cherchais à deviner ce qui pouvait bien amener le consul chez moi à une allure aussi précipitée. Comme je descendais de cheval, Farah vint me prévenir que Kinanjui était arrivé.

Il était venu dans sa voiture achetée de la veille au consul, et il ne voulait pas en descendre sans que j'eusse admiré l'auto et son propriétaire.

Je trouvai Kinanjui raide, figé comme une idole au fond de la voiture. Il avait son manteau de singe bleu et, sur la tête, un calot, comme ceux que les Kikuyus fabriquent en peau de mouton. Grand, large, sans une once de graisse superflue, il ne manquait pas d'en imposer; son visage ne pouvait passer inaperçu; long, osseux, ce visage paraissait sculpté dans le bois; Kinanjui avait le front brusquement fuyant des Indiens. Mais ce qui frappait en lui, c'était son nez, un large nez, expressif au point d'être le point essentiel et le centre de la vaste silhouette qui n'était plus qu'un support pour ce nez. Ce nez, comme la trompe de l'éléphant, était à la fois sensible, prudent et frémissant de curiosité; on sentait l'homme aussi bien armé pour l'attaque que pour la défense. La tête de Kinanjui, tout comme celle de l'éléphant, eût certainement été la tête la plus noble qui fût si elle n'avait trahi autant d'intelligence.

Kinanjui demeura impassible, les yeux fixés devant lui, pas un muscle ne tressaillit pendant que je le félicitais de son auto. Il regardait l'horizon en m'offrant un profil de médaille. A mesure que je tournais autour de la voiture, il tournait légèrement la tête pour que mes yeux ne perdissent point la vision de ce profil. Peut-être était-ce le profil royal des pièces d'une roupie qui l'avait impressionné.

Un de ses fils lui servait de chauffeur et l'auto qui avait fortement chauffé pour venir fumait encore. Lorsque les compliments d'usage furent épuisés, j'invitai Kinanjui à descendre de voiture. D'un mouvement majestueux, il se drapa dans sa cape et mit pied à terre, reculant en même temps de deux mille ans dans le passé où il rejoignait la justice kikuyu.

Il y avait à côté de la maison un banc de pierre pour lequel j'avais fait faire une table avec une meule qui avait une histoire tragique : elle venait du moulin où les deux Indiens avaient été assassinés. Après ce meurtre, personne n'avait osé reprendre le moulin qui resta longtemps silencieux. Je fis alors transporter la pierre jusque chez moi; je pensais qu'elle servirait de table et me rappellerait le Danemark.

Les meuniers indiens m'avaient raconté que cette pierre était arrivée par mer de Bombay, car les pierres africaines ne sont pas assez dures pour servir de meules. On distinguait encore, sur le dessus de la table, un dessin sculpté et aussi quelques taches brunes. Mes gens prétendaient que c'était le sang des Indiens qui jamais ne s'effacerait. Cette table de pierre était devenue un « attribut » essentiel de la ferme. C'est toujours auprès d'elle que se réglaient mes démêlés avec les indigènes.

C'est de ce banc de pierre où j'étais assise avec Denys Tinch Hatton que j'ai découvert une fois la première lune de l'année et les deux planètes Vénus et Jupiter rapprochées à se toucher et si brillantes que l'on avait peine à en croire ses yeux; je n'ai jamais vu d'étoiles comparables.

Je pris place derrière la table de pierre avec Kinanjui à ma gauche; Farah à ma droite, debout, surveillait l'arrivée des Kikuyus qui venaient d'apprendre que Kinanjui était à la ferme.

Les rapports de Farah avec les indigènes ne manquaient jamais de pittoresque. Mais, comme pour l'aspect physique des Masaïs, il s'expliquait, pour peu qu'on connût l'histoire des siècles passés. La force qui animait encore les uns et les autres avait édifié des monuments grandioses, depuis longtemps tombés en poussière.

Quand on arrive en Afrique orientale et qu'on débarque à Mombasa, on aperçoit çà et là, entre les grands baobabs qui eux-mêmes ressemblent plus à d'immenses fossiles qu'à notre végétation actuelle, des ruines de maisons, de minarets et de puits, tous bâtis de la même pierre grise.

Des ruines semblables se retrouvent tout le long de la côte à Takaunga, Kalifi et Lamu.

C'est tout ce qui reste des villes et des domaines que les

trafiquants d'ivoire et les marchands d'esclaves avaient créés
    La côte d'Afrique n'avait plus de secrets pour les trafi-
quants qui se rendaient à Zanzibar. Zanzibar était le grand
marché d'esclaves à une époque où Aladin envoyait au Sultan quatre cents esclaves noirs chargés de pierres précieuses,
pendant que la Sultane payait de sa vie la fête organisée au
harem pour son amant noir, en l'absence de l'époux qui chassait.
    Les esclaves de la montagne africaine n'allaient pas en
Amérique : ils étaient réservés pour l'Orient. La Turquie,
le Levant et les pays méditerranéens se les partageaient.
Peut-être des Kikuyus ou des Masaïs ont-ils servi et éventé
de blondes vénitiennes.
    Il est probable que les marchands arabes, à mesure qu'ils
s'enrichissaient, s'installaient dans le pays avec leurs familles,
leurs harems et qu'ils ne quittaient plus guère leurs demeures
somptueuses blotties sous les arbres au bord de la mer et
qu'ils s'en remettaient à d'autres du souci d'accompagner
les expéditions dans la montagne.
    C'est en effet des régions sauvages et desséchées, des
plaines dénudées où ne poussent que l'aubépine et de maigres
fleurs aux parfums violents qu'ils tiraient leur richesse. C'est
là, sur le toit de l'Afrique, que se promenaient sages et
majestueux les éléphants fournisseurs d'ivoire. Ces grandes
bêtes, que leurs pensées paraissaient absorber, ne demandaient que la paix; elles n'éprouvaient aucun soupçon des
dangers qui les menaçaient. Comment les éléphants auraient-
ils prévu qu'ils seraient dépistés, traqués, abattus par les
flèches empoisonnées des Wandorobos, ou par les balles des
beaux fusils arabes sertis d'argent, quand ils n'étaient pas
emprisonnés dans des fosses ou pris aux pièges qu'elles dissimulaient, tout cela parce que Zanzibar attendait leurs
longues défenses d'ivoire bruni.
    Nos montagnes abritaient aussi quelques vallées défrichées,
où des gens paisibles cultivaient la patate et le maïs. Nul
chez eux ne songeait à la guerre, aucun n'attendait de la
vie plus qu'elle ne leur donnait. Mais autant que l'ivoire,
ils étaient recherchés sur les marchés et les rapaces, grands
et petits, s'abattaient sur la montagne.

> Tous les tristes oiseaux mangeurs de chair humaine
> S'assemblent. Et les uns laissant un crâne chauve,
> Les autres aux gibets essuyant leur bec fauve;
> D'autres, d'un mât rompu quittant les noirs agrès.

On vit arriver les Arabes, ils étaient froids, sensuels et méprisaient la mort; sitôt leurs affaires terminées, c'était vers l'algèbre, l'astronomie ou les plaisirs du harem que se tournaient leurs esprits.

A leur suite parurent leurs frères bâtards, les Somalis. Les Somalis violents et querelleurs, mais sobres autant qu'avides, cherchent toujours à faire oublier une origine suspecte par leur intransigeance sur le chapitre de la religion.

Plus que les enfants légitimes, c'étaient eux les véritables serviteurs du prophète.

Les Souahélis de la côte se faufilaient avec les autres. C'étaient des esclaves, et ils avaient des esclaves la cruauté, l'impudence et l'obscénité.

Amateurs de vie facile et de grasses plaisanteries, on les voyait s'épaissir avec l'âge.

Pour peu que les uns ou les autres s'aventurassent assez haut, ils retrouvaient d'autres rapaces, ces Masaïs qui s'approchaient aussi silencieux que des ombres et presque aussi minces que leurs piques miroitantes; à l'abri de lourds boucliers, ils se méfiaient de tous les étrangers, mais ne leur en vendaient pas moins leurs frères.

Tous ces rapaces devaient se retrouver et s'entendre là-haut. Farah me racontait qu'autrefois, avant que les Somalis eussent amené des femmes de leur pays, les femmes masaïs étaient les seules indigènes qu'un Somali pût épouser.

Je me demande ce que pouvaient donner des alliances aussi singulières : autant les Somalis sont religieux, autant les Masaïs sont fermés à tout ce qui dépasse le monde concret, le seul qui les intéresse. Les Somalis sont très propres, très préoccupés d'hygiène, les Masaïs, au contraire, sont sales. Enfin les Somalis, qui attachent un grand prix à la vertu de leurs épouses, trouvaient, chez les Masaïs, des femmes aux mœurs faciles.

Farah répondait à cela par une explication fort simple : « Les Masaïs, me disait-il, n'ont jamais été des esclaves et ne le seront jamais; on ne peut même pas les emprisonner; ils meurent après trois mois de prison. Le Gouvernement anglais a reconnu le fait et a dû pour eux remplacer cette peine par des amendes. »

L'intolérance irréductible des Masaïs à l'égard de n'im-

porte quel joug leur assure une place à part parmi les indigènes; ils sont les seuls que l'aristocratie des immigrants ait
acceptés.

C'est de préférence aux rongeurs que s'attaquent les rapaces,
or personne ne ressemble autant à des rongeurs que les Somalis. Si leur tempérament violent et les rivalités intestines
entre tribus, qui les portent trop souvent à gaspiller leur
sang et leur temps, empêchent que les leviers de commande
leur soient confiés, ils n'en sont pas moins, à côté d'un chef,
des employés zélés et consciencieux, sur lesquels on peut
compter. Il est probable que les capitalistes arabes qui
demeuraient à Mombasa s'en remettaient à eux du soin de
mener à bien les expéditions dangereuses. Si les Somalis ont
toujours rempli l'office de chiens de berger à l'égard des
indigènes, en les surveillant d'un œil infatigable, et sachant
à l'occasion montrer les dents, qui pouvait garantir que les
moutons n'inventeraient pas de mourir pendant le voyage,
ou encore de s'enfuir?

Les Somalis connaissent la valeur de l'argent, et peuvent
se priver de sommeil et de nourriture pour protéger les
valeurs dont ils ont accepté la garde. Souvent, au retour
de leurs expéditions, ils n'avaient plus que la peau et les os.

L'habitude leur en est restée, ils l'ont dans le sang.

Lorsque la grippe espagnole sévissait, Farah fut l'un des
premiers à l'attraper. Il n'en continua pas moins à me suivre
à travers la ferme, brûlant de fièvre, respirant avec peine
et les lèvres parcheminées, pour obliger les squatters à se
soigner.

Il avait entendu dire que le pétrole était un bon remède
contre la grippe, et il en avait accumulé des provisions.

Son petit frère Abdullaï, que j'avais alors chez moi, fut
atteint également et avec tant de force qu'il resta trois ou
quatre jours entre la vie et la mort. Farah en était très
affecté et le soignait, mais ce qu'il faisait pour un frère
c'était affaire d'inclination et presque une faiblesse, alors
que, pour les gens de la ferme, c'était le devoir, le pain quo-
tidien et le prestige; et le chien, à moitié mort, demeurait
avec les moutons. Farah savait aussi toujours ce qui se passait dans le monde indigène, et je serais bien embarrassée
de dire d'où il tenait ses informations car, à part certains
d'entre eux, les plus riches, Farah ne les fréquentait pas.

Quant aux moutons, c'était la gent pacifique qui n'ayant

ni dents, ni griffes et peu de force, n'avait aucun protec-
teur sur terre; elle s'accommodait de la vie avec une résignation inépuisable.

Les Kikuyus ne meurent pas sous le joug comme les
Masaïs et ils n'ont pas, devant le destin qui les trahit ou
les lèse, les révoltes des Somalis.

Ils adoptent volontiers les dieux étrangers et s'accoutument
assez bien à leurs chaînes. Ils n'en ont pas moins su pourtant maintenir, jusqu'à un certain point, le sentiment de
leur dignité à l'égard de leurs persécuteurs.

Ils ont compris qu'ils tenaient en leurs mains tout le profit et le prestige de leurs bourreaux. En dépit de leur misère
profonde, ils restaient dans la chasse le personnage principal
et l'objet du commerce. Il en avait été de même tout au
long de leur vie douloureuse, et tout ensanglantés et tout
meurtris qu'ils fussent, ils avaient acquis une philosophie
qui subsistait au fond de leurs pauvres cœurs; philosophie
qui ne leur laissait de considération ni pour leurs bergers,
ni pour leurs chiens. Ils pouvaient dire à leurs chiens : « Vous
ne connaissez ni repos ni trêve. Nous vous voyons courir,
la langue pendante en pleine chaleur, haletants comme si
vos côtes allaient éclater. La nuit vous ne connaissez point
de sommeil et le jour vous sentez vos yeux brûlants. Tout
cela à cause de nous. C'est vous qui vivez pour nous et non
pas nous pour vous. »

Les Kikuyus se permettaient d'ailleurs certaines imper-
tinences à l'égard de Farah, à la manière de ces agneaux
qui détalent sous le nez du chien pour le plaisir de le faire
courir.

Mais pour l'instant, Farah et Kinanjui, le berger et le
chien étaient réunis. Farah, très droit, portant avec dignité
son turban rouge et bleu, sa veste noire brodée d'or et la
longue gandoura de soie; on pouvait difficilement souhai-
ter silhouette plus décorative. De l'autre côté, Kinanjui,
complètement nu sous son manteau de peau de singe, s'éta-
lant sur le banc de pierre, c'était le vieil indigène, modelé
dans l'argile de la montagne africaine.

Farah et Kinanjui faisaient montre, l'un à l'égard de l'autre,
de la plus grande considération, mais en affectant toujours,
par une sorte de règle tacite, une fois leur conversation
terminée, de ne plus se regarder.

Comme on les imaginait bien tous deux, deux cents ans plus

tôt, devant une cargaison d'esclaves : Kinanjui se débarras-
sant, grâce à ce trafic, des éléments indésirables ou négligeables
de la tribu, et Farah cherchant l'appât qui lui permettrait
d'attirer le vieux chef et de le joindre à la cargaison, sans
que Kinanjui — marchandise au cœur lourd — pût ignorer qu'il était lui-même l'enjeu de la bataille, le morceau
convoité.

La séance qui devait endiguer les conséquences de la
catastrophe débuta on ne peut plus paisiblement. Tous à
la ferme étaient heureux de voir Kinanjui parmi nous; les
plus anciens de mes squatters venaient à tour de rôle échan-
ger quelques mots avec lui avant d'aller prendre place sur
la pelouse. Quelques vieilles femmes, du bout de la pelouse,
me saluèrent d'un joyeux « Jambo Jerri ». Jerri est un pré-
nom féminin très répandu parmi les Kikuyus, et les vieilles
femmes de la ferme m'avaient décerné ce surnom, les tout
petits m'en gratifiaient parfois, mais ni les jeunes gens ni
les vieux ne l'eussent employé.

Kaninu, entouré de sa nombreuse famille, vint s'asseoir
au milieu de l'assemblée; il ressemblait à un épouvantail
à moineaux, à l'œil inquiet et brillant, qui se serait brusquement animé. Wanaïna et sa mère étaient là également,
mais un peu à l'écart des autres Kikuyus.

Je commençai par expliquer au peuple, avec lenteur et
en pesant mes paroles, que l'affaire en suspens entre Kaninu
et Wanaïna allait enfin être réglée, que le règlement en
serait consigné sur un papier et que Kinanjui était venu
pour l'attester.

Kaninu donnerait à Wanaïna une vache et son veau et
l'affaire serait ensuite enterrée et personne n'aurait plus le
droit de la ressusciter.

Kaninu et Wanaïna avaient été prévenus; et Kaninu devait
tenir prêts la vache et son veau. On sentait Wanaïna mal
à l'aise au grand jour, à la manière des taupes que l'on ramène
à la surface. Personne n'aurait pu le croire dangereux.

Après avoir achevé la lecture du document, je donnai
l'ordre à Kaninu d'amener la vache. Kaninu se leva, fit un
signe, et ses fils qui gardaient la vache derrière les huttes
arrivèrent avec la vache et son veau, que l'on introduisit

solennellement au milieu de l'assemblée. Instantanément, l'atmosphère changea, on eût dit qu'un orage s'amoncelait à l'horizon.

Rien au monde n'excite autant qu'une vache l'intérêt des Kikuyus. Qu'il s'agisse de crime, de sorcellerie ou d'amour, ou encore des inventions des Blancs, tout disparaît devant la passion du bétail, tout est balayé par elle. Elle nous ramène à l'âge de la pierre.

La mère de Wanaïna se mit soudainement à hurler en brandissant un bras desséché et en montrant la vache. Wanaïna joignit sa voix à celle de sa mère, une voix bégayante et cassée, comme si quelqu'un d'autre parlait par sa bouche, et il prit le ciel à témoin qu'il était maltraité : il n'accepterait pas cette vache, c'était la plus vieille du troupeau. Quant au veau, c'était bien le dernier qu'elle pourrait avoir!

Le clan de Kaninu répliqua avec vigueur en énumérant d'une voix hachée par la colère les mérites de la vache, et ses aptitudes particulières. On sentait tout ce que les paroles dissimulaient de haine et de mépris de la mort.

Tous les gens de la ferme intervinrent alors; personne ne pouvait demeurer silencieux. Quand une vache et son veau étaient en question, chacun donnait son avis, chacun voulait apporter son témoignage. Les plus vieux se prenaient l'un l'autre par le bras, et, bien qu'épuisés par l'asthme, consacraient leurs dernières forces à condamner ou à exalter la vache.

Les jeunes gens se jetaient à la tête les pires vérités avec des voix profondes et passionnées.

En l'espace de deux à trois minutes, toute l'assemblée s'était mise à frémir et à s'agiter comme un bouillon de sorcière.

Je me tournai vers Farah : il avait l'air égaré d'un somnambule; je compris qu'il était comme une épée à moitié sortie du fourreau, toute prête à intervenir dans la mêlée, car les Somalis, qui sont des maquignons, ont eux aussi la passion du bétail. Kaninu me lança le regard d'un homme qui se noie et se sent emporté par le courant. Je cherchai alors à apercevoir la vache. C'était une vache grise, aux cornes brunes très incurvées, qui demeurait tout à fait placide au milieu du tourbillon qu'elle venait de déchaîner. Au moment où tous les doigts étaient tendus vers elle, elle se mit tranquillement à lécher son veau. Autant que je pouvais distinguer entre tous ces membres noirs qui s'agitaient, la vache me parut vieille.

Finalement mes yeux se retournèrent vers Kinanjui et son immobilité me frappa. Avait-il seulement regardé la vache? Je l'ignore, mais au milieu du tumulte pas un muscle de son visage ne bougeait. Ses paupières même ne clignaient pas. Un bloc posé devant ma maison n'aurait pas été plus immuable et n'aurait pas eu moins de réaction. A moitié tourné, il n'accorda pas un regard à l'assemblée et je comprenais à quel point un profil devrait être le seul visage des rois.

C'est un don qu'ont les nègres de pouvoir se transformer à volonté en matière inanimée. Il suffisait d'un mot ou d'un geste de Kinanjui pour que la flamme fût attisée. Il se contenta pour l'étouffer de la regarder : art qui n'est certes pas à la portée de tous, mais Kinanjui avait l'âme d'un chef.

Peu à peu la fureur s'apaisa. Mes gens cessèrent de crier et reprirent le ton de la vie quotidienne; l'un après l'autre, tous se turent. Lorsque la mère de Wanaïna crut que personne ne la voyait, elle se traîna avec son bâton jusqu'à la vache pour l'examiner. Farah se redressa et reprit une apparence civilisée, un peu de sueur perlant encore à son visage.

Le calme rétabli, nous fîmes approcher les parties de la table de pierre. Chacun fut invité à tremper son pouce dans le cambouis de la voiture pour l'appuyer sur le document. On ne l'obtint pas sans peine de Wanaïna; en approchant son pouce du papier, il gémissait comme s'il avait redouté de se brûler.

« Cet accord, disait le texte, a été conclu à Ngong, aujourd'hui 26 septembre, entre Wanaïna wa Bemu et Kaninu wa Muturri, en présence du chef Kinanjui. Cet accord prévoit la remise par Kaninu d'une vache avec son veau à Wanaïna.

« Cette vache et ce veau sont destinés au fils de Wanaïna Wanyangerri, que le fils de Kaninu, Kabero, a blessé d'un coup de fusil le 19 décembre dernier.

« La vache et le veau seront la propriété de Wanyangerri.

« La contestation prendra fin au moment de la remise de la vache avec son veau et, à dater de cet instant, personne n'aura le droit d'évoquer l'affaire.

Ngong, le 26 septembre.

L'empreinte de Wanaïna.

L'empreinte de Kaninu.

« J'ai approuvé la lecture de ce document.
« En présence de Kinanjui.
« La vache et son veau ont été remis à Wanaïna en ma présence.

Baronne BLIXEN. »

DANSES NÈGRES

La ferme recevait souvent des visites. Pour des immigrants isolés, l'hospitalité répond à un besoin vital. Elle ne s'étend pas moins au visiteur de passage qu'aux hôtes qui séjournent.

Un hôte est toujours le bienvenu; il apporte des nouvelles, et bonnes ou mauvaises, celles-ci sont toujours un aliment, pour ceux dont la vie s'écoule monotone dans une demeure isolée.

Un ami qui arrive est un envoyé du ciel; ce qu'il apporte, c'est vraiment le *panem angelorum*.

Lorsque Denys Tinch Hatton revenait de ses chasses, il était si affamé de conversation et m'en sentait moi-même si privée, que nous pouvions demeurer attablés et bavarder après le dîner, jusqu'à une heure avancée de la nuit.

Nous accueillions tous les sujets qui se présentaient à l'esprit pour en rire bien vite si nous sentions que nous les possédions encore.

A vivre seuls parmi les indigènes, les Européens se laissent aller à dire ce qui leur traverse la cervelle; n'ayant nul besoin de se surveiller, ils perdent l'habitude de dissimuler.

Chaque fois que nous nous retrouvions ainsi, nous pensions, Denys et moi, aux Masaïs qui, du fond de leurs manyattas, regardaient sans doute ma demeure illuminée comme les paysans de l'Ombrie regardaient autrefois les fenêtres éclairées de saint François et de sainte Claire, s'entretenant de théologie.

Les « ngomas », ou danses indigènes, étaient les seuls spectacles mondains que l'on connût à la ferme. Pour les grands ngomas, les Kikuyus arrivaient de très loin et nous pouvions avoir jusqu'à quinze cents invités

Le rôle de la maîtresse de maison était heureusement simplifié; nous nous bornions à offrir quelques prises aux mamans et aux grand'mamans des Moranes et des Nditos, les jeunes gens et les jeunes filles qui dansaient, et d'abreuver les enfants qui les accompagnaient d'un sirop de sucre que Kamante leur distribuait à la ronde avec une cuillère de bois.

Je demandais parfois aux autorités de Dagoretti la permission pour mes squatters de fabriquer du « tembu », redoutable boisson à base de sucre de canne. Quant aux exécutants, danseurs infatigables, on ne leur offrait rien, car ils ne désiraient rien.

Toute la joie de la fête, ce sont eux qui la dispensent, elle est en eux. Fermés à toute influence extérieure, sensibles aux seules et pures délices de la danse, ils ne demandaient à leurs semblables que l'espace pour danser.

Les abords de ma maison, avec les pelouses bien unies sous les arbres et les clairières dans le bois, leur offraient le cadre le plus propice à leurs danses. En outre, le terrain où s'élevaient les huttes du personnel avait été également aplani, au moment de leur construction. Si bien que ma maison jouissait de l'estime particulière de la jeunesse et que mes invitations pour le bal étaient très recherchées.

Il y avait deux sortes de ngomas suivant qu'ils avaient lieu le jour ou la nuit.

Les danses de l'après-midi exigeaient davantage de place, elles attiraient plus de spectateurs, on pouvait compter sensiblement un même nombre de spectateurs et de danseurs; aussi se donnaient-elles toujours sur la pelouse devant la maison.

Pour les ngomas d'après-midi, les danseurs se rangeaient en un grand cercle ou en plusieurs petits et ils se mettaient à sauter et à bondir très haut, en rejetant en arrière leurs têtes chargées d'ornements démesurés, et ils devaient retomber en mesure, tantôt sur un pied, tantôt sur l'autre. Les danseurs « étoiles » avançaient ensuite en courant au milieu du cercle où ils exécutaient des figures compliquées avec leurs lances.

Les pieds des danseurs dessinaient sur ma pelouse des cercles bruns magiques. L'herbe y semblait roussie, elle n'y repoussait que lentement.

Les ngomas d'après-midi évoquent pour nous beaucoup plus un marché qu'un bal, par l'animation des spectateurs, assis sous les arbres, qui bavardaient tout en regardant les danseurs.

Les « Belles de nuit » de Nairobi, que l'on désignait en souahéli du joli nom de malayes, honoraient parfois les ngomas de leur présence. Elles arrivaient en groupe dans les calèches attelées de mules d'Ali Khan, le voiturier indien. Enveloppées dans des kilomètres de cotonnade à grands dessins et éparpillées dans l'herbe, elles ressemblaient à des parterres fleuris.

Les jeunes filles de la ferme qui étaient, ainsi que leurs mères et leurs grand'mères, vêtues de souples peaux huilées et teintées, se plaçaient tout près de ces dames et critiquaient ouvertement leurs toilettes et leurs manières. Mais ces belles dames de la ville ne paraissaient en éprouver nulle gêne; elles étaient assises les jambes croisées comme des poupées de bois sombre aux yeux de verre, et fumaient de petits cigares.

Des bandes d'enfants déchaînés se faufilaient entre les cercles pour regarder les danseurs; quelques-uns même formaient à l'écart un autre cercle et se mettaient comme leurs aînés à sauter en l'air, suivant les meilleures règles de l'art.

Les danseurs du ngoma s'enduisaient le corps d'un mélange d'huile et de craie rougeâtre toujours très demandée sur les marchés indigènes. Ce « fond de teint » donnait à leur peau un reflet blond très curieux, je ne vois rien ni dans le règne animal, ni dans le règne végétal à quoi je puisse le comparer. Ils ressemblaient à des fossiles vivants, à des statues sculptées dans l'argile. Les jeunes filles s'imprégnaient le corps et les vêtements du même mélange, si bien qu'aucune tache de couleur ne déparait l'ensemble; elles ressemblaient à des statues dont un artiste aurait modelé les draperies.

Les jeunes gens étaient nus avec des coiffures soigneusement élaborées. Leurs crinières, passées à la craie et comprimées dans des nattes étoffées de lanières de cuir, étaient disposées sur leurs têtes en un échafaudage savant; une dernière couche de craie recouvrait le tout.

Au moment où j'ai quitté l'Afrique, le gouvernement venait d'interdire ces coiffures à la craie. Je me rappelle combien l'effet en était saisissant et il n'y a pas, à ma connaissance, de décorations ou de bijoux qui mettent dans une réception ou une cérémonie une note comparable à celle de cette craie.

Lorsque l'on rencontrait dans la campagne un groupe de Kikuyus passés à la craie, on savait que l'on dansait dans la région et l'air lui-même avait un goût de fête.

Le cadre trop étendu où elles se déploient nuit souvent aux danses de plein air. La scène est trop grande, on ne sait pas où elle commence ni où elle finit, et malgré l'ocre de la craie, l'importance des coiffures en plumes d'autruche et les éperons en peau de singe que les danseurs fixaient à leurs talons, ils donnaient toujours l'impression d'être éparpillés et en nombre insuffisant; sous les grands arbres ils semblent mièvres.

Le regard des spectateurs erre d'un groupe à l'autre, sans pouvoir embrasser un ensemble, qu'il s'agisse des acteurs, du public ou des enfants qui traversent la scène.

L'ordonnance générale rappelle ces grands tableaux de batailles, au milieu desquels des personnages en costume de parade évoluent : la cavalerie avance d'un côté, pendant que l'artillerie enlève la position, et que des officiers d'ordonnance galopent à travers le champ de bataille.

Les ngomas d'après-midi se déroulent au milieu d'un vacarme assourdissant; le son des flûtes et des tam-tams est parfois complètement couvert par le bruit de la foule.

Les jeunes danseuses poussent de longs cris modulés chaque fois qu'un jeune Morani s'élance au milieu du cercle et s'y distingue.

Dans le coin des parents, les langues ne chôment pas.

Rien n'était réjouissant comme d'entendre deux vieilles Kikuyus, assises de chaque côté d'une calebasse, se rappeler leur jeunesse, et les ngomas où elles dansaient.

Plus le soleil baissait, comme le tembu dans la calebasse, plus leurs visages s'éclairaient, et il n'était pas rare, surtout si quelques vieux Kikuyus s'étaient joints à elles, que l'une des vieilles, revigorée par les souvenirs de jeunesse, se levât et esquissât quelques pas de danse avec des mines de Nditos, pour la plus grande joie, sinon des danseurs — qui l'ignoraient —, mais tout au moins de ses contemporains.

Les ngomas nocturnes étaient plus sérieux. Ils n'avaient lieu qu'à l'automne, lorsque le maïs était récolté, et pendant la pleine lune. J'ignore s'il faut y voir la survivance de rites religieux; l'attitude recueillie et mystérieuse des danseurs semblerait l'indiquer. Il est probable que, depuis des milliers d'années, cette même danse chaque automne est dansée en Afrique.

Certaines de ces danses nocturnes, celles précisément auxquelles les indigènes tenaient le plus, ont paru immorales aux émigrants européens qui se sont employés à les faire interdire.

Je me rappelle encore l'atmosphère déprimée que je trouvais à la ferme certain automne où je revenais d'un voyage en Europe. Vingt-cinq jeunes gens dénoncés par mon gérant venaient d'être emprisonnés pour avoir dansé des danses interdites, et c'était en pleine cueillette du café.

Quand j'interrogeai mon gérant, il m'expliqua que sa femme ne pouvait tolérer le spectacle de ces danses.

Je réunis alors mes plus vieux squatters et leur demandai quelle idée ils avaient eue de choisir les abords de la maison du gérant, pour y donner leur ngoma.

Ils me déclarèrent alors que c'était à six ou sept kilomètres de chez nous, au village de Kachevu, que le ngoma avait eu lieu.

J'en fus quitte pour me rendre auprès du directeur de la police de Nairobi, qui, avec beaucoup de bon sens, renvoya les délinquants cueillir mon café.

Les danses nocturnes des indigènes sont très belles. Les limites de la scène se trouvent la nuit précisées par la lueur des foyers. Le feu constitue d'ailleurs un élément essentiel de ces ngomas, non pas pour la lumière qu'il donne, les clairs de lune éblouissants d'Afrique donnent assez de clarté, mais pour les effets scéniques que l'on peut en tirer : les flammes, en réduisant la scène, fondent et harmonisent les couleurs.

Les indigènes ont assez le sens des effets pour ne point en abuser. Ils usent du feu avec discrétion, selon le résultat qu'ils veulent obtenir et il ne s'agit pas ici d'allumer de grands brasiers disposés au hasard. Le bois était soigneusement préparé la veille du ngoma par les femmes qui se chargeaient des préparatifs de la fête; elles dressaient ce bois en un savant échafaudage au centre du cercle. L'heure de la fête venue, toutes les vieilles mamans prenaient place autour du bois; il leur servait à alimenter les petits feux disposés comme une couronne d'étoiles à l'intérieur du cercle que formaient les danseurs, avec la forêt pour fond.

Il fallait suffisamment d'espace pour que les vieux spectateurs ne fussent pas aveuglés par la chaleur et la fumée, et pourtant on laissait aux spectateurs l'impression d'une scène aussi délimitée qu'une demeure, une demeure spacieuse où tout serait prévu.

Les indigènes ne recherchent pas les contrastes. Le cordon ombilical qui les rattache à la nature n'a pas été coupé. Ils savent attendre pour leur ngoma que la lune ait son plein éclat, et ne négligent pour eux-mêmes aucun détail; lorsque le monde sera baigné par la lumière du ciel, la terre n'ajoutera que quelques étincelles à la clarté de la nuit africaine.

Les invités arrivaient par petits groupes, deux ou trois à la fois, une douzaine, ou une quinzaine. C'étaient pour la plupart des amis qui s'étaient donné rendez-vous ou qui s'étaient rencontrés en chemin.

Les danseurs avaient en moyenne une vingtaine de kilomètres à parcourir pour arriver jusqu'au ngoma. Quand ils cheminaient à plusieurs, ils emportaient leurs flûtes et leurs tam-tams, si bien que les soirs de ngomas tous les sentiers résonnaient et s'emplissaient du chant des flûtes et du bruit des tam-tams.

Parvenus auprès des danseurs, les arrivants s'arrêtaient timidement et attendaient que le cercle leur ouvrît un passage. Lorsqu'ils venaient de très loin ou lorsqu'il s'agissait de fils de grands chefs, les vieux squatters, ou les danseurs les plus réputés allaient à leur rencontre, à moins qu'ils ne fussent reçus par les maîtres de cérémonie.

Ces maîtres de ballet étaient des jeunes gens de la ferme ou d'ailleurs, que rien ne distinguait des autres; ils avaient pour mission de veiller au spectacle et ils mettaient beaucoup de zèle à remplir leur office.

Ils commençaient par passer en revue le front des danseurs, les sourcils froncés et le visage sévère. A mesure que la danse s'animait, ils couraient d'un point à l'autre du cercle, prompts à prévenir toute défaillance. Ils étaient armés de longs bâtons réunis en faisceaux, dont ils maintenaient l'extrémité rouge en la plongeant fréquemment dans le feu.

Lorsqu'un danseur se laissait aller à la moindre négligence, ils fonçaient sur lui comme la·foudre sur le pécheur, et avec un visage terrifiant, lui lançaient en plein corps leur fagot toutes braises dehors.

On voyait la victime ployer sous le coup sans proférer une plainte. Peut-être les blessures de ngoma n'ont-elles rien de déshonorant.

J'ai vu une danse où les jeunes filles venaient se poser

pudiquement sur les pieds des danseurs, en leur entourant la taille de leurs bras.

Ceux-ci encadraient de leurs bras la tête de la jeune fille et tenaient à deux mains leurs lances qu'ils élevaient et abaissaient alternativement; ils frappaient de temps en temps le sol de toutes leurs forces. C'était d'ailleurs une vision assez émouvante que celle de toutes ces femmes cherchant refuge, au moment du danger, dans les bras des hommes de leur tribu, tandis que les hommes qui montaient la garde pour mieux protéger leurs femmes des serpents et des autres dangers leur permettaient de monter sur leurs pieds.

A mesure que se déroulait la danse qui pouvait durer plusieurs heures, une expression de béatitude apparaissait sur le visage des danseurs. Chacun était prêt, semblait-il, à mourir pour l'autre.

Il y avait une autre danse qui consistait, pour les danseurs, à courir entre les brasiers pendant qu'un soliste exécutait des sauts, des tours et des tractions qu'il interrompait de temps en temps pour lancer vigoureusement sa lance. Je me suis souvent demandé s'il ne fallait pas voir dans cette danse des réminiscences de chasse au lion.

Au cours des ngomas des chanteurs se faisaient entendre, soutenus par un accompagnement de flûtes et de tambours. Quelques-uns étaient réputés et venaient de très loin. A vrai dire il s'agissait plutôt de déclamation rythmique que de chants à proprement parler. Ces artistes improvisaient sur place des ballades dont le chœur attentif des danseurs ne tardait pas à scander le refrain.

Il était extrêmement poétique d'entendre alternativement la voix solitaire s'élever avec douceur dans la nuit, et le chœur des danseurs lui répondre. Mais peu à peu, comme le chant durait toute la nuit, et que le roulement du tambour en accentuait l'effet, il arrivait que l'on éprouvait un sentiment d'intolérable monotonie, tout en subissant une sorte d'envoûtement; on ne savait plus exactement s'il était intolérable ou indispensable.

De mon temps, le chanteur le plus réputé venait de Dagoretti. Il avait une voix forte et claire, il était en même temps un danseur remarquable. Quand il chantait, il parcourait le cercle soit posément, soit en courant, avec de longs pas glissants, accompagnés de génuflexions. Il tenait sa paume ouverte à hauteur de la bouche, sans doute pour concentrer

le son, mais on eût dit qu'il confiait à l'assemblée un secret
dangereux. Il semblait que l'écho de la forêt africaine se
fût, pour un soir, échappé des bois, afin de venir parmi les
danseurs.

L'artiste jouait avec l'âme de ses auditeurs et pouvait à
volonté leur insuffler l'humeur guerrière et dramatique ou
déchaîner le fou rire. Il avait un chant de guerre dans lequel,
si je me souviens bien, le chanteur était censé courir de
village en village pour appeler la tribu au combat, il exaltait
alors pour elle les joies du massacre et du pillage. Je suppose que cent ans plus tôt un tel chant eût glacé d'effroi
des cœurs d'immigrants. Il y en avait peu d'aussi tragiques.

Certaine nuit, ce chanteur nous fit entendre trois chants
successifs que je me fis traduire par Kamante. Le premier
était une improvisation fantaisiste, dans lequel le chanteur
imaginait que les danseurs s'emparaient d'un bateau et partaient pour Volaïa.

Le second, me raconta Kamante, était un hymne à la
gloire des vieilles Kikuyus, des mères et des grand'mères
des danseurs. Ce chant était long et plaisant à entendre.
Il devait décrire la sagesse et l'amour que l'on trouve au
cœur des vieilles Kikuyus édentées et chauves assises autour
du tas de bois; elles écoutaient le chanteur avec componc-
tion en hochant la tête.

Le troisième chant provoqua tant de rires et de cris de
la part des spectateurs que le chanteur devait enfler sa voix
pour être entendu. Lui-même riait en chantant. Les vieilles,
mises en train par le chant précédent, se tapaient sur les
cuisses et riaient à gorge déployée.

Kamante préférait ne pas traduire, et, prétendant que ce
n'était que des plaisanteries, il ne m'en donna qu'un très
court résumé.

L'idée en était simple : à la suite d'une épidémie de peste,
le gouvernement avait mis les rats à prix, et leurs cadavres
devaient être livrés à la police. Le chant décrivait alors
comment les rats pourchassés cherchaient refuge dans le li
des vieilles et des jeunes femmes de la tribu.

Kamante, qui me servait bien à contre-cœur de traduc-
teur, ne me donnait pas tous les détails et ne pouvait, tou
en résumant, s'empêcher de rire.

Je vis une fois un incident bien dramatique interrompre
un ngoma. C'était une fête de nuit donnée en mon honneur,

car je me disposais à partir en Europe. L'année avait été bonne et nous eûmes une fête de grand style, plus de mille Kikuyus étaient présents.

La fête durait depuis plusieurs heures et avant d'aller me coucher je sortis pour regarder une dernière fois les danseurs. Un fauteuil avait été apporté pour moi et placé le dos contre une des huttes du personnel. Quelques-uns de mes vieux squatters m'entouraient et s'entretenaient avec moi.

Soudain un frémissement parcourut le cercle des danseurs, suivi d'un murmure chargé de surprise et d'effroi, comme le vent qui souffle à travers les maïs; le rythme de la danse se modéra; je demandai ce qui se passait à l'un de ceux qui m'entouraient : « Masaï na kudja », me répondit-il à voix basse, « les Masaïs arrivent ». La nouvelle avait dû être apportée par un courrier, car il s'écoula un certain temps avant qu'apparussent les visiteurs.

Les Kikuyus avaient fait dire qu'ils recevraient leurs hôtes étrangers. Leur venue était contraire aux lois; la présence des Masaïs dans les ngomas kikuyus avait été interdite à cause de nombreux incidents auxquels elle avait autrefois donné lieu.

Mes gens vinrent se placer derrière mon fauteuil et je sentais tous les visages tendus vers l'entrée.

Lorsque les Masaïs entrèrent, la danse s'arrêta instantanément.

Il y avait en tout une douzaine de Masaïs, tous des guerriers jeunes. Ils pénétrèrent à l'intérieur du cercle après avoir fait quelques pas et s'immobilisèrent raides et silencieux sans regarder ni à droite ni à gauche, clignant un peu des yeux devant le feu. Ils étaient complètement nus et ne portaient que leurs armes, leurs bijoux et leurs coiffures. L'un d'eux était même casqué de la peau de lion qui est la coiffure de combat.

Leurs jambes étaient sillonnées de raies rouges verticales entre le genou et le talon, on aurait dit du sang qui coulait d'une blessure.

Raides, la tête rejetée en arrière, les Masaïs paraissaient aussi déterminés que méprisants. Leur attitude était autant celle de conquérants que de prisonniers indomptés. On sentait qu'ils étaient là presque malgré eux; le sourd martèlement du tambour était parvenu jusqu'à eux dans la Réserve au-delà du fleuve; le rythme obsédant, reprenant sans répit, avait troublé le cœur des guerriers; douze d'entre eux n'avaient pu résister à cet appel.

Les Kikuyus étaient en effervescence, mais je dois dire qu'ils se montrèrent corrects. Le chef des danseurs accueillit les Masaïs et les invita à pénétrer à l'intérieur du cercle.

Ceux-ci prirent place en silence, sans rien changer à leur expression arrogante; la danse reprit, mais tout était différent, l'atmosphère était chargée. Le rythme des tambours s'accéléra et la danse devint plus précipitée. Si le ngoma avait pu continuer, à quels exploits des Kikuyus et des Masaïs n'aurions-nous pas assisté! Mais, en dépit de la bonne volonté des uns et des autres, la situation prit un tour inattendu.

Ce qui se passa, je l'ignore, mais brusquement le cercle oscilla, puis se brisa. Un cri retentit, et tout aussitôt une foule compacte envahit le terrain et la mêlée devint générale; on entendait un bruit de lutte et de corps qui culbutaient. L'air de la nuit était, au-dessus de nos têtes, ébranlé par les lances.

Tous étaient debout, au centre les vieilles femmes se hissaient sur le tas de bois pour mieux voir.

Quand la tension se fut un peu calmée, et que la foule s'éclaircit, je constatai que j'étais au centre de la lutte, mais qu'un espace libre avait été préservé autour de moi. Deux de mes squatters s'avancèrent alors et vinrent à voix basse et l'air grave m'expliquer de quel mépris des lois les Masaïs s'étaient rendus coupables et ce qui en était résulté.

Un Masaï et trois Kikuyus étaient sérieusement blessés, « en morceaux », précisait-on. On venait me demander si je ne consentirais pas à les recoudre? L'affaire risquait en effet de nous créer des ennuis avec le gouvernement. Je commençai par demander ce que les blessés avaient de coupé : « La tête », me fut-il répondu. Les indigènes ne résistent jamais à la tentation d'exploiter les situations. Pendant que je réfléchissais, assez perplexe, je vis Kamante arriver, tenant d'une main une aiguille à repriser tout enfilée et de l'autre mon dé à coudre.

J'étais là assez irrésolue, quand Ereri s'avança. Il avait passé sept ans en prison et y avait appris le métier de tailleur. Sans doute voulut-il profiter de l'occasion qui lui était offerte, de s'exercer et de manifester son adresse; toujours est-il qu'il se proposa pour recoudre les blessés, et l'intérêt de la foule se concentra sur lui.

Il recousit littéralement les blessés qui revinrent à eux sous l'effet de son traitement. Il ne devait pas tirer mince gloire de son exploit! quoique Kamante m'ait confié que les têtes n'avaient pas été « complètement détachées ».

Comme la présence des Masaïs au ngoma devait rester ignorée des autorités, force nous fut de dissimuler le Masaï blessé pendant quelques semaines. Nous l'avions installé dans une petite hutte, ordinairement réservée aux domestiques de mes invités. Il finit par guérir et disparut un beau jour sans avoir adressé le moindre remerciement à Ereri. Il est vrai qu'il était dur pour un Masaï d'avoir été blessé et guéri par un Kikuyu.

Quand j'allai, vers le matin, m'enquérir des blessés, je vis que les brasiers brûlaient encore dans le jour matinal; quelques jeunes Kikuyus se livraient à une course au milieu des foyers. Ils sautaient, puis remuaient les braises avec de longs bâtons; une vieille femme les dirigeait, c'était la mère de Wanaïna. Elle voulait obtenir un charme qui empêcherait les Masaïs de conquérir le cœur des jeunes filles kikuyus.

UN HOTE D'ASIE

Les ngomas constituaient la grande attraction mondaine de la ferme. A mesure que se succédaient les années, je voyais les jeunes frères et sœurs remplacer leurs aînés dans la danse; ce fut ensuite au tour des enfants d'entrer dans le cercle et de prendre la place que j'avais vue occupée par leurs parents.

Comme distraction, nous recevions aussi des visiteurs venus de contrées lointaines. La mousson qui soufflait des Indes nous amena de Bombay des hommes chargés d'ans et de raison qui s'étaient confiés à elle pour traverser la mer.

Il y avait à Nairobi un Indien marchand de bois qui s'appelait Choleim Hussein; j'avais eu affaire à lui lorsque j'avais commencé le défrichement de ma propriété. C'était un musulman zélé et un ami de Farah : il vint un jour me trouver pour savoir si je l'autoriserais à m'amener quelque chose comme un Grand Prêtre que l'on attendait des Indes.

Ce Grand Prêtre, m'expliqua Choleim Hussein, traversait la mer pour visiter ses coreligionnaires de Nairobi et de Mombasa. La communauté musulmane désirait lui assurer une réception digne de son rang, et n'avait trouvé, après mûres réflexions, rien de mieux à lui offrir qu'une visite à la ferme. Voulais-je consentir à le recevoir?

Je répondis qu'il serait le bienvenu. Choleim Hussein m'expliqua alors qu'étant donné le rang et la piété du visiteur, il ne pouvait absorber aucune nourriture apprêtée ou présentée dans des récipients ayant servi aux infidèles. Mais je n'avais pas à me préoccuper de ce détail, car les musulmans de Nairobi prépareraient le repas et l'enverraient en temps voulu dans leurs voitures.

La seule question était que je voulusse bien consentir à ce que le Grand Prêtre prît ce repas sous mon toit.

Au bout de quelques instants, Choleim Hussein revint

avec embarras sur le chapitre de cette réception. Il leur restait encore quelque chose de plus à me demander.

Lorsqu'un Grand Prêtre arrivait pour la première fois
dans une maison, la tradition et l'usage exigeaient qu'un
don lui fût offert; dans une maison comme la mienne, le
don ne pouvait être inférieur à cent roupies, mais, se hâta-t-il
d'ajouter, que ce détail ne me préoccupe pas; la somme
serait réunie par les musulmans de Nairobi, tout ce qu'on
me demandait, c'était de consentir à la remettre moi-même
au Grand Prêtre. Je m'informai pour savoir si le Grand
Prêtre ne croirait pas alors à un don personnel de ma
part?

Sur ce point je ne pus rien tirer de précis de Choleim
Hussein; il est des moments où les gens de couleur, s'agi-
rait-il de sauver leur peau, ne peuvent être clairs.

Je commençai par décliner le rôle que les musulmans de
Nairobi avaient pensé me faire jouer, mais je vis un tel
désappointement sur les visages de Choleim Hussein et de
Farah, que je sacrifiai ma fierté en pensant qu'après tout
le Grand Prêtre croirait ce qu'il voudrait.

Quand le jour de la réception arriva, j'avais oublié toute
l'affaire et j'étais dans les champs où j'essayais un nouveau
tracteur. On envoya Titi, le petit frère de Kamante, pour
me chercher.

Le bruit du tracteur était si violent que je ne parvenais
pas à comprendre ce que voulait l'enfant, et comme le moteur
avait été très difficile à mettre en marche, je n'osais pas
l'arrêter.

Titi courait à côté de la machine comme un jeune chien
butant et glissant dans la terre défoncée, suffoqué par la
poussière que nous soulevions. Il nous suivit ainsi jusqu'à
l'extrémité du champ où nous pûmes nous arrêter. « Les
prêtres sont venus », me cria-t-il de toutes ses forces. « Quels
prêtres? » criai-je à mon tour. « Tous les prêtres », répondit-il
fièrement. Les Indiens étaient arrivés dans quatre voitures,
à raison de six personnes par voiture.

Je me dirigeai donc vers la maison avec Titi à côté de
moi. A mesure que j'approchais de la terrasse, je découvrais tout un essaim de silhouettes blanches posées sur la
pelouse comme un vol de grands oiseaux blancs, ou comme
une troupe d'anges qui seraient descendus sur la ferme.

C'était tout un concile! Sans doute avait-on cru un tel

déploiement de troupes nécessaire pour maintenir les Somalis dans les voies de l'Orthodoxie.

Je n'eus aucun mal à découvrir la personne du Grand Prêtre. Il vint à ma rencontre, suivi de deux coadjuteurs et de Choleim Hussein à distance respectueuse. Le Grand Prêtre était un vieillard, dont le visage distingué et fin paraissait taillé dans une ébène très ancienne.

Tous ceux qui l'accompagnaient firent cercle autour de nous pour surveiller la rencontre, puis se retirèrent discrètement.

C'était à moi seule qu'était laissé le soin d'entretenir le visiteur.

Nous n'avions aucun moyen de nous entendre, car il ne comprenait ni l'anglais ni le souahéli et j'ignorais sa langue; nous dûmes recourir à la mimique pour nous assurer de notre mutuelle considération. Je pouvais voir que la maison lui avait été déjà présentée. Toute l'argenterie que je possédais avait été sortie et abondamment décorée de fleurs disposées à la manière hindoue.

J'entraînai le Grand Prêtre vers le banc de pierre et, sous les regards attentifs des spectateurs, je lui tendis les cent roupies enveloppées dans un mouchoir vert appartenant à Choleim Hussein.

Si j'avais éprouvé quelque crainte à la pensée de rencontrer un homme dont j'avais entendu si fort vanter la science et l'importance, je me disais, à le voir si vieux et si frêle, que la situation n'était peut-être pas moins gênante pour lui. Mais après un moment passé avec lui en cette fin d'après-midi, alors que renonçant à tout simulacre de conversation nous nous tenions compagnie animés l'un à l'égard de l'autre des meilleures intentions, je compris que rien au monde ne pouvait lui causer le moindre trouble. Il donnait l'impression d'avoir atteint la certitude et la parfaite sérénité. Il souriait et approuvait avec politesse chaque fois que je lui montrais les montagnes ou les grands arbres, comme quelqu'un de sensible à tout ce qu'il voit, mais que plus rien ne peut surprendre.

J'aurais voulu savoir si tant de sérénité tenait plus à l'ignorance de la méchanceté humaine qu'à une suprême indulgence née de la connaissance approfondie des hommes. Au fond qu'il n'y ait pas de serpents venimeux, ou que vous soyez immunisé contre leur venin par l'absorption de doses répétées de poison, le résultat est le même. Ce vieillard avait le visage paisible des bébés qui ne parlent pas encore, que tout intéresse et que rien ne surprend non plus. L'après-midi n'eût pas été sensiblement différente si j'avais passé deux heures sur le banc de pierre avec un enfant dans ses langes, un bel enfant très noble, un petit Jésus comme ceux que nous montrent les vieux maîtres, que j'aurais regardé et qu'en esprit j'aurais bercé.

Les très vieilles mondaines, dont l'expérience est grande, ont quelquefois la même expression. Cette expression n'a d'ailleurs rien de très spécifiquement masculin, on l'imagine plutôt accompagnée de robes ou de langes; elle ne déparait pas la robe de cachemire blanc de mon vieux visiteur.

Je n'ai guère vu semblable expression qu'au cirque à certains clowns très intelligents.

Le Grand Prêtre était fatigué et préféra demeurer tranquillement assis pendant que Choleim Hussein emmenait les autres prêtres vers le fleuve pour leur montrer le moulin. Mon compagnon, qui avait lui-même un peu l'apparence d'un oiseau, paraissait aimer les bêtes et surtout les oiseaux. J'avais à l'époque une cigogne apprivoisée qui se promenait dans la maison et un troupeau d'oies, que personne ne tuait. J'aimais à les voir sur ma pelouse, car elles me rappelaient le Danemark. Elles parurent exciter la curiosité du prêtre indien, qui chercha à savoir d'où elles venaient, en me montrant successivement les quatre points cardinaux.

Mes chiens étaient aussi sur la pelouse et complétaient le caractère édénique de cette fin d'après-midi.

Je pensais que Farah et Choleim Hussein les auraient fait enfermer, car Choleim Hussein, en vrai mahométan, redoutait de les rencontrer, chaque fois que ses affaires l'appelaient à la ferme. Aujourd'hui ils allaient et venaient au milieu des robes blanches, comme des loups qui se promèneraient paisiblement au milieu des agneaux.

C'étaient les chiens dont Ismaïl disait qu'ils distinguaient les mahométans des autres hommes.

Avant de se retirer, le Grand Prêtre m'offrit une bague avec une perle en souvenir de sa visite. Je souhaitais qu'il eût aussi un souvenir de moi en dehors des cent roupies de Choleim Hussein et j'envoyai chercher par Farah la peau d'un lion récemment abattu qui séchait dans mon magasin. Le vieillard prit une des pattes et en examina les griffes, il les passait sur la peau de ses joues couleur de cire pour mesurer combien ces griffes pouvaient être meurtrières.

Après son départ, je me demandais, non sans curiosité, si quelques détails de la ferme étaient restés dans sa tête menue ou s'il n'avait rien vu du tout. L'avenir m'apprit qu'il avait tout de même remarqué quelque chose, car trois mois plus tard je recevais une lettre des Indes, dont l'adresse était d'ailleurs si fantaisiste qu'elle avait erré longtemps avant de me parvenir.

Dans cette lettre, un prince indien demandait si je ne voudrais pas lui vendre l'un des « chiens gris » dont son Grand Prêtre l'avait entretenu : mon prix serait le sien.

FEMMES SOMALIES

La ferme a encore accueilli quelques hôtes, qui jouèrent un grand rôle dans sa vie. J'en parlerai peu pour ne pas les contrister : ce sont les femmes de Farah.

Lorsque Farah, après s'être marié, m'amena sa jeune femme à la ferme, je vis arriver avec elle toute une compagnie de brunes tourterelles, douces et gaies; il y avait sa mère, sa jeune sœur et une petite cousine, qui avait été élevée dans la famille. Farah m'expliqua que c'était la coutume de son pays.

Au pays des Somalis les mariages étaient toujours arrangés par les anciens de la tribu, qui tenaient compte des charges et de la fortune des prétendants. Dans les bonnes familles le marié et la mariée ne se voyaient pas avant le soir des noces. A côté de cela, les Somalis sont un peuple chevaleresque et jamais ils ne laisseraient une jeune fille ou une jeune femme sans protection. C'est ainsi que l'on peut voir un nouveau marié demeurer quelquefois six mois dans le village de sa femme pour que celle-ci puisse exercer son rôle d'hôtesse et de personne influente parmi ses relations; si la chose n'est point possible et si la jeune mariée est obligée de repartir tout de suite après le mariage, ce sont les femmes de sa famille qui l'accompagnent, pour lui tenir compagnie, et la guider pendant les premiers mois du mariage, n'hésitant pas à entreprendre un long voyage pour l'aider.

Le petit groupe des femmes somalies amenées par Farah s'augmenta par la suite d'une jeune orpheline de la tribu dont Farah se chargea, non sans avoir supputé, je pense, le profit qu'il pourrait ultérieurement tirer de son mariage, s'inspirant en cela de l'exemple de Mardochée et d'Esther.

Cette petite fille était très éveillée et j'étais frappée de voir combien, à mesure qu'elle grandissait, ses aînées pre-

naient de peine pour en faire une jeune fille accomplie.
Quand elle arriva à la ferme, elle avait environ onze ans
et, au lieu de rester enfermée chez elle, elle montait sur mon
cheval, portait mon fusil et très souvent se joignait aux
totos qui s'amusaient au bord de l'étang; elle retroussait sa
robe et courait pieds nus sur le plan incliné du barrage, un
filet à la main.

Les petites filles somalies ont les cheveux rasés, à l'exception d'une couronne de boucles et d'une mèche qu'on laisse
pousser sur le sommet de la tête; c'est une mode charmante
qui leur donne l'aspect de jeunes moines malicieux.

Nous vîmes bientôt notre petite Somalie se transformer
sous l'influence des jeunes filles qui l'entouraient et même
prendre goût à cette transformation. Comme si l'on avait
suspendu un poids lourd à ses jambes, elle commença à
marcher péniblement. Ensuite elle apprit à baisser les yeux
conformément aux meilleurs usages, et à s'enfuir chaque fois
qu'un étranger paraissait. On cessa de couper ses cheveux
et le jour où ils furent assez longs, ils furent divisés et tressés en petites nattes par les femmes de la maison. L'enfant
se soumettait à tous les rites successifs avec autant de conviction que si elle avait préféré mourir plutôt que de renoncer
à l'un d'eux.

Farah me raconta que sa vieille belle-mère était réputée
dans son village pour l'éducation donnée à ses filles, dont
elle avait fait des femmes accomplies.

Je dois dire que je n'ai jamais rencontré dames plus dis-
tinguées que ces trois jeunes femmes à l'allure fière et discrète.

Leur modestie et leur distinction étaient rehaussées par
leur manière de s'habiller. Leurs jupes étaient d'une ampleur
surprenante, il fallait dix mètres d'étoffe pour une jupe. Je
le sais, car j'ai souvent acheté à Nairobi le métrage de soie
ou de coton. Au milieu de ce déploiement d'étoffe, les jambes
se déplacent mystérieusement.

> Tes nobles jambes, sous les volants qu'elles chassent,
> Tourmentent les désirs obscurs et les agacent
>   Comme deux sorcières qui font
> Tourner un philtre noir dans un vase profond.

La mère des jeunes filles était une maîtresse femme à
l'imposante silhouette un peu éléphantine. Je ne l'ai jamais

entendue se fâcher. Bien des pédagogues auraient pu lui envier l'action qu'elle exerçait. L'éducation qu'elle donnait n'était ni pesante ni ennuyeuse, elle apparaissait comme une grande conspiration dans laquelle ses élèves étaient fières d'entrer.

La petite maison que je leur avais construite dans le bois devint sous sa direction une école de haute magie blanche, et les trois jeunes filles, qui se promenaient si calmes à l'entour sans jamais trop s'éloigner, étaient trois jeunes apprenties sorcières fort appliquées. Elles posséderont, leurs études terminées, un grand pouvoir, et, en attendant, une affectueuse émulation régnait entre elles.

Les jeunes filles somalies se marient toutes. Elles n'ont pas à craindre de rester pour compte et il est très naturel et fort louable qu'à se sentir en quelque sorte exposées sur le marché, l'envie leur prenne d'obtenir le premier prix. Quant à la jeune femme de Farah, qui n'intervenait plus dans la lutte, puisque l'enjeu lui en était acquis, elle occupait une place de choix dans l'académie, comme la bonne élève qui aurait conquis ses diplômes ès sorcellerie; on le voyait aux conversations qu'elle avait avec la grande maîtresse; la faveur dont elle jouissait n'échappait point aux autres.

Toutes ces jeunes musulmanes avaient à un haut degré le sentiment de leur valeur. Déchoir en se mariant est une honte à laquelle ni une famille ni une jeune fille musulmanes ne consentiraient. Un homme peut se marier en dehors de son milieu sans rien perdre de sa valeur, c'est ainsi qu'on a vu jadis des Somalis épouser des femmes masaïs.

Mais si une jeune Somalie peut épouser un Arabe, une Arabe ne peut épouser un Somali. Les Arabes constituent le peuple élu. Le Prophète était Arabe. Une jeune Arabe de la famille du Prophète ne peut pas davantage épouser un Arabe d'une autre famille. De par leur sexe, les femmes ont le droit de rechercher un rang social supérieur à celui de leur famille. Sans fausse pudeur elle compare ces principes à ceux que l'on observe pour obtenir des pur sang; les Somalis ont un grand respect pour les juments.

Après qu'une certaine intimité se fut établie entre nous les jeunes filles me demandèrent s'il était vrai qu'en Europe certaines familles donnaient leurs filles en mariage *buri* — pour rien ?

Comme c'était mal! Comme les familles auraient dû avoir honte, et les jeunes filles aussi qui en étaient victimes! N'avaient-elles donc aucun respect d'elles-mêmes, ni de la femme? Si elles avaient eu le malheur de naître dans d'aussi misérables familles, elles auraient préféré ne jamais se marier.

De nos jours en Europe, les susceptibilités virginales ne sont plus guère de mise et le type idéal de la jeune vierge fait assez démodé. J'avoue pour ma part n'avoir que médiocrement goûté les vieux livres qui le prônent; mais je comprends maintenant que mes grands-pères et mes arrière-grands-parents aient été séduits et conquis par ce type de jeune fille. Le système somali demande beaucoup d'art et doit être appliqué avec beaucoup de grâce, de piété et de discipline pour concilier la religion, la stratégie et la danse. Sa douceur même est faite de l'opposition des forces en jeu.

Il ne faut pas s'y tromper, une grande générosité d'âme se dissimule derrière le refus des jeunes filles, de même que leur obstination et leur pruderie, qui prêtent à rire parfois, témoignent d'un beau mépris de la mort.

Il fallait être des filles de guerriers pour se tirer comme elles le font, avec grâce et avec courage, des embûches de rites compliqués. Le beurre ne fondra pas dans leur bouche, elles n'auront point de cesse qu'elles n'aient bu le sang de leurs adversaires.

Il suffirait de très peu d'imagination pour voir dans les jeunes femmes que j'avais devant les yeux trois louves déguisées en agnelles. Les Somalis sont durs, ils ont été aguerris par le désert et par la mer. Il a fallu le lent travail de la vie et l'assaut des vagues durant des siècles pour que leurs femmes soient d'un ambre aussi résistant et aussi brillant.

La mère et les deux filles faisaient à Farah une demeure agréable et parée à la manière des Somalis qui n'oublient point qu'ils ont été nomades et qu'il faut toujours être prêt à partir. Les tapis et les broderies constituent l'essentiel d'un mobilier imprégné de la fumée d'encens variés.

Ma vie à la ferme était si peu féminine que je pris l'habitude au coucher du soleil, la journée de travail et de grand air terminée, d'aller passer une heure dans la maison de Farah, auprès des femmes somalies.

Elles avaient l'esprit ouvert et s'intéressaient aux moindres détails de notre vie, à tout ce qui survenait de bon ou de mauvais à la ferme.

Les moindres plaisanteries les faisaient rire comme un triple carillon. Quand je leur appris à tricoter, elles s'en amusèrent autant que d'une bouffonnerie de cirque.

Leur innocence n'était point de l'ignorance; jeunes comme elles l'étaient, elles avaient été initiées aux mystères de la vie, elles avaient assisté à la naissance et à la mort, et en discutaient librement. Quelquefois, pour me distraire, elles me racontaient des contes qui rappelaient ceux des *Mille et Une Nuits*. Ces histoires, presque toujours comiques, parlaient de l'amour en termes assez crus. L'héroïne, qu'il s'agît de pures jeunes filles ou de courtisanes, s'y révélait toujours supérieure aux hommes dont elle finissait par triompher. Il fallait voir avec quel fin sourire la mère des jeunes filles les écoutait.

Dans le monde fermé des femmes, derrière leurs murs et leurs défenses, je sentais le puissant idéal sans lequel la garnison assiégée n'aurait pas pu tenir aussi héroïquement. Cet idéal, c'est la croyance au retour de l'âge d'or, qui verra la domination de la femme sur le monde.

La vieille mère en prenait alors une tout autre allure, elle devenait le symbole de la Déesse mère, bien antérieure au Dieu du prophète. Pour les femmes, cette divinité n'avait pas cessé d'exister. Je dois dire qu'elles n'en perdaient point pour cela le sens des réalités immédiates.

Les jeunes filles étaient toujours très curieuses de tout ce qui touchait à nos mœurs, et à nos coutumes d'Europe et elles s'intéressaient particulièrement à tout ce qui avait trait à la toilette, à la tenue et·à l'apparence féminines, comme si elles avaient voulu compléter leurs notions de stratégie, par quelques leçons sur les méthodes adoptées par d'autres races pour réduire les hommes.

La parure et le vêtement jouent d'ailleurs un rôle énorme dans leur existence; on ne saurait s'en étonner, si l'on songe qu'ils constituent pour elles à la fois le matériel de guerre et le butin, témoin de la victoire. Les bijoux sont des trophées conquis de haute lutte.

Quant aux seigneurs de ces dames, ce sont des hommes naturellement sobres, indifférents au bien-être, comme aux plaisirs de la table et à la boisson. Ils sont durs et économes, comme le pays d'où ils viennent. Les femmes sont leur seul

luxe, aussi les convoitent-ils avec une ardeur insatiable; elles
sont pour eux ce que la vie offre de plus précieux. Ils aiment
les chevaux, les chameaux, le bétail, mais leurs épouses
passent avant tout, et les femmes somalies encouragent cette
passion chez l'homme.

Elles ne veulent chez lui ni douceur ni faiblesse et sont
à cet égard impitoyables; quels que soient les sacrifices qui
puissent en résulter, elles maintiennent leur prix.

Ces femmes, qui ne peuvent acheter une paire de pantoufles, ou disposer d'elles-mêmes sans l'autorisation de
l'homme dont elles dépendent, que ce soit le père, le frère
ou le mari, n'en sont pas moins le prix suprême de la vie.
On reste confondu devant les prodigieuses quantités d'or,
de soie, d'ambre et de corail que les femmes somalies savent
arracher aux hommes. Ceci d'ailleurs fait autant honneur
aux uns qu'aux autres.

A la fin de l'expédition, le plus clair de ce que les efforts,
les privations, le courage ou la ruse ont permis d'amasser,
se transforme presque toujours en parures et en bijoux pour
les femmes.

Les jeunes filles, qui n'ont pas encore d'homme à exploiter et qui sont modestement vêtues, s'efforcent de tirer tout
le parti possible de leurs cheveux et de leurs avantages jusqu'au jour où, à leur tour, elles auront conquis leur vainqueur et fait rendre gorge à leur propriétaire.

Elles se prêtent volontiers leurs vêtements entre elles et
prennent plaisir à parer la plus belle de tous les trésors de
la sœur mariée; elles trouvent même très amusant de la
revêtir des atours dorés réservés aux jeunes matrones; c'est
toujours un excellent prétexte à plaisanterie.

Les Somalis sont gens procéduriers; Farah avait toujours
au moins une affaire engagée qui l'appelait à Nairobi, à
moins que les représentants de la tribu adverse ne vinssent
en discuter avec lui à la ferme, et, si j'allais chez Farah,
la vieille mère cherchait toujours à obtenir de moi le plus
de renseignements possible sur les tractations en cours. Elle
aurait aussi bien pu le demander à Farah qui l'aurait cer
tainement renseignée, car il avait le plus grand respect pour
elle, mais elle préférait l'apprendre par moi, ce qui lui permettait de continuer à affecter une ignorance toute féminine des questions réservées aux hommes et d'affirmer qu'elle
n'en comprenait pas le premier mot! Si elle risquait alors

un conseil exprimé en termes sibyllins, on pourrait y voir l'effet d'une inspiration divine qui ne saurait engager la responsabilité de l'interprète.

Qu'il s'agît de réunions d'affaires ou de fêtes religieuses, les femmes somalies n'y assistaient pas, de même qu'elles ne vont pas à la mosquée, mais de grands préparatifs culinaires leur incombaient; elles s'en acquittaient avec zèle, car, sans se l'avouer à elles-mêmes, elles avaient à cœur le succès de la réception.

En ces circonstances, elles me rappelaient les femmes des générations qui nous ont précédées. Je les imaginais fort bien avec les robes à tournures et à petites queues. Je pensais aux femmes scandinaves, à ma mère, à ma grand'mère, esclaves civilisées de barbares évolués qui, sans participer aux chasses, ne songeaient qu'à assurer la réussite des battues de l'arrière-saison.

Les Somalis ont été trafiquants et propriétaires d'esclaves durant des siècles et leurs femmes ont acquis une manière souveraine de traiter les indigènes, elles savent conserver envers eux une attitude égale et détachée.

Pour les nègres, le service chez les Arabes ou chez les Somalis est moins dur qu'il ne l'est chez les Blancs, car le rythme de vie est à peu près le même chez tous les gens de couleur.

La jeune femme de Farah jouissait de beaucoup de considération parmi les indigènes qui l'aimaient et Farah m'a souvent confié combien elle était intelligente.

Ces jeunes femmes somalies s'entendaient aussi fort bien avec ceux de mes amis qu'elles voyaient régulièrement à la ferme, comme Berkeley Cole et Denys Finch Hatton. Elles me parlaient d'eux et se tenaient au courant de ce qui les concernait. Nullement gênées avec eux, elles adoptaient volontiers, les mains enfoncées dans les plis de leur jupe, un ton de sœur aînée.

La situation se compliquait cependant du fait que deux de mes amis avaient des domestiques somalis, et pour rien au monde les jeunes filles ne voulaient être vues par ceux-ci.

Dès que Jama et Bilea paraissaient à la ferme, avec leurs turbans, leurs yeux noirs et leurs dents blanches, mes jeunes femmes disparaissaient comme si la terre les avait absorbées, sans qu'on pût savoir par où elles étaient passées. Si elles avaient à me parler, elles se glissaient derrière la maison, se rabattant sur leur visage une de leurs nombreuses jupes.

Mes amis anglais se prétendaient flattés de la confiance qui leur était témoignée, quoique je ne sache pas jusqu'à quel point ils n'étaient pas un peu dépités d'être jugés si inoffensifs.

Quelquefois j'emmenais toute cette jeunesse faire une visite ou un tour en auto; j'en demandais toujours préalablement l'autorisation à leur mère, car je n'aurais pas voulu que leur réputation risquât d'en souffrir.

Une amie australienne les invitait parfois à venir prendre le thé chez elle. C'était un événement : après avoir passé des heures à leur toilette, elles arrivaient aussi fraîches et aussi variées que les fleurs d'un bouquet, et quand nous traversions la ferme, je les entendais derrière moi comme une volière.

La maison et les vêtements de mon amie excitaient grandement leur curiosité, presque autant que le maître de céans, quand nous l'apercevions à cheval ou à la charrue.

Nous apprîmes, quand le thé fut servi, que la sœur mariée et les enfants étaient les seuls à pouvoir prendre du thé; il était interdit aux jeunes filles parce que trop excitant. Celles-ci durent se contenter de gâteaux, mais elles n'en furent ni moins heureuses ni moins reconnaissantes.

La question se posa de savoir si l'interdiction concernait la petite cousine; la sœur mariée, consultée, estima qu'à l'âge où elle était, ce ne pouvait offrir de grands inconvénients; mais la petite fille repoussa sa tasse, l'œil brillant de colère. Cette jeune cousine était une enfant réfléchie et fine. Elle étudiait l'arabe et pouvait réciter par cœur de nombreuses sourates du Coran. Tout ce qui touchait à la théologie la passionnait, et j'étais toujours surprise de la tournure philosophique de son esprit.

C'est elle qui m'a donné la véritable interprétation de l'histoire de Joseph et de Mme Putiphar. Elle admettait que Jésus fût né d'une vierge, mais point qu'il fût le fils de Dieu. Dieu, m'expliquait-elle, ne peut avoir des fils au sens charnel. Elle me racontait comment Meryem, la plus belle des jeunes filles, se promenait un matin dans son jardin, lorsqu'un bel ange envoyé du ciel lui effleura l'épaule de son aile, c'était ainsi qu'elle avait conçu.

Au cours d'une de nos conversations je lui avais montré

une carte postale représentant le Christ de Thorwaldsen. Dès qu'elle le vit, elle fut prise d'une passion mystique pour le Sauveur. Jamais elle ne se lassait de m'entendre conter son histoire. Je la voyais alors soupirer et pâlir. Judas la préoccupait beaucoup. « A qui ressemblait-il? Etait-il possible qu'un être pareil pût exister? » Elle lui aurait arraché les yeux avec bonheur.

La passion la consumait, comme l'encens que brûlent les Somalis, et qui nous trouble autant par sa douceur que par sa force.

J'avais demandé aux Pères de la Mission française l'autorisation d'amener mes jeunes musulmanes jusqu'à la mission pour leur montrer l'église. Ils acquiescèrent de bon cœur, heureux d'une visite qui vînt rompre la monotonie de leur existence! Une après-midi nous pénétrions toutes les quatre dans l'ombre fraîche de la chapelle.

Les jeunes filles n'avaient jamais vu de voûte si élevée, elles mettaient leurs mains au-dessus de leur tête comme pour la protéger de la chute du toit. L'église était ornée de statues et jamais mes jeunes amies n'avaient vu de statues autrement qu'en cartes postales. La Sainte Vierge des Pères, vêtue de blanc et de bleu ciel, un lis à la main, avait auprès d'elle Saint Joseph qui portait l'Enfant Jésus.

Les jeunes musulmanes étaient éperdues d'admiration et la beauté de la Vierge les faisait soupirer. Elles connaissaient l'histoire de Joseph qu'elles admiraient beaucoup pour s'être montré si noble et si secourable envers Meryem; elles étaient tout attendries maintenant de lui voir porter l'enfant pour sa femme. La femme de Farah, qui était enceinte, ne s'écartait pas du groupe de la Sainte Famille.

Les Pères étaient très fiers des vitraux de leur chapelle, sur lesquels ils avaient collé un genre de vitrauphanie, représentant les scènes de la Passion.

Nous ne pouvions plus arracher la jeune cousine à la contemplation de ces vitraux, elle se tordait les mains, et ses genoux ployaient comme si elle avait elle-même porté la croix.

Sur le chemin du retour mes compagnes parlèrent peu; elles craignaient que leurs questions ne révélassent trop d'ignorance. Mais le soir, en passant devant leur bungalow, je les entendis raconter en détail leur après-midi à leur mère

Elles étaient très préoccupées de savoir si les Pères pouvaient ou non descendre de leurs socles la Sainte Vierge et Saint Joseph.

Le mariage de la jeune cousine fut célébré à la ferme dans un bungalow qui se trouvait vide et que je prêtai pour la circonstance. La fête fut somptueuse et dura sept jours.

J'assistai à la cérémonie la plus importante qui était la mise en présence des époux.

La mariée, voilée, est conduite à la maison nuptiale par une procession de femmes qui chantent. Le marié vient ensuite, escorté jusqu'à la porte de chants et d'amis.

Le marié et la mariée ne se sont jamais vus avant cette minute, et je me demandais si la jeune fille se représentait son époux sous les traits du Christ de Thorwaldsen ou si elle avait eu le soin de distinguer l'idéal humain de l'idéal céleste.

Au cours de la semaine, je me rendis à plusieurs reprises dans la maison de la mariée, et chaque fois j'y retrouvais la même atmosphère de fête et d'encens.

Danseurs et danseuses rivalisaient pour distraire les invités. Il y avait pour les hommes la danse des épées, tandis que les danseurs, dans les pièces réservées aux femmes, les enchantaient de l'ondulation frénétique de leurs hanches et de leurs ventres.

Sur la véranda, les hommes d'âge mûr réalisaient des affaires de bétail. La nuit, des voitures traînées par des mules arrivaient de Nairobi et l'on voyait décharger à la lueur des lanternes toutes les substances précieuses de l'Orient : le benjoin, l'ocre, la cochenille et le safran.

Ahmed, le fils de Farah, est né à la ferme. Il n'avait rien de la sauvagerie des enfants kikuyus et alors qu'il était encore ficelé dans ses langes comme un petit ver, déjà ses grands yeux vous regardaient bien en face. Quand on le prenait dans les bras, on avait l'impression de tenir un jeune lionceau ou encore un petit aigle. Il avait hérité de la gaieté de sa mère, et dès qu'il put courir, son esprit d'aventure lui assura un rôle important parmi les enfants de la ferme.

LE VIEUX KNUDSEN

La ferme a accueilli quelques étrangers qui sont venus échouer chez nous comme les épaves roulées par la mer qui attendent la vague qui les emportera. Le vieux Knudsen, un Danois, nous arriva aveugle et malade; il demeura à la ferme le temps qu'il faut à l'animal solitaire pour mourir. On le voyait passer le long des chemins tout courbé, pliant sous le poids de ses misères.

Il demeura longtemps silencieux; son fardeau était si lourd qu'il ne lui restait plus la force de parler et sa voix, quand il parlait, ressemblait au glapissement des hyènes.

Quand il eut un peu repris haleine, ses douleurs lui laissèrent quelque répit, et nous vîmes jaillir encore quelques étincelles de ce feu si près de s'éteindre.

Il m'avoua qu'il devait constamment lutter contre une mélancolie morbide. Il voyait tout en noir, bien qu'il reconnût que la vie à tout prendre ne fut pas si mauvaise et que le pessimisme était un vice terrible.

C'est lui qui découvrit, alors que nous traversions une période de vaches maigres, que nous pourrions fabriquer du charbon de bois pour les Indiens de Nairobi. Il y avait là, m'assurait-il, mille roupies à gagner sans risque. Guidés par lui, nous n'avions aucun échec à redouter. Au cours de sa vie aventureuse, il avait habité le Nord de la Suède et il connaissait, à l'entendre, tous les secrets de la fabrication du charbon. Il se chargea de les inculquer aux indigènes.

En surveillant dans les bois nos charbonnières, nous eûmes, Knudsen et moi, tout le loisir de causer.

C'est passionnant de fabriquer du charbon, et il est incontestable que cette fabrication engendre une ivresse particulière; on comprend que les charbonniers soient gens à part et qu'ils aient une manière à eux de juger les choses.

L'imagination, jointe à un certain sens de la poésie, leur

a rendu les génies des bois propices et accessibles, et le charbon lui-même est une belle matière que l'on a plaisir à découvrir quand, la combustion terminée, on ouvre la charbonnière. Doux comme la soie floche, allégé, immatériel, le charbon, véritable petite momie du bois, nous arrive chargé d'expérience et de mystère.

La préparation des charbonnières est elle-même un travail plein d'attrait. Tandis que nous défrichions le taillis, — car ce ne sont pas les gros troncs qui donnent le charbon, — nous travaillions à l'abri des grands arbres, dans une pénombre tout imprégnée de l'odeur fraîche du bois coupé, odeur qui rappelle la groseille. Autour des charbonnières, l'air un peu acide est aussi stimulant que la brise marine. Le cadre dans lequel on évolue a quelque chose de romantique et de théâtral, qui séduit d'autant plus que le théâtre en Afrique, sous l'équateur, n'existe plus qu'à l'état de souvenirs. Les charbonnières, avec leurs minces colonnes de fumée bleuâtre, ressemblent à des tentes qui occuperaient le fond de la scène; derrière le chantier des bûcherons, — l'ensemble figurant assez bien le camp des brigands dans un opéra romantique, — les Noirs, qui évoluaient silencieusement entre les grands arbres, animaient et complétaient le décor.

La silhouette déformée du vieux Knudsen s'harmonisait avec l'ensemble. Il allait et venait avec une agilité étonnante; grognant, ricanant, la flamme rouge de ses cheveux dressée sur son crâne, il ressemblait à un Puck vieilli, aveugle, rempli de malice et tout heureux d'avoir enfin trouvé une occupation à sa fantaisie.

Il s'était attelé sérieusement au travail et se montrait extraordinairement patient avec ses élèves indigènes. Nous n'étions pas toujours d'accord. J'avais appris à Paris, quand j'y suivais, jeune fille, les cours des Beaux-Arts, que c'était l'olivier qui donnait le meilleur charbon, mais Knudsen ne voulait pas en entendre parler, sous prétexte qu'il n'y a pas de nœuds dans l'olivier et que ce sont les nœuds qui résistent le mieux à la chaleur.

La forêt avait une influence lénifiante sur le caractère intraitable de Knudsen. Il faut dire que les arbres africains, avec leur feuillage découpé et léger, éveillaient en nous des souvenirs, et lorsque le taillis est un peu défriché, la lumière qui joue dans le bois éclairci rappelle le soleil de mai dans les bois de bouleaux du Danemark, quand les premières feuilles font leur apparition.

Je décrivais cette lumière à Knudsen et son vieux cœur en était si réjoui qu'il voulait croire que nous nous retrouvions l'un et l'autre, avec quelques années de moins, en excursion de Pentecôte dans les bois de notre enfance. Nous avions même donné un nom danois des environs de Copenhague à une clairière où se dressait un arbre creux et le jour où, pour compléter l'illusion, j'y cachai quelques bouteilles de bière danoise, mon compagnon daigna trouver quelque sel à la plaisanterie.

Une fois nos charbonnières allumées, il ne restait plus qu'à attendre et nous bavardions. Je découvrais petit à petit quelle vie étrangement mouvementée Knudsen avait menée. Il n'était jamais question que du vieux Knudsen qu'aucun pessimisme n'effleurait. Il avait tout connu : les naufrages, la peste, les poisons étranges et les boissons exotiques.

Trois soleils simultanés lui étaient apparus dans le ciel; de faux amis l'avaient trahi, lui jouant des tours pendables et les averses d'or, très éphémères, il est vrai, n'avaient même pas manqué au romanesque de sa vie. Le mépris invétéré de toute loi était le seul lien que l'on pût découvrir à cette étonnante odyssée. Knudsen était l'éternel révolté qui reconnaissait un frère dans tous les hors la loi. L'héroïsme pour lui consistait à braver la règle.

Les rois, les princes et les artistes, de même que les anormaux et les fous, l'intéressaient dans la mesure où ils échappaient aux lois ordinaires. La seule pensée des crimes, des révolutions, des escroqueries, de tout ce qui témoignait du mépris de la loi le ravissait. Le bourgeois excitait tout particulièrement sa haine, et le respect de l'ordre ne pouvait se trouver, d'après lui, que dans l'âme d'un esclave.

Les lois de la pesanteur elles-mêmes lui paraissaient abusives, et la manière dont il abattait les arbres témoignait qu'il s'y soumettait mal; il ne voyait pas pourquoi des gens entreprenants et dépourvus de préjugés ne les feraient pas céder.

Il aimait à me citer les noms de ceux qu'il avait connus, presque tous des bandits ou des escrocs; jamais, dans aucun de ses récits, je ne l'ai entendu mentionner une femme. C'était à croire que nos douces jeunes filles du Sjœland n'avaient pas fait sur lui plus d'impression que les filles au cœur dur qui accueillent le marin dans les ports.

Je sentais cependant la présence d'une femme dans sa vie sans pouvoir démêler s'il s'agissait de sa mère, de sa femme, d'une institutrice ou de sa première patronne. Je lui avais donné le nom de Mme Knudsen; je l'imaginais toute petite et ronde, car lui-même était de petite taille. Elle devait être le genre de femme qui s'entend à empoisonner jusqu'aux plus pauvres joies d'un homme.

Je la soupçonnais d'avoir personnifié pour lui l'ordre, la loi et les prophètes; d'avoir été celle qui a toujours raison, la femme des grands nettoyages, celle qui torche les gosses et bouscule le verre du mari. Entre elle et la déesse mère des femmes somalies, je discernais certaine ressemblance, au moins quant à la domination, avec cette différence toutefois que, pour dominer les hommes, Mme Knudsen n'avait sans doute jamais cherché à les séduire.

Pour être à ce point marqué de son empreinte, le vieux Knudsen avait dû la rencontrer alors qu'il était encore bien jeune. Peut-être avait-il été marin pour la fuir, ne se doutant pas qu'il la retrouverait dans tous les ports. Son cœur indompté en avait gardé la terreur, il la craignait plus que tous les hommes réunis et il soupçonnait toutes les femmes de lui ressembler.

Notre entreprise de charbon ne nous apporta pas la réussite escomptée. On ne saurait empêcher les charbonnières de flamber de temps à autre, et de laisser s'envoler en fumée, en moins d'une demi-heure parfois, le bénéfice de plusieurs semaines de travail. Notre échec affecta profondément Knudsen; il en rechercha longuement les causes, avant de conclure que c'est la neige qui nous manquait. Pour pouvoir garantir la fabrication du charbon, il fallait, nous expliqua-t-il, avoir suffisamment de neige à notre portée.

Le vieux Knudsen m'aida aussi de ses conseils pour la construction d'un réservoir d'eau pour la ferme. La route de la ferme traversait une dépression de terrain assez verdoyante, au fond de laquelle coulait une source. J'avais toujours formé le projet de creuser la source et de construire un barrage, de manière à former un étang. Dans un pays comme l'Afrique, où l'eau est rare, il eût été intéressant d'abreuver nos bêtes sur place sans avoir à les conduire jusqu'à la rivière.

La construction de ce réservoir devint le grand rêve de tous à la ferme. Lorsqu'il fut réalisé, chacun de nous éprouva la sensation d'avoir participé à un exploit historique. Après tout notre lac n'avait pas moins de deux cents pieds de longueur!

Le vieux Knudsen était obsédé par l'idée de ce travail; c'est lui qui apprit à Pooran Singh à construire une sorte de tombereau. Le barrage, qui n'était pas étanche, nous réserva quelques mécomptes; il céda à plusieurs reprises pendant les grandes pluies; c'est Knudsen qui eut alors l'idée, pour tasser la terre, de faire faire le tour du réservoir aux bœufs et à tout le bétail qui venait s'y abreuver. Chaque bête était ainsi tenue de coopérer à l'œuvre commune et d'affermir les fondations. La mise en pratique du système avait entraîné de sanglants démêlés entre les jeunes bergers et Knudsen, qui exigeait que le tour du bassin se fît lentement, alors que les jeunes totos aimaient à voir galoper leurs bêtes.

J'avais dû intervenir et aider Knudsen à mettre les jeunes pâtres à la raison. Mais ensuite le spectacle de la lente procession d'animaux qui se profilaient le soir autour du réservoir était bien curieux. Ils avançaient patiemment comme les animaux qui avançaient vers l'Arche, et le vieux Knudsen, son bâton sous le bras, figurait un père Noé très acceptable, un père Noé qui compterait ses bêtes en bénissant le ciel que tous les hommes, sauf lui, fussent guettés par la noyade.

Je finis tout de même par avoir un grand miroir d'eau, qui en certains points offrait jusqu'à trois mètres de profondeur; la route le traversait et cette masse liquide était toujours une joie pour les yeux qui la découvraient.

Nous avons, par la suite, construit deux autres barrages; nous avions aussi une série de bassins qui ressemblaient aux perles d'un collier.

L'étang devint en quelque sorte pour la ferme un centre d'attraction; bêtes et enfants se pressaient sur ses bords, et pendant les années de sécheresse, à mesure que les sources baissaient, les oiseaux aquatiques arrivaient à la ferme; hérons, ibis, martins-pêcheurs et même les cailles, sans parler de toutes les variétés d'oies et de canards.

Le soir, lorsque les étoiles s'allumaient dans le ciel, je descendais m'asseoir près de l'étang; les oiseaux à cette heure-là rentraient. Les oiseaux aquatiques ont un vol précipité très particulier; ce sont des oiseaux méthodiques qui vont d'un but à un autre, comme s'ils étaient chargés d'une mission; et quel sens de la perspective n'observe-t-on pas dans la composition de leurs escadrilles!

Pour atteindre l'eau, les canards quittent le ciel comme la flèche que lancerait un archer céleste.

Il m'est arrivé dans mon étang de tuer un crocodile. Si l'on pense que cette bête avait dû parcourir les vingt kilomètres de terre qui nous séparaient de l'Atki pour parvenir jusqu'au réservoir, on peut se demander comment elle avait su qu'elle trouverait cette nappe d'eau toute récente, en un point où quelques mois plus tôt il n'y avait qu'une petite source.

Lorsque le premier bassin fut achevé, le vieux Knudsen me confia son intention d'y mettre des poissons. Nous avions en Afrique une variété de perches très comestibles, et nous rêvions déjà d'installer des pêcheries à la ferme. Mais je ne savais pas comment nous nous procurerions le poisson. L'Administration des Forêts, qui élevait des perches dans les étangs de la colonie, en interdisait la pêche. Knudsen m'apprit alors qu'il connaissait un étang dont personne ne soupçonnait l'existence, où nous pourrions prendre tout le poisson que nous voudrions : nous n'aurions qu'à aller le chercher avec des nasses et à le ramener dans des récipients remplis d'eau, il suffirait de mélanger à cette eau suffisamment de plantes aquatiques pour maintenir le poisson en vie jusqu'à la ferme. Knudsen tremblait d'excitation en m'exposant son plan, et, en vue de notre expédition, il se mit aussitôt à fabriquer un des célèbres filets dont il avait le secret.

A mesure que le moment de nous mettre en route approchait, les projets de Knudsen devenaient de plus en plus mystérieux. Il fallait la pleine lune, et minuit. Nous avions d'abord pensé emmener trois indigènes; il en réduisit le nombre à deux, puis à un et décréta finalement qu'il serait préférable de n'emmener personne et que nous pourrions tous deux nous débrouiller.

Je ne trouvais pas le plan très satisfaisant et je ne voyais pas comment nous pourrions, à nous deux, retirer le filet et le transporter plein de poissons dans l'auto, mais Knudsen n'en maintint pas moins son point de vue. Il me fit promettre de ne parler à personne de notre expédition.

J'avais de bons amis dans les services domaniaux et je ne pus m'empêcher de lui demander : « Mais enfin, Knudsen, à qui appartient l'étang où nous allons pêcher? »

Pour toute réponse, Knudsen se détourna, ôta sa pipe de sa bouche et lança un jet de salive copieux, un vrai crachat de marin, puis il étendit un pied chaussé de vieilles chaussures rapetassées, écrasa son crachat, se leva et partit lentement, la tête enfoncée entre les épaules. Il n'y voyait alors plus du tout et il tâtonnait devant lui avec son bâton; je fus émue de revoir alors l'homme accablé par la vie, le vagabond sans refuge, dans un monde hostile.

Son geste devait m'avoir ensorcelée, car je me trouvais, bien que très étonnée, clouée sur le terrain abandonné; je me sentais une Mme Knudsen en pantoufles.

Notre expédition n'eut pas lieu. Ce n'est qu'après sa mort que j'ai pu installer des perches grâce aux services de l'Elevage dans mon étang. Elles y prospérèrent et leur vie obscure et silencieuse s'intégra à la vie collective de l'étang. Par les journées chaudes, on pouvait les distinguer tout près de la surface comme des poissons de verre dans l'eau ensoleillée.

Chaque fois qu'un hôte inattendu arrivait à la ferme, Tumbo, un de mes totos, partait avec une canne à pêche improvisée et me rapportait une ou deux livres de perches.

Après avoir trouvé Knudsen mort au milieu du chemin, il avait fallu prévenir la police de Nairobi. J'avais pensé l'enterrer à la ferme au pied d'un grand arbre, mais dans la nuit je vis arriver deux policiers qui venaient le chercher avec un cercueil.

Dans la soirée, un orage s'était déclaré et il était tombé près de cent millimètres d'eau; il en était souvent ainsi au début de la saison des pluies. Nous avons emporté Knudsen sous un déluge. Le tonnerre grondait au-dessus de nos têtes comme le canon et nous étions environnés d'éclairs.

L'auto, qui n'avait pas de chaînes, tenait difficilement la route, et tandis que nous dérapions d'un bord à l'autre du chemin, je pensais que Knudsen eût aimé cette façon de quitter la ferme.

Au sujet de l'inhumation, je commençai par avoir des démêlés qui dégénérèrent bientôt en conflit avec les autorités. Je dus me rendre plusieurs fois à Nairobi. C'était l'héritage du vieux Knudsen, un dernier pied de nez à la loi; mais cette fois il le lui infligeait par personne interposée. Je n'étais plus Mme Knudsen, j'étais une complice.

LA NUIT D'UN RÉFUGIÉ

Un voyageur nous arriva certain soir à la ferme. Après avoir passé la nuit chez moi, il repartit le lendemain, sans espoir de retour. Je pense quelquefois à lui.

C'était un Suédois, il s'appelait Emmanuelson. Quand je le rencontrai pour la première fois, il était maître d'hôtel au Norfolk-Hôtel de Nairobi. C'était un jeune homme gras et rose, qui avait la fâcheuse habitude de demeurer planté près de ma chaise pendant que je déjeunais et de m'entretenir du cher Danemark et des gens qu'il connaissait, d'une voix qui résonnait dans tout l'hôtel. Sa conversation m'était tellement insupportable que j'avais préféré changer d'hôtel. Je n'entendis plus parler de lui qu'exceptionnellement, quand il se livrait à quelque incartade; il était de ces gens qui ne peuvent se tenir tranquilles et que ni la vie ni les plaisirs normaux ne peuvent satisfaire. Les Scandinaves de la colonie le tenaient à distance.

Une après-midi, je le vis arriver à l'improviste à la ferme, il paraissait troublé, et venait me demander de lui prêter un peu d'argent pour gagner le Tanganyika au plus tôt, car il était sous le coup d'un mandat d'arrêt.

Je ne sais pas si mon aide arriva trop tard ou si Emmanuelson avait jugé plus opportun d'affecter à un autre usage l'argent prêté, mais peu de temps après, j'apprenais qu'il avait été arrêté à Nairobi. On put lui-éviter la prison, mais sa présence en ville n'était plus possible.

Environ un mois plus tard vers le soir, alors que les premières étoiles apparaissaient dans le ciel, j'aperçus, en rentrant d'une promenade à cheval, la silhouette d'un homme qui attendait sur la terrasse. C'était Emmanuelson. Il me signala sa présence de la manière la plus dégagée : « Baronne, me dit-il, c'est un vagabond qui vous salue. »

Je l'interrogeai sur ce qui pouvait l'amener à cette heure

tardive dans nos parages? Il me raconta qu'il s'était trompé de chemin et qu'il était venu jusque chez moi.

Je lui demandai quelle route il avait voulu prendre. Il me répondit que c'était celle du Tanganyika.

Je pouvais difficilement le croire, car le chemin du Tanganyika était une grande route qui longeait la propriété et le chemin de ma maison s'en détachait. Je cherchais à savoir comment il comptait s'y rendre. Serait-ce à pied par hasard? Il me répondit qu'en effet c'était ainsi qu'il pensait voyager. « C'est impossible, lui dis-je, il faut compter pour commencer trois jours de marche à travers la région des Masaïs, dans une région privée d'eau que les lions infestent en ce moment. »

Les Masaïs étaient venus le matin même s'en plaindre à la ferme et me demander d'en tuer quelques-uns.

Tout cela Emmanuelson le savait, mais il n'avait plus le choix, et il essayerait tout de même d'atteindre le Tanganyika. Il se demandait seulement, étant donné qu'il était égaré, s'il ne pourrait partager mon dîner, coucher à la ferme et repartir le lendemain matin de bonne heure?

Il lui était facile si cela me gênait de repartir sans s'arrêter, puisque la nuit était belle.

Je n'étais pas descendue de mon cheval pour bien lui montrer qu'il n'était pas invité; je me souciais peu de dîner avec lui, mais, pendant qu'il parlait, je compris qu'à vrai dire il ne comptait pas sur l'invitation. Il ne croyait pas plus à mon hospitalité qu'à son pouvoir de persuasion et, dans l'obscurité, devant la porte de ma maison, il me parut aussi démuni et aussi isolé qu'un homme qui ne compterait plus un ami au monde.

La jovialité qu'il assumait avait uniquement pour but de faciliter mon refus. Il n'était plus question pour lui de sauver la face. Je pouvais parfaitement le renvoyer, ce ne serait en aucun cas une catastrophe. Dire non, ce n'était pas même m'exposer à des remords. C'était en somme assez chevaleresque de la part d'une bête traquée.

J'appelai Sice pour qu'il prît mon cheval, et je mis pied à terre.

« Entrez, Emmanuelson, lui dis-je, vous pourrez dîner et passer la nuit. »

Sous la lumière de la lampe, Emmanuelson faisait peine à voir, il avait un long pardessus noir, comme on n'en voit pas en Afrique; il n'était pas rasé, ses cheveux étaient longs, ses vieux souliers bâillaient et, comme il n'avait aucun bagage, j'en conclus qu'il arrivait les mains vides.

Il était clair que j'étais appelée à jouer le rôle du Grand Prêtre, qui expédie le bouc émissaire dans le désert après avoir appelé sur sa tête la bénédiction du Très-Haut.

Je pensais qu'en l'occurrence, une bouteille de vin s'imposait. Berkeley Colt, qui en entretenait généralement la maison, venait de m'adresser une caisse d'excellent bourgogne et je donnai l'ordre à Jama d'en monter une bouteille. Lorsque nous fûmes à table et que son verre fut rempli, Emmanuelson le goûta. Je le vis alors élever son verre dans la lumière de la lampe et le considérer avec l'expression attendrie d'un mélomane qui écouterait de la musique : « Oh! fameux, dit-il, ça c'est du chambertin 1906. » Il ne se trompait pas et j'en conçus quelque respect pour lui.

Ce fut à peu près les seules paroles qu'il prononça pour commencer et je me demandais ce que je pourrais moi-même trouver à lui raconter. Je cherchais à savoir comment il avait pu ne pas trouver d'emploi dans la colonie. Il m'expliqua que c'était plus difficile pour lui que pour un autre, parce qu'il ne s'intéressait pas aux mêmes choses que les gens d'ici.

L'hôtel où il avait été engagé venait de le congédier et il devait reconnaître qu'il n'était pas maître d'hôtel.

« Connaissez-vous la comptabilité? lui demandai-je.

— Pas le moins du monde, répondit-il, j'ai toujours eu beaucoup de mal à additionner deux chiffres.

— Avez-vous quelque expérience du bétail? dis-je pour continuer.

— Des vaches? demanda-t-il, oh! non, j'en ai trop peur.

— Et conduire un tracteur? N'en seriez-vous pas capable? »

Je vis, à cette demande, un rayon d'espoir passer sur son visage.

« Non, dit-il, mais il me semble que je pourrais apprendre.

— En tout cas pas sur mes tracteurs, me hâtai-je d'ajouter; mais alors dites-moi donc, Emmanuelson, ce que vous pouvez faire? Quel est votre véritable métier? »

Emmanuelson se redressa sur sa chaise : « Moi, dit-il, je suis acteur.

— Merci, mon Dieu! » pensai-je à part moi. Je savais qu'il n'était plus en mon pouvoir de sauver cet homme, mais j'avais au moins un sujet de conversation. « Vous êtes acteur, lui dis-je, ce doit être un métier bien intéressant? Et quel est votre rôle favori?

— Je suis surtout tragédien, reprit Emmanuelson. Mes meilleurs rôles ont été Armand dans la *Dame aux Camélias* et Oswald dans les *Revenants*. »

La conversation roula sur ces pièces, sur les artistes que nous y avions vus et sur la façon dont les rôles devaient s'interpréter. Emmanuelson promena les regards autour de lui dans la pièce.

« Vous n'auriez pas, par hasard, les pièces d'Ibsen ici? me demanda-t-il, car nous pourrions en jouer une scène. Vous ne voudriez pas jouer le rôle de Mme Alwing? »

Je n'avais pas les pièces d'Ibsen.

« Peut-être vous rappelez-vous les *Revenants?* » ajouta Emmanuelson, enthousiasmé par son idée. « Personnellement je sais par cœur le rôle d'Oswald, la dernière scène est justement la meilleure. Au point de vue tragique, elle atteint un sommet. »

Les étoiles étincelaient au ciel; la nuit était claire et chaude et l'on sentait que la saison des pluies était proche. Je demandai à Emmanuelson s'il était vraiment décidé à partir à pied au Tanganyika. « Mais oui, dit-il, et je vais être bien obligé de m'y passer de souffleur, ajouta-t-il en riant.

— C'est encore une chance, lui dis-je, que vous ne soyez pas marié.

— En effet, dit-il, mais après une petite pause il avoua : A dire vrai, je suis marié. »

Je l'entendis se plaindre au cours de la conversation que les indigènes se contentaient de salaires de misère et que les Européens ne pouvaient lutter avec eux.

« A Paris, par exemple, disait-il, je pouvais toujours trou-ver, au moins pour quelque temps, à m'employer comme garçon dans un café. »

Il me jeta un regard rapide :

« Paris, dit-il, ah, non! Dieu sait que je l'ai quitté à la dernière minute.

— Pourquoi n'êtes-vous pas resté à Paris? » demandai-je.

Emmanuelson n'avait qu'un ami, dont il me parla à plu-sieurs reprises. S'il avait pu rejoindre cet ami, m'expliquait-il, tout se serait arrangé. C'était un garçon merveilleux qui n'était jamais à court d'expédients, mais cet enchanteur parcourait le monde : la dernière fois qu'Emmanuelson avait reçu de ses nouvelles, il était à San-Francisco.

Après avoir pas mal discuté littérature et théâtre, nous reprîmes le sujet des projets et des espoirs qu'Emmanuelson pouvait encore nourrir.

Il me raconta qu'en Afrique tous ses compatriotes lui avaient tourné le dos l'un après l'autre.

« Vous êtes évidemment dans une bien fâcheuse situation, lui dis-je. Je pense même dire que je ne connais à peu près personne dont la situation soit aussi délicate que la vôtre.

— Je n'en suis pas si convaincu, affirma-t-il, d'ailleurs je me disais récemment, ce à quoi vous n'avez peut-être pas pensé, qu'il fallait toujours que quelqu'un se trouve dans une situation plus mauvaise que les autres. »

Il venait de finir la bouteille et repoussa son verre. « Ce voyage, me dit-il, m'apparaît un peu comme un jeu de hasard, le rouge et le noir. J'ai une chance de sortir de mes difficultés; si je parviens au Tanganyika, peut-être y trouverai-je quelque chose.

— Après tout, vous arriverez peut-être jusqu'au Tanganyika, lui dis-je, vous pouvez avoir la chance de rencontrer en route quelque camion indien.

— Oui! mais il y a les lions, déclara-t-il, et les Masaïs.

— Croyez-vous en Dieu, Emmanuelson? lui demandai-je.

— Oui, oui », répondit-il.

Il resta silencieux un instant. « Peut-être, reprit-il, me trouverez-vous un incorrigible sceptique si je vous avoue qu'en dehors de Dieu, je ne crois plus à rien en ce monde. »

Au bout d'un moment, je me décidai à lui poser une question : « Maintenant, Emmanuelson, dites-moi une chose. Avez-vous de l'argent?

— Oui, j'en ai, m'assura-t-il, j'ai 80 cents.

— Ce n'est pas assez, lui dis-je. En ce qui me concerne je n'ai pas d'argent dans la maison, mais Farah en aura peut-être. »

Farah avait quatre roupies.

Le lendemain matin, avant le lever du soleil, je fis réveiller Emmanuelson et préparer du café. Après avoir réfléchi, j'avais résolu de le conduire à une quinzaine de kilomètres. Ce n'était pas beaucoup pour quelqu'un qui avait devant lui deux cent vingt-cinq kilomètres, mais au moins je ne le verrais pas partir de chez moi vers un destin bien incertain.

J'avais aussi le désir de le suivre un peu dans sa comédie ou sa tragédie. Je lui préparai quelques sandwiches, des œufs durs et une bouteille de ce chambertin qu'il avait apprécié. Ce pouvait être sa dernière boisson.

Emmanuelson, au petit jour, ressemblait aux cadavres des légendes, dont la barbe poussait sous terre. Mais il sortit avec aisance et calme de sa tombe pour monter dans l'auto.

Quand nous eûmes traversé le fleuve Mbagathi, je le laissai descendre.

L'air matinal était pur. On ne voyait pas un nuage au ciel. La route d'Emmanuelson se dirigeait vers le Sud. En me retournant, je vis le soleil qui se levait justement dans la direction opposée. Un soleil d'un rouge mat qui deviendrait dans trois ou quatre heures d'un blanc incandescent et qui frapperait sans pitié la tête du voyageur.

Emmanuelson me dit adieu. Il était déjà parti quand il revint sur ses pas, pour me dire adieu encore une fois.

J'étais assise dans l'auto et je le regardais; je le savais heureux d'avoir un spectateur. Son instinct dramatique était si fort qu'il avait le sentiment de quitter une scène; il se voyait avec les yeux du public. C'était la grande sortie d'Emmanuelson. Les montagnes, les aubépines et le chemin poussiéreux se laisseraient-ils attendrir au point de revêtir l'aspect d'un décor?

La brise matinale soulevait les pans de son pardessus, et le goulot d'une bouteille sortait d'une de ses poches. La pitié que l'on ressent toujours chez nous pour ceux qui partent, qu'il s'agisse de voyageurs ou de marins ou même de vagabonds, m'emplissait le cœur.

Lorsqu'il atteignit le sommet de la colline la plus proche, il se retourna et agita son chapeau. Les longs cheveux noirs se soulevaient sur son front. Farah, qui était dans la voiture avec moi, me demanda : « Où va le bwana? »

Farah donnait à Emmanuelson le titre de Monsieur, par respect pour notre dignité, du moment qu'il avait couché sous mon toit.

« Il va au Tanganyika, dis-je.

— A pied? demanda Farah.

— Oui, répondis-je.

— Alors qu'Allah le protège! » conclut Farah.

Toute la journée, je pensai à Emmanuelson; à plusieurs

reprises je sortis de la maison pour regarder la route du Tanganyika.

Le soir, vers dix heures, le rugissement d'un lion ébranla l'atmosphère. Le son venait du Sud-Est. Une heure plus tard je l'entendis de nouveau. Peut-être le lion était-il assis maintenant sur un pardessus noir.

Toute la semaine, j'essayai vainement d'avoir des nouvelles d'Emmanuelson et je chargeai Farah de s'informer auprès des Indiens qu'il connaissait à Nairobi, pour savoir si un de leurs camions n'avait pas rencontré notre voyageur. Personne ne l'avait vu.

Quelque six mois plus tard, j'eus la surprise de recevoir une lettre recommandée de Dodoma, où je ne connaissais personne. La lettre était d'Emmanuelson. Elle contenait les cinquante roupies que je lui avais prêtées une première fois quand il avait cherché à quitter le pays et les quatre roupies de Farah.

Outre cet argent que je ne m'attendais certes pas à recevoir, Emmanuelson m'adressait une lettre sensée et charmante.

Il avait trouvé une place de tenancier dans un bar. Dieu sait quel genre de bar on trouvait à Dodoma, et il gagnait bien sa vie. En tout cas, il se montrait reconnaissant et rappelait les détails de la soirée passée à la ferme, en insistant sur l'accueil amical qui lui avait été réservé.

Il me racontait son voyage et n'avait eu qu'à se louer des Masaïs. Ceux-ci l'avaient recueilli en chemin et s'étaient montrés pour lui bienveillants et hospitaliers.

Il avait voyagé avec eux et, par des voies détournées, était arrivé jusqu'au Tanganyika. Il m'expliquait que les Masaïs avaient été si intéressés par le récit de ses aventures qu'ils ne voulaient plus le laisser partir. Comme Emmanuelson ignorait la langue des Masaïs, j'étais obligée de supposer qu'il avait eu recours à la pantomime pour retracer son odyssée.

Je n'étais pas autrement surprise qu'Emmanuelson eût été ainsi accueilli par les Masaïs. La véritable aristocratie a tout autant que le véritable prolétariat le sens de la tragédie et de ce que celle-ci représente. La tragédie répond pour l'une comme pour l'autre au plan de Dieu dans le monde, elle est le ressort essentiel de la vie. La bourgeoisie, par contre, ne comprend rien à la tragédie, elle ne la tolère même pas et l'associe instinctivement à tout ce qu'il y a de pénible dans le monde.

Bien des malentendus entre Blancs et indigènes proviennent d'un désaccord initial sur ce point. Les Masaïs, qui représentent à la fois une aristocratie et un prolétariat, avaient immédiatement discerné que le voyageur solitaire vêtu de noir était un personnage de tragédie. Justice avait été par eux rendue au tragédien.

MES AMIS A LA FERME

Les visites d'amis représentaient les événements heureux de ma vie, et toute la ferme le savait. Quand les safaris de Denys Finch Hatton touchaient à leur fin, je ne manquais pas de trouver un matin devant ma porte un Masaï debout sur une de ses pattes d'échassier.

« Bédar est sur le chemin du retour, annonçait-il, il arrivera peut-être dans deux ou trois jours. »

Dans l'après-midi, c'était en général l'un des enfants de la ferme qui guettait mon passage dans la plaine.

« J'ai vu une troupe de pintades près du fleuve, expliquait-il, si tu veux en tuer pour l'arrivée de Bédar, je viendrai te chercher au coucher du soleil et je te montrerai où elles nichent. »

Le grand attrait de la ferme pour mes amis qui étaient tous de grands voyageurs tenait surtout à ce qu'elle représentait pour eux de stable et de permanent. Ils venaient souvent de traverser d'immenses régions dans les endroits les plus divers, campant dans les montagnes, dans les vallées, au bord des fleuves; ils étaient heureux, en arrivant, de retrouver l'allée qui menait chez moi et dont la courbe était immuable comme la trajectoire d'une planète.

Les mêmes visages empreints de la même joie les accueillaient; j'ai conservé le même personnel pendant tout mon séjour en Afrique.

Moi qui n'avais pas bougé de la ferme, j'étais dévorée du désir de m'en aller, alors que mes amis, quand ils arrivaient, ne rêvaient plus que livres, draps fins et n'aspiraient qu'à l'ombre fraîche des maisons. Autour du feu de camp, leur imagination s'était complu à évoquer les joies de la ferme et, à peine arrivés, ils m'assaillaient de questions : « As-tu montré à Kamante comment se fait l'omelette chasseur? Le disque de Petrouchka est-il arrivé? » Ils avaient mille choses à demander.

Mes amis passaient la nuit à la maison; que j'y fusse ou non. Denys s'était même installé chez moi pendant un de mes voyages en Europe et Berkeley Cole n'appelait jamais la ferme autrement que « mon ermitage des bois ».

En échange des bienfaits de la civilisation, mes voyageurs m'apportaient les trophées de leurs chasses, des peaux de léopard et de cheetah, de quoi m'habiller de fourrures quand je reviendrais à Paris, des peaux de serpents ou de lézards pour mes sacs et mes souliers et des plumes de marabouts.

Pendant leur absence, j'expérimentais à leur intention des recettes découvertes dans de très vieux livres et je m'évertuais à faire pousser des fleurs d'Europe dans mon jardin.

Au cours d'un de mes voyages au Danemark, une vieille dame m'avait offert douze boutures de pivoines très rares; j'avais eu beaucoup de peine à les introduire en fraude, car les douaniers sont impitoyables.

A peine les avais-je plantées que je vis apparaître de nombreux petits bourgeons cramoisis, puis des feuilles toutes fines et enfin un gros bouton tout rond.

La première fleur qui s'ouvrit était une « Duchesse de Nemours », une pivoine blanche, à la fleur majestueuse. Je la cueillis et la mis dans un vase, toute la pièce était parfumée de son odeur fine et pénétrante. Tous les Européens qui entraient dans mon bureau s'arrêtaient devant elle. « Oh Dieu! une pivoine! » s'écriaient-ils.

Malheureusement tous les autres boutons se desséchèrent et tombèrent. Je n'ai jamais eu que cette unique pivoine.

Quelques années plus tard, le jardinier anglais de lady Gartner, que je consultais sur le chapitre des pivoines, m'expliqua qu'il n'avait jamais pu faire pousser de pivoines en Afrique, « et nous n'y parviendrons pas, me dit-il, tant que nous n'aurons pas d'abord introduit un pied de pivoine, que nous ne l'aurons pas ensuite décidé à fleurir ici et que nous n'en aurons pas prélevé la graine. C'est après avoir réussi toutes ces expériences que nous sommes arrivés à faire pousser le delphinium en Afrique ».

Ainsi j'aurais pu introduire les pivoines en Afrique et rendre mon nom aussi immortel que celui de la « Duchesse de Nemours », et j'avais gâché un si bel avenir en cueillant mon unique pivoine.

J'ai souvent rêvé, depuis, que la pivoine blanche appa-

raissait dans mon jardin et que je me réjouissais de ne
l'avoir point cueillie.

Ceux de mes amis qui possédaient des fermes plus éloi-
gnées que la mienne de la capitale ou ceux qui habitaient
en ville venaient également me voir.

Hugh Martin, qui appartenait à l'administration des
Domaines, venait de Nairobi pour ma plus grande distraction. C'était un homme remarquablement doué et d'une rare
érudition. Sa compétence était à peu près universelle pour
tout ce qui touchait aux chefs-d'œuvre de la littérature. Il
avait été toute sa vie fonctionnaire en Orient et il avait
réussi à se donner l'apparence ventrue et béate d'un dieu
chinois. Il m'appelait Candide, mais il réalisait fort bien à
la ferme le type du docteur Pangloss. La méchanceté fon-
cière du monde et des hommes était pour lui un fait bien
établi qui ne souffrait même plus de discussion; il s'en
accommodait néanmoins avec beaucoup de philosophie.

Une fois installé dans son grand fauteuil, il n'en bougeait
plus; toujours souriant, une bouteille et un verre de whisky
devant lui, il nous exposait des idées et des théories toujours ingénieuses. Chez lui, les idées succédaient aux idées
avec une inépuisable spontanéité qui rappelait la phospho-
rescence de certains corps. Sa sérénité était grande. On le
sentait en paix avec le monde. Pour le reste, il s'en remettait au diable; il avait l'expression nette et paisible qui est
peut-être plus fréquente chez les disciples du diable que
chez les serviteurs de Dieu.

Le jeune Gustave Mohr, un Norvégien au grand nez, arrivait assez souvent le soir à l'improviste; il arrivait de sa
ferme située de l'autre côté de Nairobi.

C'était un fermier très entreprenant; personne ne m'a
autant aidée que lui et de toutes manières pour tout ce qui
touchait à la ferme. Il aidait ses compagnons avec une inépuisable obligeance, bien persuadé que le premier devoir
des Scandinaves était de s'aider entre eux, quand bien même
ce serait au détriment de leurs propres affaires. On le voyait
s'abattre sur la ferme comme s'il avait été projeté par l'explo-
sion de son âme incandescente.

Il devenait fou, me disait-il, dans un pays où les gens
s'imaginent que l'on peut vivre en ne parlant que de bœufs
et de sisal.

Son âme était parfois si altérée d'autres conversations, qu'il arrivait à la limite de sa résistance. Dans ces moments-là, il n'attendait pas d'avoir franchi mon seuil pour commencer à parler; les heures passaient, minuit arrivait, sans qu'il se fût interrompu et sans qu'il eût donné le moindre signe d'épuisement; il discourait et s'emportait sur tout : que ce fût l'amour, le communisme, le désarmement, la prostitution, Hamsun, ou la Bible; il s'empoisonnait lui-même et nous empoisonnait tous avec le plus mauvais tabac qui fût.

Il consentait quelquefois à boire ou à manger, mais jamais à écouter. Si j'essayais de placer un mot, il parlait plus fort.

Le feu qui dévorait son âme empourprait son visage et il paraissait abattre des obstacles imaginaires.

Beaucoup d'idées l'étouffaient qui demandaient à sortir, et il en naissait à mesure qu'il parlait.

Quand, vers quatre heures du matin, il n'avait plus rien à dire, il s'arrêtait brusquement avec l'humble visage que l'on voit aux convalescents dans les hôpitaux.

Il ne tardait guère alors à se lever et à se remettre en route à toute allure, assez rétabli pour nourrir son âme de bœufs et de sisal pendant quelque temps.

Ingrid Lindström venait quelquefois passer un jour ou deux avec moi quand il lui était loisible de s'échapper de sa ferme, de ses dindons et des légumes qu'elle vendait au marché de Njoro. Ingrid avait l'esprit aussi clair que les yeux : c'était une Suédoise, fille et femme d'officier des pieds à la tête.

Son mari et elle avaient débarqué en Afrique avec leurs quatre enfants, pensant y faire fortune. En un tour de main, ils avaient acheté des terres, propres à la culture du lin, parce qu'à l'époque — c'était pendant la guerre — le lin valait cinq cents livres la tonne : mais tout de suite après la guerre, le lin était tombé à quarante-cinq livres la tonne et terres et matériel n'avaient immédiatement plus rien valu.

Ingrid s'attela de toutes ses forces à sauver sa ferme pour sa famille. Elle organisa une culture maraîchère et un élevage de poules, ce qui l'absorbait depuis le matin de bonne heure jusqu'au soir tard; elle rentrait le soir chez elle trempée de sueur et soufflant comme un cheval épuisé.

C'est en menant ce dur combat qu'elle avait rencontré son destin : elle s'était prise de passion pour sa ferme, ses vaches, ses cochons, ses dindons, les indigènes, les légumes, mais surtout pour son coin de terre africaine.

C'était au point qu'elle aurait sacrifié son mari et ses enfants à sa ferme.

Nous avions pleuré dans les bras l'une de l'autre, pendant les mauvaises années, à la seule idée que nous serions peut-être obligées d'abandonner nos fermes.

Les jours qu'Ingrid passait à la ferme étaient toujours empreints de gaieté. Elle avait l'entrain communicatif des vieilles paysannes suédoises et, dans son visage tanné, elle montrait des dents de Walkyrie exubérante, et l'on se demandait, en la voyant, comment on pouvait ne pas adorer les Suédois qui, au milieu des pires tourments, savent encore réconforter les autres et témoigner d'un joli courage.

Ingrid avait un vieux cuisinier kikuyu, qui répondait au nom de Kemosa et qui l'aidait dans tout ce qu'elle entreprenait, avec autant de passion que și sa propre vie avait été en jeu; on le trouvait toujours aux côtés d'Ingrid, que ce fût à la cuisine ou dans le jardin.

A l'occasion, il servait encore de duègne aux trois petites filles; il prenait le train avec elles pour les ramener à leur pensionnat.

Ingrid me racontait que, lorsque j'annonçais mon arrivée, Kemosa perdait la tête.

Aucune autre préoccupation n'existait quand il s'agissait de préparer ma réception. Les besognes les plus urgentes pouvaient attendre et il n'hésitait pas à égorger les dindons retenus par les clients et soigneusement réservés pour Noël : tout cela par admiration pour Farah qui représentait à ses yeux l'idéal de la distinction.

D'après Ingrid, le fait d'être entré en rapports avec Farah était demeuré le grand honneur de sa vie.

Je ne connaissais presque pas Mrs Darrell Thompson lorsqu'elle vint à la ferme. Elle habitait Nyoro et le docteur de Nairobi l'avait prévenue qu'il ne lui restait plus que quelques mois à vivre.

Ceci se passait alors qu'elle venait d'acheter en Irlande un cheval de course qui avait remporté de nombreux prix dans les concours hippiques.

Il faut dire que la perspective de sa mort n'altérait en rien la passion hippique de Mrs Darrell Thompson. Pour elle, Dieu n'avait rien créé d'aussi parfait que le cheval. Devant le verdict du docteur, elle avait d'abord songé à télégraphier chez elle pour décommander le cheval, mais, réflexion faite, elle avait décidé de me le léguer. Elle me demandait simplement d'être bonne pour lui quand elle serait morte.

Elle mourut et je ne pensais plus à cet héritage, lorsque à quelques mois de là, je vis arriver à Ngong son cheval « Poor-Box ».

Quand il se fut habitué à nous, Poor-Box montra bientôt qu'il était sans contredit le personnage le plus intelligent de la ferme : on ne devait pas le juger à son aspect, il avait la queue écourtée et n'était plus très jeune. Denys Finch Hatton le montait le plus souvent; personnellement je ne m'en souciais guère.

Par son intelligence et sa réflexion, que l'on aurait pu qualifier d'humaines, Poor-Box gagna à Rabeta, au concours hippique organisé en l'honneur du prince de Galles, le grand prix du saut, l'emportant ainsi sur de brillants coursiers amenés d'Angleterre à grands frais pour la circonstance.

Sans rien perdre de sa simplicité et de sa dignité habituelles, Poor-Box nous rapporta une grande médaille d'argent. Il nous la rapporta après une semaine de tension et d'émotion épuisantes, car elles augmentaient de jour en jour.

Au début, je n'avais envisagé aucun succès; c'était uniquement par loyalisme que j'avais inscrit Poor-Box et c'est lui qui valut à la ferme ses plus beaux triomphes. Il mourut de maladie l'année suivante. Nous l'avons enterré sous les marronniers devant l'écurie; nous le pleurions tous et le nom de Poor-Box est inscrit dans les annales de la ferme.

Le vieux M. Bulpett, l'oncle Charles, ainsi qu'on l'appelait au Club, venait souvent déjeuner avec moi. Il se rangeait parmi mes meilleurs amis, et il représentait pour moi l'idéal du gentleman anglais victorien. Ce type du gentleman était encore répandu à l'époque dont je parle.

Bulpett avait traversé l'Hellespont à la nage, il avait été l'un des premiers à gravir le Matterhorn et, sans être le premier ni le dernier, il avait été l'amant de la belle Otero. On m'avait d'ailleurs laissé entendre qu'elle l'avait totalement ruiné.

Quand il venait à la ferme, je croyais avoir à ma table
Armand Duval ou le Chevalier des Grieux.

Il avait conservé de ravissantes photos d'Otero et parlait d'elle volontiers. Un jour, à table, je lui demandai si
dans ses mémoires, qui venaient de paraître, la belle Otero
parlait de lui :

« Oui, me répondit-il, il est question de moi sous un autre
nom bien entendu, mais j'y suis.

— Que dit-elle de vous? demandai-je.

— Elle parle de moi comme d'un jeune Anglais qui aurait
dépensé pour elle cent mille livres en six mois. Elle prétend
d'ailleurs que j'en eus pour mon argent.

— Sur ce point êtes-vous du moins d'accord avec elle?
lui demandai-je. Estimez-vous en avoir vraiment eu pour
votre argent? »

Il réfléchit un instant : « Oui, dit-il, oui, c'est vrai. »

Denys Finch Hatton et moi avions accompagné Bulpett
jusqu'au sommet du Ngong pour son 77e anniversaire.

Assis au sommet, nous causions et nous nous demandions
ce que nous ferions si l'on nous proposait des ailes, mais
des ailes inamovibles.

Le vieux M. Bulpett contemplait l'immense paysage qui
s'offrait à nous : le Ngong verdoyant d'un côté et de l'autre
vers l'Ouest, la vallée du Rift; il la regardait comme s'il
avait été tout prêt à s'élancer.

« J'accepterais, nous dit-il, certainement j'accepterais —
il n'est rien que je désirerais davantage —, mais ajouta-t-il,
peut-être demanderais-je à réfléchir si j'étais une dame! »

UN CAVALIER PARMI LES ÉMIGRANTS

En ce qui concerne Berkeley Cole et Denys Finch Hatton, nous appliquions chez moi les principes de l'organisation communiste. Ce qui était à moi était à eux, et ils se faisaient un point d'honneur de ne laisser la maison manquer de rien. L'approvisionnement en vin et en tabac était un approvisionnement de grand style, et, pour ce qui était des livres et des disques, mes amis les faisaient venir directement d'Angleterre.

Berkeley avait toujours son auto pleine d'oranges, de dindons et d'œufs provenant de sa ferme située au pied du mont Kenya. Mes amis nourrissaient d'autre part l'ambition de parfaire mon éducation au point de vue des vins; ils ne ménageaient dans ce but ni leur temps, ni leurs explications, ni le bon vin.

Ils aimaient à retrouver chez moi la porcelaine et les cristaux du Danemark. Ils jouaient avec mes verres et échafaudaient des pyramides dans lesquelles entraient tous les verres de la maison. Toujours très fiers de telles réussites architecturales, ils prenaient ensuite plaisir à les contempler!

Quand Berkeley habitait la ferme, nous avions l'habitude de boire du champagne dans le bois, vers onze heures du matin. Or certain jour, au moment du départ, après en avoir terminé avec les adieux et les remerciements, il m'avoua gravement qu'il n'y avait eu qu'une ombre à son plaisir, c'était d'avoir été condamné à boire le champagne de onze heures dans des verres ordinaires.

« Je comprends, lui dis-je, mais il me reste si peu de mes beaux verres que j'hésite un peu à les transporter sur l'herbe. »

Il me regarda tristement en retenant ma main dans la sienne : « Oh! je sais bien, dit-il, mais c'est triste. »

Inutile de dire que par la suite mes plus beaux verres se promenaient dans le bois!

Il était curieux de constater qu'en dépit de tous les regrets

qu'ils avaient laissés en Angleterre et de toute la considération dont ils y jouissaient, Berkeley et Denys n'en avaient
pas moins le sentiment d'être bannis de leur pays. Ce n'était
pas que la société, ou une classe de celle-ci, ou un pays les
eût rejetés : c'était le temps qui les avait écartés, ils appartenaient à un autre siècle que le leur. Aucune autre maison
que l'Angleterre n'aurait pu les produire, mais ils représentaient un phénomène d'atavisme. Ils avaient appartenu à
une Angleterre qui n'existait plus.

Dans une époque comme la nôtre, aucun lien ne les rattachait à un endroit précis. Ils erraient d'un lieu à l'autre et
les hasards des voyages les avaient ramenés à la ferme.

L'Angleterre les avait ennuyés et ils étaient partis, tandis que d'autres étaient demeurés.

Quand Denys parlait de sa jeunesse, quoiqu'il fût encore
bien jeune, et des conseils et des encouragements que ses
amis lui avaient prodigués, il citait Shakespeare :
« Vous êtes des voyageurs? Soyez alors mélancoliques,
vous avez abandonné votre pays pour voir celui des autres »,
ou cet autre passage : « Que dire d'un homme qui serait
assez âne pour abandonner pouvoir et aises, pour céder à
l'entêtement? »

Mais Berkeley et lui se trompaient, quand ils se considéraient comme des déserteurs qui auraient à répondre de
leur entêtement, alors qu'ils n'étaient que des exilés qui
supportaient leur exil sans se plaindre.

Si on avait mis une perruque bouclée sur la petite tête
de Berkeley, il n'aurait point déparé la cour de Charles II.
On aurait tout aussi bien pu le prendre pour un jeune cavalier anglais qui se serait attardé aux pieds du vieux d'Artagnan de *Vingt ans après*.

Avec Berkeley j'avais toujours l'impression qu'il échappait aux lois ordinaires de la pesanteur, et lorsque le soir
nous bavardions au coin du feu, je l'aurais vu sans étonnement s'envoler par la cheminée. Il connaissait les hommes
et ne nourrissait à leur endroit ni illusions ni amertume.
Par une sorte de raffinement diabolique, il se montrait d'autant plus séduisant que les gens lui paraissaient plus insignifiants, et quand il voulait s'en donner la peine, il était
d'une drôlerie inimitable. Mais pour demeurer spirituel et
badin à la manière de Congreve et de Wycherley, il faut
beaucoup de « grandezza » et d'imagination.

Quand la plaisanterie dure trop, elle prend un accent tragique.

Quand Berkeley, quelque peu excité par un vin généreux, montait sur ses grands chevaux, l'ombre de ceux-ci sur la muraille prenait parfois l'allure de Rossinante. Mais le bouffon inimitable qu'était Berkeley, le solitaire qui menait en Afrique une vie fragile — je l'ai toujours vu souffrir du cœur — et qui, chaque jour, voyait la terre qu'il aimait glisser un peu plus aux mains des créanciers, eût été le dernier à redouter l'ombre apparue sur la muraille.

Berkeley était un homme petit et vif aux cheveux flamboyants, avec de petits pieds et de petites mains; il ne perdait jamais un pouce de sa taille et la vivacité de ses mouvements à la d'Artagnan trahissait le duelliste attentif à la provocation.

Il arrivait sans bruit comme les chats, et, comme eux, il avait le don de transformer les pièces où il entrait; il les rendait vivantes et accueillantes comme s'il était lui-même une source de chaleur et de gaieté.

Pour peu que Berkeley fût venu s'asseoir auprès de moi, je crois que les décombres fumants de ma maison eux-mêmes eussent encore été accueillants. Quand il était mécontent, on s'étonnait de ne pas le voir se hérisser, et quand il était malade, ce n'était pas seulement triste, c'était lugubre.

S'il n'avait pas énormément de principes, il avait tous les préjugés qu'on peut attendre d'un chat.

Alors que Berkeley était un cavalier de l'époque des Stuarts, Denys était plutôt élisabethain.

Je crois que les contemporains d'Elisabeth l'auraient aimé, car il aurait su évoquer pour eux l'Athènes dont ils rêvaient. A vrai dire, Denys aurait trouvé sa place à n'importe quelle époque, sauf en notre siècle finissant. Il aurait émergé dans tous les temps, car il était aussi bien sportsman accompli qu'artiste délicat. Grand musicien et grand chasseur, notre époque excessive ne l'intéressait pas.

Ses amis d'Angleterre espéraient toujours l'y ramener. Les projets ne manquaient pas qui lui eussent assuré un avenir intéressant, mais l'Afrique le retenait.

Quand je voyais l'affection que les Noirs éprouvaient instinctivement pour Berkeley, Denys et quelques autres de même race, je me demandais si les Européens du passé, quel que fût ce passé, n'avaient pas pour les races de couleur plus de compréhension que n'en témoigne l'âge de la mécanique.

Lorsque la première machine à vapeur s'est ébranlée, les chemins des différentes races se sont séparés et ne se sont depuis jamais retrouvés.

La seule ombre à l'amitié qui nous unissait, Berkeley et moi, tenait à ce que son domestique somali Jama appartenait à une tribu en guerre avec celle de Farah. Il suffit d'avoir un peu vécu avec les Somalis pour savoir combien sont tenaces ces haines entre tribus. Aussi les regards qu'échangeaient en nous servant à table Jama et Farah ne présageaient-ils rien de bon.

Le soir, en nous séparant, nous nous demandions ce que nous ferions le lendemain matin si, après avoir vainement appelé nos Somalis, nous découvrions les cadavres de Jama et de Farah qui se seraient mutuellement transpercé le cœur!

Dans ce genre de conflits, la crainte ni la raison ne peuvent retenir un Somali. Pour Jama et Farah, il n'y avait que leur dévouement pour nous qui pût les empêcher de s'entr'égorger :

« Je n'ose pas, disait Berkeley, prévenir Jama ce soir que nous ne passons pas cette fois-ci par Edoret où habite la femme qu'il aime, car tout lui sera indifférent, il ne pensera plus à brosser mes vêtements et il ira tuer Farah. »

Le cœur de Jama resta cependant toujours fidèle à son maître, il était entré tout jeune à son service; Berkeley me parlait souvent de lui. Certain jour Berkeley, ayant perdu la tête, avait frappé Jama.

« Et croyez-vous, me dit Berkeley, qu'au même moment, je recevais un coup bien appliqué entre les deux yeux!

— Et ensuite, que se passa-t-il? demandai-je en riant.

— Oh! tout s'arrangea », dit Berkeley, et après un moment de réflexion, il ajouta :

« Ce n'était pas si mal pour quelqu'un qui avait près de vingt ans de moins que moi. »

Cet incident n'avait pas laissé de traces et n'avait en rien modifié les rapports entre le maître et son serviteur. Jama avait toujours eu à l'égard de Berkeley l'attitude un peu protectrice que les serviteurs somalis affectent volontiers à l'égard de leur maître.

Après la mort de Berkeley, Jama ne voulut plus rester dans le pays et retourna sur la côte somalie.

Berkeley avait toujours nourri un profond amour pour la mer. C'était un amour que la vie n'avait point satisfait et nous avions toujours caressé le rêve, si nous devenions riches, d'acheter ensemble un bateau à voile, comme ceux qu'emploient les indigènes pour faire le cabotage. Nous aurions assuré le transport entre Samu, Mombasa et Zanzibar. Notre plan était réglé jusqu'aux moindres détails, l'équipage était même constitué, il ne nous a manqué que d'être riches.

Lorsque Berkeley ne se sentait pas bien, il parlait de la mer, il se lamentait sur la stupidité dont il avait fait preuve en consacrant si vainement sa vie à l'agriculture, et il la qualifiait durement.

Un été où je m'apprêtais à m'embarquer pour l'Europe et où Berkeley était un peu déprimé, je proposai pour le distraire de rapporter deux lanternes de bateau — un feu avant et un feu arrière — que nous suspendrions à la porte d'entrée de la maison. « Ce n'est pas une si mauvaise idée, me dit-il, de loin la maison ressemblerait à un navire. Tâchez de trouver ces lanternes, mais il faudrait aussi une voile. »

Quand j'arrivai à Copenhague, je pus me procurer sur les quais deux vieilles lanternes qui avaient certainement pas mal navigué dans la Baltique. Nous les plaçâmes de chaque côté de la porte, et comme la maison était orientée vers l'Est, ces lanternes, accrochées comme elles l'étaient dans le sens de la direction de la terre, devaient prévenir toute collision dans l'espace. Elles causèrent bien de la joie à Berkeley.

Il venait souvent le soir me trouver et il allait toujours à toute vitesse. Quand ces lanternes furent accrochées, il ralentissait l'allure et montait l'allée très lentement pour que la lumière de ce feu vert et de ce feu rouge réveille en lui le souvenir des anciennes traversées, il avait l'impression d'approcher dans une barque d'un bateau endormi sur l'eau profonde et obscure.

Nous avions aussi convenu d'un système de signaux, si bien que, suivant la place occupée par les lanternes, Berkeley savait au sortir du bois quelle était l'humeur de son hôtesse ou le dîner qui l'attendait.

Berkeley comptait, avec son frère Galbraith Cole et son beau-frère Lord Delamere, parmi les premiers pionniers venus dans la colonie

Ils y avaient tous trois acheté des terres, alors que le prix en était encore bas et n'avaient pas tardé à devenir des amis des Masaïs qui étaient encore à l'époque la première race du pays. Ils les avaient connus avant que la civilisation européenne, que les Masaïs haïssaient plus que tout au monde, eût tranché leurs racines et les eût séparés du pays qu'ils ne se consoleraient jamais d'avoir quitté. Berkeley Cole était l'un des rares Européens à pouvoir converser avec eux dans leur langue et à pouvoir leur rappeler le passé.

Lorsque Berkeley venait habiter à la ferme, les Masaïs traversaient le fleuve pour venir le trouver.

Les chefs l'entretenaient de leurs tribulations et ses plaisanteries les faisaient rire, on eût cru voir rire des blocs de pierre.

L'amitié de Berkeley pour les Masaïs valut à la ferme d'être le cadre d'une grande solennité. Au moment où la guerre avait éclaté, toutes les ardeurs combattives des Masaïs s'étaient réveillées. Le souvenir des batailles, des massacres et de toutes les joies passées leur revenait à l'esprit.

Ayant été chargée d'organiser avec mes bœufs des transports, je fus amenée à traverser plusieurs fois la Réserve Masaï.

Chaque fois que je me trouvais dans une région quelconque de leur territoire, de nombreux Masaïs arrivaient au camp, les yeux brillants, pour me questionner sur la guerre.

La nuit, les jeunes guerriers, arborant les couleurs de la guerre, entouraient ma tente; ils étaient armés de lances et d'épées, et pour mieux me faire comprendre ce qu'il en était, ils poussaient de temps en temps un hurlement bref comme celui du lion.

Ils n'envisageaient même pas qu'ils pussent ne point partir.

Mais le gouvernement estima qu'il n'était peut-être pas prudent de lâcher les Masaïs. Ils ne furent pas autorisés à participer à la guerre et virent ainsi toutes leurs ambitions frustrées. Alors que les Kikuyus partaient comme porteurs, les Masaïs étaient priés de se tenir tranquilles.

Sur ces entrefaites, le service militaire devint obligatoire pour tous les indigènes de la colonie

Le gouvernement appela les Masaïs comme les autres sous les armes. Un officier fut envoyé avec son régiment à Narok pour enrôler trois cents jeunes Masaïs comme soldats. Mais, à cette époque, toutes les sympathies que les Masaïs avaient manifestées pour la guerre n'existaient plus. Les jeunes recrues refusèrent de partir et gagnèrent la brousse.

Les troupes qui les poursuivaient mirent le feu à une manyatta et deux vieilles femmes furent tuées.

Le lendemain, tous les Masaïs se révoltaient; un certain nombre de commerçants indiens furent tués et une cinquantaine de magasins incendiés.

La situation devenait sérieuse et le gouvernement chercha à l'apaiser. Lord Delamere fut envoyé pour négocier avec les Masaïs. Après de longues discussions, un compromis put intervenir. Les Masaïs furent autorisés à désigner eux-mêmes les trois cents jeunes gens qui partiraient et ils s'en tiraient par ailleurs avec une amende pour les excès commis dans la Réserve.

Aucun d'entre eux ne fut jamais enrôlé, et l'armistice intervint bientôt; c'est lui qui termina l'affaire.

Les Masaïs n'en avaient pas moins rendu certains services. Maintenant que la guerre était terminée, le gouvernement aurait voulu leur témoigner sa gratitude. Une collection de médailles devait être répartie entre eux.

Berkeley, qui aimait bien les Masaïs et qui pouvait parler leur langue, fut chargé de les leur distribuer. Ma ferme étant contiguë à la Réserve, Berkeley demanda à descendre chez moi et à y procéder à la distribution. Il était un peu ému par la perspective de cette cérémonie; il ne voyait pas bien ce qu'on attendait de lui.

Un dimanche matin, nous nous rendîmes à cheval dans la Réserve pour prévenir les Masaïs que leurs chefs devraient se trouver à une date donnée à la ferme.

Berkeley, dans sa jeunesse, avait été officier au 9ᵉ Régiment de Lanciers et je me suis laissé dire qu'il avait même été l'un des officiers les plus remarqués du régiment. Mais ce jour-là, ses commentaires sur l'esprit des militaires étaient ceux d'un civil.

La remise des décorations, quoiqu'elle n'eût pas en elle-même beaucoup d'importance, revêtit une solennité particulière. On déploya de part et d'autre tant de sagesse, de tact et de conciliation, que l'événement aurait pu servir de modèle : il fut aussi symbolique qu'une rencontre entre chefs d'Etat.

« C'est avec une extrême politesse, dit le poète, que leurs

Excellences noire et blanche échangèrent leurs salamalecs. »

Les vieux Masaïs étaient arrivés, escortés de leurs fils; ils s'assirent sur la pelouse où ils regardèrent·mes vaches qui pâturaient. Peut-être pensaient-ils qu'en échange de leurs services, une vache leur serait offerte?

Berkeley les fit attendre longtemps et ceci, je crois, était conforme à leur conception d'une importante cérémonie. Ils ne virent pendant assez longtemps sur la pelouse que le fauteuil que Berkeley devait occuper. Lorsqu'il ouvrit la porte et s'avança au milieu de tous ces Noirs, il paraissait presque lumineux avec son teint clair, ses cheveux rouges et ses yeux bleus; il avait tout à fait l'allure et même le maintien à la fois décidé et réservé d'un jeune officier.

J'appris en la circonstance que ce visage si expressif pouvait paraître sans âme quand il le fallait.

Il était suivi de Jama, qui avait revêtu pour l'occasion un élégant costume arabe aux somptueuses broderies d'or et d'argent et qui portait l'écrin contenant les décorations.

Berkeley se tint debout devant son fauteuil quand il prononça son discours. Le magnétisme qui émanait de sa silhouette pourtant menue était tel que l'on vit les vieux Masaïs se lever un à un et l'entourer avec une expression recueillie, sans quitter des yeux son visage.

Je ne saurais dire ce dont il était question dans ce discours prononcé en masaï. Je suppose qu'il avait pour objet d'informer les Masaïs de l'honneur immense qui leur était fait et qu'avait justifié leur conduite valeureuse.

Mais étant donné que c'était Berkeley qui parlait et que l'on ne pouvait rien déduire de l'expression des Masaïs, le discours pouvait exprimer toute autre chose que j'aurais été bien en peine d'imaginer.

Lorsqu'il eut parlé, Berkeley fit avancer Jama avec l'écrin et il en sortit la décoration qu'il offrit à bras tendus à tous les regards. Puis, d'une voix de commandement, il cria les noms des vieux chefs masaïs auxquels il remit d'un geste solennel la décoration que ceux-ci reçurent le bras tendu, en grand silence.

Pour que la cérémonie ait pu revêtir un caractère aussi indiscutable de grandeur, il fallait que les participants fussent de sang noble et qu'ils eussent derrière eux de grandes traditions familiales, ce qui n'est pas une critique des démocraties

Il n'est pas précisément commode de décorer un homme nu, car il n'offre aucune prise pour accrocher une décoration, et les chefs masaïs se tenaient là silencieux et immobiles, leur décoration à la main.

Lorsque Berkeley tomba malade, j'étais sur le point de partir pour l'Europe. Il était alors membre du Conseil Législatif de la colonie et je lui télégraphiai : « Venez à Ngong pendant la session du Conseil. Vin épuisé. »

Il répondit télégraphiquement : « Ton télégramme est providentiel. J'apporte le vin. » Mais lorsqu'il arriva à la ferme avec son auto pleine de vin, il n'avait plus le goût d'en boire. Il était très pâle et parfois silencieux.

Son cœur n'allait pas et il ne pouvait plus se passer de Jama, qui avait été dressé à lui donner ses remèdes et à lui faire des piqûres. Il était également préoccupé; il craignait de voir sa ferme lui échapper.

Néanmoins sa seule présence avait encore le don de transformer ma maison et d'en faire un coin privilégié.

« J'en suis arrivé à ce point, m'expliquait-il très sérieusement, où je ne puis conduire que les meilleures autos, fumer que les plus fins cigares et boire que les vins des meilleures années. »

Pendant qu'il était chez moi, il m'avoua que le docteur lui avait conseillé de se mettre au lit et d'y passer un mois. Je lui proposai, s'il consentait à se soigner et à passer à Ngong un mois au lit, de remettre mon voyage à l'année suivante.

Il réfléchit un moment à ma proposition :

« Ce serait bien ce qu'il y aurait de mieux, me dit-il, mais ce n'est pas possible. Si je faisais cela pour te faire plaisir, à quoi en serais-je réduit ensuite? »

Je le quittai le cœur lourd. Lorsque je découvris du bateau les ports de Kanuja et de Lamu où « notre bateau » devait faire escale en suivant la côte, je pensais à mon ami.

En arrivant à Paris, j'appris qu'il était mort devant chez lui en sortant de son auto.

On l'enterra dans sa propriété, là où il désirait être.

Quand Berkeley mourut, le pays changea. Ses amis en eurent très vite la douloureuse conviction, les autres devaient le constater plus tard.

Toute une période de l'histoire de la colonie s'achevait

avec lui. C'est au point que bien des événements se situèrent ensuite d'après ce tournant de l'histoire. On entendait des phrases débuter ainsi : « Quand Berkeley vivait » ou « Depuis la mort de Berkeley ».

Jusqu'à sa mort, la colonie était restée le paradis des chasseurs; petit à petit, elle devenait celui des gens d'affaires. Après sa mort, on vit lentement baisser le niveau de la colonie, le niveau de l'esprit et, ce qui est plus dangereux, le niveau de la tenue.

Les gens ne parlaient plus que de leurs soucis.

Le niveau d'humanité aussi baissa.

Lorsque Berkeley quitta la scène, c'est une silhouette sans grâce qui lui succéda. Elle sortit des coulisses du côté opposé. Elle s'appelait « la dure nécessité maîtresse des hommes et des dieux ».

Il était curieux qu'un homme aussi menu ait pu, tant qu'il vivait, l'écarter de la colonie.

Désormais notre pain se ferait sans levain. C'est un peu de paix, de liberté et d'entrain qui venait de disparaître de la terre.

... Le chat s'était levé et avait quitté le salon.

LES AILES

Denys Finch Hatton n'avait jamais eu en Afrique d'autre demeure que la ferme.

Entre ses safaris, c'est toujours chez moi qu'il revenait et qu'il laissait ses livres et ses disques.

Quand il retrouvait la ferme après une absence, elle seule paraissait compter pour lui; il en parlait comme parlent les planteurs de café quand, après les premières pluies, ils voient les fleurs de café s'épanouir comme un nuage de craie parfumée.

Quand j'attendais Denys et que j'entendais son auto remonter l'allée, il me semblait qu'elle éveillait tous les échos de la ferme et j'en recevais chaque fois une révélation.

Denys était toujours heureux à la ferme, car il n'y venait que lorsqu'il désirait y venir et la ferme apprenait à connaître, grâce à lui, certaines qualités dont le monde est avare, comme la modestie et la reconnaissance.

Il ne fit jamais que ce qu'il voulait, et son cœur était pur.

Denys possédait une qualité inappréciable pour moi; il savait écouter une histoire. J'ai toujours pensé que j'aurais pu jouer un rôle à Florence à l'époque de la grande peste.

La mode a changé et l'art d'écouter les histoires s'est perdu en Europe.

Les indigènes d'Afrique l'ont conservé et, pour peu que l'on commence à dire « Il y avait une fois un homme qui se promenait sur une route et sur cette route il rencontra un autre homme » pour que tout le monde soit attentif et que l'imagination de l'auditoire devance les deux hommes : « Bon M'sabu, et après? demandaient mes Noirs. Qu'ont dit ces hommes? »

En Europe, ceux-là mêmes qui voudraient écouter l'histoire qu'on leur raconte ne le peuvent plus, ou bien ils s'agitent, ou bien, s'ils ne peuvent penser à ce qu'il est urgent d'accomplir, ils s'endorment.

A côte de cela ils peuvent passer toute une soirée enfouis dans un livre ou un journal.

Il leur faut quelque chose d'imprimé devant les yeux, c'est devenu une habitude.

Denys, qui avait beaucoup d'oreille et dont l'ouïe s'était encore affinée au cours de ses safaris, préférait écouter une histoire plutôt que de la lire.

Il s'inquiétait toujours, en arrivant, de savoir si je n'avais pas quelque nouvelle histoire à raconter.

En son absence, j'avais eu le temps d'en inventer. Le soir, il s'installait par terre, devant la cheminée, environné de tous les coussins de la maison, j'étais assise auprès de lui, telle Schéhérazade, et il pouvait écouter attentivement une histoire du commencement à la fin.

Il la suivait mieux que moi-même, car au moment décisif, lorsque l'un des personnages intervenait, il pouvait m'interrompre pour me rappeler que le personnage en question était mort dès le début.

« Mais cela n'a aucune importance, continuez », ajoutait-il.

C'est Denys qui m'a appris le latin, qui m'a fait connaître la Bible et les poètes grecs.

Lui-même savait par cœur à peu près tout l'ancien Testament. Il emportait sa Bible dans toutes ses expéditions, ce qui lui valait la considération particulière des musulmans.

C'est lui qui m'avait donné le phono qui mit beaucoup de douceur dans mon existence. C'était une voix nouvelle qui apportait un peu de vie à la ferme. « A l'ombre de la clairière, me rappelait-il, l'âme devient rossignol. »

Denys arrivait parfois à l'improviste chez moi pendant que j'étais dans les champs de café ou de maïs; il avait apporté de nouveaux disques qu'il essayait, et lorsque je revenais à cheval au coucher du soleil, des chants m'accueillaient et m'annonçaient la présence de Denys.

Les indigènes avaient la passion du gramophone, et quand il y avait de la musique, on les voyait se rapprocher de la maison pour écouter.

Certains de mes serviteurs avaient même leur morceau favori; il est assez curieux de penser que l'air préféré de Kamante était l'adagio de la Sonate pathétique de Beethoven; il eut assez de mal d'ailleurs à me faire comprendre de quel morceau il s'agissait.

Denys et moi étions parfois en désaccord sur le chapitre de la musique. Mes préférences allaient aux vieux classiques. Denys, lui, au contraire, n'aimait en art et en musique que les ultra-modernes. On eût dit que, pour s'excuser de ne pas mieux comprendre son temps, il cherchait, dans le domaine où il le pouvait, à aller le plus loin possible à sa rencontre.

« J'aimerais Beethoven, me disait-il, s'il n'était pas si vulgaire. »

Il suffisait que Denys et moi fussions à la chasse ensemble pour que la chance nous favorisât et que nous vissions des lions. Quelquefois Denys arrivait assez désappointé. Pendant deux ou trois mois de chasse il n'avait pu montrer un seul vrai lion aux Européens qui chassaient avec lui.

Et, pourtant, en son absence, les Masaïs avaient pu venir me demander de tuer un lion ou une lionne qui dévastait leurs troupeaux; Farah et moi passions la nuit dans leurs manyattas, pour être à pied d'œuvre avant le jour, et nous pouvions ne pas découvrir la moindre trace de lion. Alors que, lorsque Denys était avec moi, nous arrivions sur les lions comme si tout avait été disposé pour nous, soit que nous interrompions leur repas, soit que nous les surprenions au moment où ils traversaient le lit desséché d'un fleuve.

Certain 1er janvier, avant que le soleil fût levé, nous nous trouvions, Denys et moi, sur la nouvelle route de Narok, nous hâtant autant que le terrain inégal le permettait.

Denys avait prêté la veille un de ses fusils à un ami qui partait chasser dans le Sud et il s'était rappelé en se couchant qu'il avait oublié d'indiquer une particularité de ce fusil qui pouvait empêcher la gâchette de fonctionner.

Il craignait de causer un accident et nous avions pensé que le mieux à faire était de partir le lendemain à la première heure par la nouvelle route pour essayer de rattraper l'expédition à Narok. Il s'agissait d'une centaine de kilomètres à parcourir, à travers un pays sauvage, sur une route toute nouvelle, car le safari avait emprunté l'ancienne route qui était un peu plus longue et sa marche serait ralentie par les camions lourdement chargés.

Notre seule crainte concernait la route; nous ne savions pas si elle était achevée jusqu'à Narok.

L'air matinal dans les montagnes africaines est si vif et

si frais qu'une même illusion s'emparait de nous chaque fois que nous le respirions. Nous avions l'impression de n'être plus sur terre; ce n'était plus dans l'air que nous baignions, mais dans l'eau : nous marchions au fond de la mer.

Mais étions-nous sûrs de marcher?

Les courants frais qui pressent votre joue, ce sont les courants sous-marins. L'automobile repose au fond de la mer, à la manière des poissons torpilles; avec ses deux gros phares, on dirait qu'elle surveille la vie sous-marine qui se dérobe devant elle. Si les étoiles sont si grandes, c'est parce que ce ne sont pas les étoiles, mais leur réfraction qui scintille et repose à la surface de l'eau. D'étranges bêtes apparaissent en taches sombres sur le fond, elles se faufilent dans l'herbe à la manière des crabes et des crevettes qui s'enfoncent dans le sable. A mesure que l'atmosphère s'éclaircit et que le soleil se lève, c'est le fond de la mer qui se soulève jusqu'à atteindre la surface pour y former une île nouvelle.

Des odeurs arrivaient par bouffées : l'odeur âcre et fraîche des oliviers, l'odeur pimentée des orties et des buissons, mêlées aux relents écœurants de pourriture.

Kanuthra, le chauffeur indigène de Denys, qui était dans le fond de la voiture, me toucha légèrement l'épaule; à côté de nous, à une dizaine de mètres, je distinguai une masse sombre; un bœuf marin reposait sur le sable de la mer, et sur lui quelque chose bougeait dans l'eau sombre.

En réalité, la grosse masse était une girafe morte dont l'obscurité accroissait les dimensions; elle avait dû être tuée, je ne sais par qui, deux ou trois jours plus tôt. Installée sur elle, une lionne, bien occupée à la dévorer, leva la tête pour regarder passer l'auto. Denys arrêta sa voiture et Kanuthra lui tendit le fusil qu'il portait.

« Puis-je tirer? » demanda Denys.

Il avait la courtoisie de considérer les collines de Ngong comme des terrains de chasse qui m'étaient réservés. Nous traversions précisément la région où les Masaïs m'avaient signalé la présence de lions qui emportaient leurs vaches. A peine avais-je acquiescé, que Denys sauta hors de la voiture et rebroussa chemin de quelques mètres; à ce moment, je vis la lionne disparaître derrière la girafe, Denys dut contourner le corps de la bête pour retrouver la lionne, puis il tira.

Je ne vis pas la bête tomber; mais, après m'être avancée, je la trouvai morte au milieu d'une mare sombre.

Nous n'avions pas le temps de la dépouiller; il fallait nous presser si nous voulions rattraper le safari à Narok. Nous repartîmes donc après avoir pris quelques repères pour retrouver notre lionne au retour, quoique l'odeur de la girafe suffirait amplement pour nous guider.

Quatre kilomètres plus loin, la route s'arrêtait. Nous n'avions plus devant nous qu'un chantier abandonné avec des outils et une ou deux tentes vides. Au delà, nous pouvions distinguer, dans la lumière grise du matin, une terre rocailleuse que jamais certainement le pied de l'homme n'avait foulée

Il ne nous restait plus qu'à abandonner l'ami de Denys a son sort et à revenir sur nos pas.

Lorsque cet ami revint de son safari, il nous avoua qu'il ne s'était pas servi du fusil, objet de tant de préoccupations.

Nous avancions baignés par le soleil levant qui rougissait la plaine et les collines, et nous ne parlions que de la lionne.

Nous retrouvâmes la girafe dont nous distinguions alors clairement les taches carrées.

En nous approchant, nous vîmes qu'un grand lion se tenait auprès d'elle; nous nous trouvions nous-mêmes en contre-bas et le lion dressé se détachait sur un ciel d'or dans une attitude héraldique. Le vent matinal soulevait une boucle de sa crinière.

Impressionnée par tant de grandeur, je me dressai dans la voiture.

« A votre tour maintenant », déclara Denys.

Je n'aimais guère me servir de son fusil qui était non seulement lourd, mais encore trop long pour moi, et le recul en était brutal. Mais cette fois-ci le coup serait un hommage rendu au lion et mieux valait que le fusil fût long!

Le lion demeura complètement immobile pendant que je descendais de la voiture et que je me dirigeais vers lui.

Quand je tirai, il me sembla voir le lion bondir et retomber frappé. J'étais dans l'herbe, le fusil à la main, je respirais profondément toute pénétrée du sentiment de plénitude que donne, malgré la distance, un coup si puissant.

Je contournai le corps de la girafe et je m'arrêtai : j'avais devant moi le cinquième acte d'une tragédie.

Tous étaient morts.

La girafe apparaissait gigantesque avec ses grandes pattes raides, son cou dressé et son ventre déchiré par les lions.

La lionne était sur le dos, avec un air altier et souverain. C'était à n'en pas douter la femme fatale de la tragédie.

Le lion était près d'elle. Comment n'avait-il pas redouté d'avoir le même sort?

Sa tête reposait sur les énormes pattes et sa magnifique crinière sombre l'enveloppait d'un manteau royal; lui aussi reposait dans une mare, mais il faisait alors si clair que le rouge profond du sang étincelait.

Denys et Kanuthra retroussèrent leurs manches et se mirent à dépouiller le lion pendant que le soleil montait.

Quand ils s'arrêtèrent, je leur apportai une bouteille de vin rouge, des raisins et des amandes que j'avais emportés dans l'auto, car c'était le jour de l'an.

Nous mangions assis sur l'herbe, à côté des deux lions dépouillés, superbes encore dans leur nudité. Pas un atome de graisse superflue n'altérait leur forme, chacun de leurs muscles se renflait en une courbe ferme.

Ils pouvaient se passer du manteau de la pitié comme de celui de la fureur; ils étaient exactement comme ils devaient être.

Pendant que nous étions ainsi arrêtés sur l'herbe, tous les trois, je distinguai une ombre à mes pieds. Je levai les yeux, le cercle des vautours se détachait sur le ciel pâle.

Je me sentais le cœur léger, comme si j'avais moi-même volé là-haut, tel un cerf-volant dans la lumière.

Et dans l'exaltation de ce matin d'Afrique, je composai cette chanson :

> Vers l'azur inconnu des montagnes lointaines,
> L'aigle court sur la plaine,
> Et dans l'espace court
> Des fiers sabots, l'ombre des zèbres tout le jour
> Concise et souple se ramasse;
> Immobile, elle attend la lumière basse
> Du soleil ocrant la terre
> Et s'allonge, bleue,
> Pour aller boire l'eau qui désaltère.

J'ai le souvenir d'avoir une autre fois rencontré les lions avec Denys. L'aventure est bien plus ancienne, elle remonte aux débuts de notre amitié.

De bon matin, certain jour de printemps, j'avais vu arriver mon contremaître Nichols très ému : il venait m'apprendre que deux lions avaient, la nuit précédente, pénétré dans la ferme et tué deux de nos bœufs. Ils avaient entamé la clôture et s'étaient introduits dans le parc à bœufs, où ils avaient commencé par tuer chacun leur bœuf, et avaient traîné les corps de leurs victimes dans un champ de café. De l'une, presque rien ne restait, tandis que l'autre était à peu près intacte. Nichols venait me demander une attestation qui lui permît d'obtenir de la strychnine à Nairobi. Il comptait la mettre dans le bœuf qui restait car les lions reviendraient certainement achever leur festin la nuit suivante.

Je réfléchis un moment à ce que Nichols me demandait; je répugnais à user de la strychnine envers des lions. Cela ne se faisait pas et je déclarai à Nichols que je n'en voulais pas.

Je vis toute son ardeur se muer en irritation d'abord et en désespoir ensuite. Il m'expliqua que si nous ne détruisions pas les deux lions cette fois-ci, nous pouvions nous attendre à d'autres attaques. Il m'expliqua que les bœufs tués par les lions étaient nos meilleurs bœufs et que nous ne pouvions pas nous permettre de voir pareille perte se renouveler.

Avais-je aussi pensé à mes chevaux?

Leur écurie n'était point éloignée du parc à bœufs!

Je répondis que mon intention n'était pas, de permettre aux lions de revenir chez moi, mais que je préférais qu'on les combattît autrement qu'avec du poison.

« Bien, mais qui va les tuer? demanda Nichols. Ce n'est pas moi? Je ne suis pas un poltron, mais je suis marié et je ne veux pas risquer inutilement ma vie. »

Je dois reconnaître qu'il n'avait en effet rien d'un poltron : c'était, au contraire, un petit homme énergique et résolu.

« Il n'est pas question de vous », lui dis-je.

Ce n'était en effet pas à lui que j'avais pensé pour tuer les lions. Denys était arrivé la veille au soir, il était encore chez moi, et je supposais que lui et moi pourrions nous en charger.

« Oh! comme ça, c'est parfait! » dit Nichols.

J'allai alors trouver Denys.

« Qu'est-ce que tu dirais d'aller ce soir risquer ta vie? lui demandai-je, et pour rien, pour le plaisir de l'expérience? On verrait s'il est vrai que la vie a du prix quand on peut y renoncer! Et puis :

Frei lebt wer sterben kann? »

Nous nous étions alors rendus dans le champ de café, où nous avions trouvé les deux bœufs dans l'état décrit par Nichols.

Il ne restait de l'un qu'un squelette ensanglanté, tandis que l'autre n'avait eu qu'un pied dévoré. Les empreintes sanglantes des meurtriers profondément imprimées dans la terre humide étaient très claires.

Deux grands lions avaient passé par là; il était facile de suivre leur trace à travers la plantation et jusqu'au bois derrière la maison de Belknap.

Mais, arrivés là, il se mit à pleuvoir si fort que nous ne pouvions même plus distinguer nos mains. Dans l'herbe haute du sous-bois, nous perdîmes la trace.

« Qu'en penses-tu? demandai-je à Denys. Crois-tu qu'ils reviendront ce soir? »

Personne en Afrique n'avait autant que Denys l'expérience des lions. Or, il ne doutait pas qu'ils ne revinssent le soir même et assez tôt pour achever de dévorer le bœuf.

Il proposa de leur laisser le temps de bien s'installer, et de descendre vers neuf heures dans le champ de café.

Une lampe électrique était nécessaire pour diriger le tir et il me laissait le choix entre le fusil et la lampe. Je préférais tenir la lampe et le laisser tirer.

Pour pouvoir retrouver notre chemin dans l'obscurité, nous avions attaché aux arbres de grandes bandes de calicot, à la manière du Petit Poucet semant sur la route des cailloux blancs; nous avions ainsi marqué notre voie jusqu'au bœuf.

Une vingtaine de mètres avant d'arriver, nous avions tendu une large bande du même calicot d'un arbre à l'autre en travers du sentier : c'était l'endroit où nous devrions nous arrêter et projeter la lumière sur les lions pour tirer.

Lorsque nous avions essayé la lampe électrique, dans l'après-midi, nous avions constaté que la batterie en était très affaiblie et qu'elle ne donnait que peu de lumière. Mais comme nous n'avions plus le temps d'aller jusqu'à Nairobi pour la faire changer, nous n'avions pas d'autre ressource que de l'utiliser telle quelle.

C'était la veille de l'anniversaire de Denys, je me rappelle qu'il était assez mélancolique et qu'il se plaignait que la vie ne lui ait pas donné assez jusqu'ici.

« Attends donc, lui dis-je, d'ici demain tu ne sais pas ce que la vie peut te réserver. »

Je donnai l'ordre à Jama de tenir une bouteille de vin prête pour notre retour.

Toute la journée je ne pensai qu'aux lions. Où étaient-ils en ce moment? Peut-être traversaient-ils le fleuve en silence l'un derrière l'autre et sentaient-ils le courant frais presser leurs flancs?

A neuf heures, nous partîmes.

Il pleuvait un peu, mais la lune se montrait de temps en temps très haut dans le ciel à travers des couches de brume, comme si elle se réfléchissait faiblement sur la terre parmi les fleurs blanches du café.

Notre chemin ne passait pas très loin de l'école et je remarquai ses fenêtres éclairées et, toute fière de mes enfants, je pensais au roi Salomon.

« Le paresseux dit : il y a un lion qui chemine, un lion se promène dans les rues. »

Il y avait ici deux lions à leur porte et mes petits écoliers ne renonçaient pas pour cela à venir s'abreuver de sagesse et de science.

Nous atteignîmes bientôt la rangée de café marquée de calicot et nous la suivions en marchant l'un derrière l'autre, Denys devant et moi derrière. Nous avions chaussé des mocassins, grâce auxquels nous avancions sans bruit.

Et, brusquement, je me pris à trembler d'émotion. Je n'osais pas me rapprocher de Denys de crainte qu'il ne le remarque et me renvoie; je n'osais pas davantage m'éloigner de lui, car il pouvait avoir besoin de ma lampe d'un moment à l'autre.

Les lions, comme nous pûmes le constater ensuite, s'étaient attaqués au bœuf bien avant que nous arrivions.

Lorsqu'ils nous avaient entendus, ou peut-être sentis, ils s'étaient un peu écartés pour nous laisser passer. Peut-être trouvèrent-ils que nous allions trop lentement, car l'un d'eux fit entendre un grognement sourd, pas très loin devant nous et légèrement à droite.

C'était si étouffé que nous n'étions même pas sûrs de l'avoir entendu.

Denys s'arrêta et me demanda sans se retourner : « As-tu entendu? »

« Oui », répondis-je. Nous avançâmes encore un peu et le grondement fut répété, cette fois-ci sur notre droite.

« Lumière », demanda Denys.

Donner la lumière n'était pas aussi facile qu'on pourrait le croire, parce que Denys était beaucoup plus grand que moi et qu'il fallait que la lumière tombât de son épaule sur le fusil. Lorsque je fis jouer le déclic de la lampe, le monde devint une scène illuminée; les feuilles humides du café luisaient et la terre apparut profondément labourée.

Le jet de lumière rencontra d'abord un petit chacal aux grands yeux, qui avait l'air d'un renard. Je le dirigeai plus loin et je trouvai le lion. Il était là, presque contre nous, si lumineux qu'il en était presque blanc sur le fond noir de la nuit.

Lorsque le coup retentit presque contre mon oreille, je ne m'y attendais pas et je ne compris même pas ce qu'il signifiait. Ce fut comme la foudre après un coup de tonnerre, comme si j'avais été moi-même à la place du lion.

Celui-ci tomba comme une pierre.

« La lumière, vite », s'écria Denys.

Je ramenai la lumière vers la gauche, mais mon bras tremblait si fort que le cercle lumineux qui contenait le monde se livrait avec ma main à une danse désordonnée. J'entendis Denys rire à côté de moi dans l'obscurité.

Mais au milieu de la danse il y avait l'autre lion. Quand la lumière l'atteignit, il se retourna vers nous et Denys tira. Le lion échappa au cercle lumineux, mais il y rentra. Il avançait sur nous et quand le second coup partit le lion fit entendre un terrible rugissement.

L'Afrique en cet instant me parut infiniment grande et Denys et moi, perdus dans son immensité, infiniment petits.

Au delà de notre cercle de lumière, il n'y avait rien que la nuit, et, dans cette nuit, un lion. Sur lui comme sur nous tombait la pluie; lorsque le rauque rugissement se fut tu, rien ne troubla plus le silence, et quand j'abaissai la lumière, je vis le lion à terre, la tête à peine penchée comme s'il avait eu peine à se détourner de nous.

Il y eut ainsi deux grandes bêtes mortes dans le champ de café cette nuit-là.

Nous nous sommes alors rapprochés des lions pour mesurer à quelle distance de nous ils s'étaient trouvés. Le premier avait été tué à vingt-cinq mètres et le second à trente. C'étaient deux beaux lions adultes en parfait état.

Hier, les deux compères avaient tâté de l'aventure, le goût leur en était revenu aujourd'hui et voici qu'ils avaient trouvé la mort.

Tous les enfants étaient sortis de l'école et arrivaient en courant.

Ils s'arrêtèrent quand ils virent la lumière de nos lampes et s'écrièrent avec des voix inquiètes :

« Msabu, es-tu là? Es-tu là, Msabu? Msabu? »

Je m'assis sur l'un des lions et criai :

« Oui, je suis là. »

Rassurés, ils nous assaillirent de questions tous à la fois.

« Est-ce que Bédar a tué les lions? C'est lui qui les a tués tous les deux? »

Quand j'eus répondu « Oui », ils arrivèrent en courant et se mirent à sauter autour de nous comme une bande de jeunes levrauts. Tout en sautant ils se mirent à chanter une antienne de leur composition.

« Trois coups, deux lions! Trois coups, deux lions! »

Puis, à mesure que le nombre des voix augmentait, il y eut des variantes et des améliorations.

« Trois bons coups! Trois coups également magnifiques! Deux grands lions forts et féroces! »

Et tous reprirent en chœur l'abécé comme un refrain enthousiaste, car ils sortaient de l'école et ils avaient encore la tête pleine de ce qu'ils venaient d'apprendre.

Très vite il y avait eu foule autour de nous : les ouvriers du moulin, les squatters des manyattas les plus proches et mes gens avec des lanternes étaient arrivés successivement.

Ils entouraient les lions et échangeaient leurs impressions tandis que Kanuthra et Sicen commençaient à les dépouiller.

C'est la peau d'un de ces lions que je devais offrir au Grand Prêtre indien lors de sa visite à la ferme.

Pooran Singh lui-même parut sur la scène dans un négligé qui le diminuait encore et dans lequel il disparaissait, mais un sourire extasié d'Indien éclairait sa barbe noire touffue et il bégayait d'émotion. Il tenait surtout à obtenir un peu de graisse de lion, qui est un remède réputé. De la pantomime à laquelle il se livrait, je déduisis que le remède était contre la goutte et l'impuissance.

L'animation était grande sur le champ de café. La pluie avait cessé et la lune se mit à briller sur notre assemblée.

A peine avions-nous franchi le seuil de la maison que Jama nous apportait la bouteille de vin et la débouchait pour nous. Nous étions trop trempés par la pluie et trop maculés de sang pour nous asseoir. Aussi c'est debout, devant une flambée, dans la salle à manger, que nous avons savouré notre vin.

Nous nous taisions; nous venions de connaître une telle communion de pensée pendant notre chasse au lion, que nous n'avions plus rien à nous dire.

L'aventure obtint grand succès auprès de tous nos amis. Cependant, à la soirée du Club de Muthaïga, le vieux M. Bulpett ne nous adressa pas la parole.

C'est grâce à Denys Finch Hatton que j'ai connu la plus grande joie qui m'ait été réservée à la ferme. J'ai pu, grâce à lui, survoler l'Afrique.

Dans un pays où il y a peu de routes et où la pluie permet partout d'atterrir, on peut dire que l'avion a permis de découvrir un nouveau monde.

Denys avait ramené d'Angleterre son « Moth » avec lequel il pouvait atterrir à la ferme à quelques minutes du chemin. Nous prenions notre vol presque chaque jour.

On découvre les paysages les plus étonnants quand on survole les montagnes africaines. Mais ce sont peut-être les jeux de lumière entre les nuages qui réservent la surprise la plus merveilleuse. On traverse les arcs-en-ciel et les tempêtes vous emportent dans leurs remous.

La pluie qui cingle blanchit le monde et l'incline.

Le langage est dépourvu de mots pour peindre ce que l'on éprouve en volant; il n'est pas douteux que des termes nouveaux naîtront.

Le survol de la vallée du Rift et des volcans éteints de Suswa et de Longonot équivaut à un voyage dans la lune.

En rasant la terre, ce sont les animaux de la plaine que l'on découvre, heureux et libres ainsi que Dieu — après la

Création et avant qu'Adam leur ait donné un nom — aimait à les contempler.

Mais ce n'est pas tant ce que l'on voit — que le fait de voler — qui est un enchantement.

Il est si dur dans les villes, si opprimant de se sentir limité dans un espace réduit à une seule dimension! Les humains avancent sur des routes tracées comme s'ils étaient tenus par une laisse invisible!

Sortir de la route tracée en parcourant les champs et les bois est déjà une libération, mais ce n'est pas comparable à celle que l'on éprouve devant une nouvelle dimension. Un esclave qui découvre la Révolution française doit ressentir quelque chose d'analogue.

A mesure que l'on s'envole, on éprouve un indicible ravissement. Après des siècles de nostalgie, il semble que le cœur retrouve l'espace et que l'on échappe en avion à toutes les lois de la pesanteur : elles ne sont plus, « dans les vertes prairies de la vie, que des fauves domptés ».

Chaque fois que je suis montée en avion, j'ai eu l'impression d'échapper à la terre et de découvrir un nouvel univers. Je comprends maintenant que c'est à cet affranchissement des lois physiques que tenait mon ivresse.

Nous avons certain jour, Denys et moi, survolé le lac Natron, situé à cent cinquante kilomètres de la ferme et un peu plus bas.

La soude qu'il contient s'exporte dans le monde entier. Le fond du lac, de même que les rives, ont le gris de l'asphalte, et l'odeur de soude est très forte.

Le ciel était bleu ce jour-là, mais après avoir quitté la plaine et gagné la région basse du désert de pierre, il semblait que toute couleur fût consumée; la terre offrait l'aspect de l'écaille. En découvrant le lac, l'intensité de son bleu nous surprit. Ce fut un éblouissement brusque qui nous obligea d'abord à fermer les yeux.

Cette eau immobile, au milieu des terres brunes et calcinées, ressemblait à une aigue-marine.

Nous la survolions de très haut et à mesure que nous descendions, nous apercevions notre ombre bleu foncé qui courait sur l'azur clair de l'eau.

Des milliers de flamants étaient posés sur le lac. De quoi s'y nourrissaient-ils? Je l'ignore, car l'eau saumâtre de ce lac ne contient certainement pas de poissons.

A notre approche, ils s'envolèrent, nous les vîmes se déployer en cercles et en éventail dans le ciel comme les lueurs du crépuscule; il nous semblait contempler, à travers un kaléidoscope, de ravissants dessins chinois qu'un pinceau rapide aurait délicatement tracés pour nous sur porcelaine ou sur soie.

Nous avions atterri sur le rivage blême et brûlant et avions déjeuné tant bien que mal à l'abri de l'avion, dans l'ombre parcimonieuse de son aile.

Le soleil était si chaud, qu'il suffisait d'étendre la main quelques minutes en dehors de l'ombre protectrice, pour qu'elle devînt douloureuse. Nos bouteilles de bière, qui arrivaient en droite ligne de l'éther, étaient délicieusement fraîches en les ouvrant, elles ne tardaient d'ailleurs pas à atteindre la température d'une tasse de thé!

Pendant que nous étions arrêtés, nous vîmes apparaître à l'horizon, se dirigeant vers nous, un groupe de guerriers masaïs.

Ils avaient sans doute aperçu l'avion et venaient se rendre compte de ce qui se passait.

Les distances, pour eux, ne comptent pas, même dans une région comme celle du lac Natron. Ils marchaient en file indienne. Leurs silhouettes longues et minces et leurs armes aiguës et luisantes se détachaient comme un dessin au fusain, sur le sable décoloré. De toutes petites flaques d'ombre bleue se jouaient à leurs pieds; elles étaient, avec les nôtres, les seules ombres que l'œil pût découvrir.

Arrivés à notre hauteur, les Masaïs s'alignèrent, — ils étaient cinq. Ils examinèrent l'avion et en discutèrent entre eux; quelque trente ans plus tôt, pareille rencontre nous eût été fatale!

Au bout d'un moment, l'un d'eux se détacha du rang et s'adressa à nous, mais comme il ne parlait que masaï et que nous ne comprenions que très peu cette langue, la conversation fut vite épuisée.

Le parlementaire rentra alors dans le rang et quelques minutes plus tard, après s'être concertés, les cinq hommes nous tournaient le dos et repartaient, toujours en file indienne, sur la plaine de saumure et de feu.

« Veux-tu que nous allions jusqu'à Naïvasha, demanda Denys, seulement, je te préviens que le terrain est accidenté et que nous ne pourrons nous poser nulle part. Il faudra nous tenir à quatre mille mètres. »

Notre vol du lac Natron à Naïvasha fut pour moi « das Ding an sich ».

Nous avions monté tout droit à quatre mille mètres et à cette altitude il n'y a plus rien à regarder. J'avais enlevé mon bonnet de fourrure au lac Natron et le froid me saisissait la tête comme avec deux mains de glace. Mes cheveux flottaient en arrière et m'arrachaient la tête.

Nous suivions la même voie que l'oiseau Roc qui, chaque soir, revient de l'Uganda vers l'Arabie, un éléphant dans chaque serre, pour nourrir ses petits.

Dans un avion comme celui de Denys, le passager est assis devant le pilote, avec le vide devant soi; j'avais l'impression d'être portée à bras tendu comme le prince Ali qui traversait l'espace porté par son djinn, et il me semblait que les ailes qui m'enlevaient, tout étourdie, étaient celles du pilote.

Nous arrivâmes au-dessus de la ferme de nos amis à Naïvasha; les maisons minuscules et les arbres nains qui les entouraient s'aplatissaient contre terre en nous voyant descendre.

Quand Denys et moi ne disposions pas de beaucoup de temps, nous nous contentions d'un petit vol au coucher du soleil au-dessus des hauteurs du Ngong. Si belles qu'elles soient de la ferme, elles le sont encore plus quand on les regarde d'avion.

On voit d'abord l'arête des montagnes grandir et courir au rythme de l'avion, puis elle s'affaisse brusquement avant de disparaître dans l'herbe et la plaine.

Le Ngong est le pays des buffles. C'est là que j'avais tué un grand buffle mâle, alors que j'étais impatiente, au début de mon séjour, de chasser tous les gibiers qu'offre l'Afrique. Plus tard, lorsque je fus devenue moins curieuse de tuer les animaux que de les voir, j'avais à plusieurs reprises parcouru la montagne pour essayer d'apercevoir les buffles.

J'installais généralement ma tente à mi-hauteur, près d'une source où je laissais gens et provisions, et Farah et moi partions avant l'aube, dans l'air glacé du matin, pour surprendre le troupeau. Deux fois de suite nos tentatives étaient restées vaines.

Le voisinage des buffles était un des attraits de la ferme, mais nos voisins vivaient très retirés; ils se suffisaient à eux mêmes et représentaient fort bien une vieille aristocratie montagnarde qui ne recevrait plus.

Une après-midi où j'avais quelques personnes pour le thé, Denys nous survola, il venait de Nairobi et se dirigeait vers l'Ouest. Très peu de temps après nous le vîmes revenir et descendre pour atterrir à la ferme; Lady Delamere et moi avions alors pris la voiture pour aller à sa rencontre, mais il ne voulait pas descendre. « Les buffles, nous dit-il, sont à paître sur la hauteur, venez donc les voir.

— Impossible, répondis-je, j'ai du monde.

— Oh! qu'est-ce que cela fait, reprit-il, montez et dans un quart d'heure nous serons de retour. »

Ceci ressemblait au genre d'invitations que l'on reçoit dans les rêves. Lady Delamere ne voulant pas voler, je partis donc seule avec Denys.

Nous volions contre le soleil et la pente de la montagne apparaissait dans l'ombre; nous sommes entrés dans cette ombre brune et transparente, et presque aussitôt nous apercevions les buffles; ils se trouvaient sur les pentes gazonnées qui partent du sommet comme les plis d'un vêtement.

Un troupeau d'une trentaine de bêtes pâturait; de loin elles ne paraissaient pas plus grosses que des souris sur un plancher.

Nous descendîmes assez bas pour les bien distinguer, nous étions si près que nous aurions pu les tuer, et nous pouvions les compter pendant qu'elles se groupaient et se séparaient.

Il y avait dans le troupeau un vieux taureau noir, deux jeunes taureaux et plusieurs petits veaux. La prairie où ils se tenaient était entourée d'éboulis et de failles, si bien qu'il eût été impossible à pied de les surprendre, ils auraient entendu la moindre approche et se seraient enfuis avant d'être découverts. Mais ils n'avaient point prévu une attaque venant du ciel!

Ne pouvant maintenir l'avion immobile, nous volions en cercle autour d'eux. Ils entendirent le bruit de notre moteur et cessèrent de paître, mais il ne semblait pas qu'ils eussent l'idée de lever la tête. Ils comprirent finalement qu'il se passait quelque chose d'anormal. Le vieux mâle se plaça devant le troupeau et soulevant fièrement ses cinquante kilogs de bois, il se dressa sur ses quatre pieds, comme s'il voulait défier l'ennemi invisible. Puis, il se mit à trotter sur l'arête, et brusquement il partit, entraînant au galop tout le troupeau qui dévala dans la faille, en faisant voler les pierres et en soulevant un nuage de poussière. Les buffles s'arrêtèrent au milieu de la faille, où nous les découvrîmes bientôt, serrés les uns contre les autres. On eût dit, d'en haut, que la faille étroite était pavée de grosses dalles brunes. Ils se croyaient bien à l'abri dans leur précipice. Et, de fait, aucun chasseur n'eût pu les y découvrir, mais ils ne pouvaient se soustraire au regard des oiseaux du ciel que nous étions.

Nous reprîmes de la hauteur pour rentrer; il me semblait avoir été emportée au cœur de l'Afrique par une route inconnue.

Quand je retrouvai mes invités, la théière apportée sur la table de pierre était encore si chaude qu'elle me brûla les doigts. Je venais de faire la même expérience que le Prophète : il venait de renverser une cruche d'eau lorsque l'archange Gabriel le ravit au septième ciel. Quand il revint, l'eau de la cruche n'avait pas fini de s'écouler.

Nous connaissions aussi deux grands aigles dans la chaîne du Ngong.

« Si nous allions voir les aigles? » proposait parfois Denys.

Je n'ai vu qu'une seule fois l'un des aigles posé; il était sur une pierre près du sommet et je l'ai vu s'envoler. Je crois que leur vie se déroulait dans l'air. Denys prétendait qu'il pouvait distinguer la femelle du mâle et qu'elle était la plus grande; nous nous sommes amusés plusieurs fois à poursuivre les aigles, comme eux plongeant, virant, tantôt sur une aile, tantôt sur l'autre. Je crois que les oiseaux jouaient avec nous. Certain jour où nous volions côte à côte, Denys arrêta sa machine brusquement et j'ai entendu l'aigle crier.

Les indigènes de la ferme aimaient beaucoup l'avion de Denys; ils le considéraient un peu comme leur propriété. La grande mode était de le dessiner, ce qui me valut de voir son image à la craie jusque sur les murs de ma cuisine, avec les majuscules A.B.A.K. soigneusement reproduites.

Mais, à vrai dire, ni l'appareil ni le fait de voler n'intéressaient beaucoup les indigènes.

Les Noirs ont pour la grande vitesse la répugnance que nous éprouvons pour le vacarme. Ils savent jouir de la durée. Jamais l'idée de la réduire ou de tuer le temps ne leur viendra; plus il leur est donné d'en jouir et plus ils sont satisfaits.

Si vous donnez votre cheval à garder à un indigène, pendant que vous faites une visite, inutile de vous hâter, son visage vous dira qu'il ne souhaite aucunement que la visite soit rapide. Loin de chercher à occuper un loisir imprévu, il s'assiéra et se contentera de vivre.

Lorsque six avions venant de Khartoum se posèrent à Dagoretti, à côté de Nairobi, les Européens accoururent de fort loin pour les voir. Parmi ceux qui avaient des autos, certains avaient songé à leurs serviteurs indigènes, pour ne pas les priver d'un tel spectacle.

L'enthousiasme était grand parmi les spectateurs. Mais alors que celui des Européens venait du plus profond d'eux-mêmes, les indigènes manifestaient comme les autres parce qu'ils ne voulaient pas se distinguer de la foule, mais à vrai dire ils ne comprenaient pas qu'il y eût tant lieu de se réjouir; ils avaient déjà vu les oiseaux voler.

Les indigènes, en général, n'admirent guère ce qui est machine. Il y a bien parmi les jeunes un petit groupe que la passion de l'auto a saisi, mais un vieux Kikuyu me disait en m'en parlant qu'il ne voyait pas de longue vie devant eux. Peut-être avait-il raison; les renégats dans une nation sont presque toujours des faibles.

Parmi les bienfaits de la civilisation, ceux que les indigènes apprécient le plus, ce sont les allumettes, la bicyclette et le fusil. Encore tout cela n'existe-t-il plus dès qu'il est question d'une vache.

Frank Greswolde Williams, qui avait emmené à Londres un jeune Masaï comme groom, me disait que, huit jours après son arrivée, ce jeune noir montait ses chevaux dans Hyde Park comme s'il était né sur les bords de la Tamise.

Lorsque le jeune homme revint en Afrique, je lui demandai ce qui l'avait le plus frappé en Angleterre. Il réfléchit un moment : c'étaient les ponts que les Européens construisaient sur leurs rivières qui l'avaient le plus surpris.

Je n'ai jamais connu d'indigène qui, de soi-même, sans y être poussé par une circonstance extérieure, éprouvât pour le mouvement mécanique d'autre sentiment qu'une méfiance un peu gênée.

L'esprit des hommes répugne en général à tout ce qui est sorcellerie. Ceux-ci peuvent être amenés parfois à s'intéresser aux effets de la magie, mais ils préfèrent en ignorer la

technique. Personne n'a jamais essayé d'arracher a une sorcière le secret de ses philtres.

Au retour d'une de nos promenades en avion, comme
nous venions d'atterrir dans la plaine, un vieux Kikuyu vint
me trouver : « Tu es montée très haut aujourd'hui, me dit-il,
nous ne pouvions même plus te voir; ta machine ne faisait
pas plus de bruit qu'une abeille. »

Je lui dis qu'en effet nous avions été très haut.

« Est-ce que tu as vu Dieu? me demanda-t-il.

— Non, Ndwetti, je n'ai pas vu Dieu, lui dis-je.

— C'est que sans doute, reprit-il, tu n'es pas allée assez
haut. Mais, dis-moi, crois-tu qu'avec cet oiseau tu puisses
aller assez haut pour voir Dieu?

— Ça je ne sais pas, Ndwetti, répondis-je.

— Et toi, Bédar, demanda-t-il en se retournant vers Denys,
que crois-tu?

— Je ne sais vraiment pas, déclara Denys.

— Si c'est ainsi, dit Ndwetti, je ne vois vraiment pas
pourquoi vous deux vous continuez à voler. »

DEUXIÈME PARTIE

NOTES D'UNE ÉMIGRANTE

LA NATURE SE VENGE.

Mon gérant qui, pendant la guerre, avait acheté des bœufs pour l'armée, s'était rendu dans la Réserve Masaï pour y acheter de jeunes bêtes issues d'un croisement entre le bétail des Masaïs et des buffles.

On a beaucoup discuté la question de savoir s'il était possible de réaliser dès croisements entre animaux domestiques et animaux sauvages.

Des essais ont été tentés, en ce qui concerne la race chevaline, pour essayer d'obtenir un type mieux adapté au climat et au pays. On a essayé en particulier de croiser des zèbres et des chevaux. Mais je n'ai aucune expérience personnelle du résultat.

Mon gérant ne doutait pas que les bêtes qu'il venait d'acheter ne fussent le produit de tels croisements entre vaches et buffles.

Les Masaïs lui avaient raconté que leur croissance avait été beaucoup plus lente que celle des veaux ordinaires. Très fiers au début de ces demi-buffles, ils cherchaient actuellement à s'en défaire, car c'étaient des bêtes difficiles. Nous en fîmes bientôt l'expérience!

Que ce fût pour le trait ou pour la charrue, les dresser n'était pas mince besogne.

Un jeune mâle donna particulièrement du fil à retordre au gérant et aux conducteurs indigènes : il fonçait sur les hommes et brisait tous les jougs. Dès qu'on essayait de l'entraver, il écumait et rugissait en soulevant la terre, il avait les yeux tout injectés et même par les naseaux, disaient mes gens, il crachait le sang.

Après de telles séances, les hommes étaient aussi épuisés que la bête et la sueur ruisselait de leurs corps.

« Pour en finir avec lui, m'expliqua mon gérant, je l'avais laissé bien ligoté dans le parc à bœufs. Je lui avais même enroulé le mufle avec une courroie. Immobilisé et sans voix

comme il l'était, ce taureau faisait encore entendre un grondement étouffé comme un râle et la fumée sortait de ses
naseaux.

« Je pensais à la joie que j'éprouverais après cela, poursuivait mon gérant, à le voir de longues années sous le joug.
Puis je suis allé me coucher, tout prêt à rêver du taureau noir.

« Je fus éveillé au milieu de la nuit par un tintamarre. Les
chiens hurlaient, les indigènes criaient et appelaient près du
parc à bœufs.

« Les garçons d'écuries arrivèrent en claquant des dents et
me dirent qu'un lion venait de s'introduire dans le parc.

« Nous avons couru sur les lieux avec des lanternes, j'avais
décroché mon fusil au passage.

« A mesure que nous approchions, le vacarme s'apaisait. A
la lueur des lanternes, je vis une bête tachetée qui s'en-
fuyait. Un léopard s'était attaqué à l'animal immobilisé et
lui avait dévoré une jambe de derrière.

« Il était écrit que jamais nous ne verrions ce taureau sous
le joug. Aussi, conclut mon gérant, je pris mon fusil et j'ache-
vai la bête. »

Les mouches de feu.

Lorsque la saison des pluies touche à sa fin et que les
nuits commencent à devenir plus froides sur la hauteur, vers
le début de juin, les mouches de feu sortent des bois.

Certain soir, on en rencontre deux ou trois comme des
étoiles solitaires et égarées qui volent dans l'air frais. Elles
s'élèvent et retombent comme les vagues de la mer. On
dirait qu'elles s'inclinent en de profonds saluts les unes devant
les autres.

On voit les petites lumières s'allumer ou s'éteindre suivant le rythme de leur vol. Si l'on capturait ces insectes
on verrait au bout d'un instant leur petite lanterne s'allumer sur la paume de la main.

Elles répandent une lumière curieuse, mystérieuse comme
un signal; la chair qu'elles éclairent prend une couleur ver-
dâtre.

La nuit qui suit leur apparition, le bois est envahi par
des milliers de mouches de feu.

Pour une cause que j'ignore elles se maintiennent constamment à la même hauteur entre un et deux mètres. On

dirait que tout un essaim d'enfants de six à sept ans courent à travers le bois sombre avec des lampes ou mieux en tenant à la main des petits bâtons rendus phosphorescents et que tout en courant ils bondissent puis s'inclinent, qu'ils dansent et jouent avec leurs petites torches. Tout le bois est frémissant d'une vie mystérieuse qui s'épanouit sans bruit.

LES SENTIERS DE LA VIE.

Lorsque j'étais enfant, on me montrait une image, qui était presque une image animée, en ce sens qu'elle se formait sous les yeux du spectateur et que l'artiste l'accompagnait de commentaires, toujours rigoureusement identiques :

« Dans une petite maison toute ronde, avec une fenêtre toute ronde et au milieu d'un jardin en forme de triangle vivait un homme.

» Non loin de la maison se trouvait un lac avec  beaucoup de poissons, que l'homme pêchait et vendait en ville.

» Une nuit il fut réveillé par un terrible vacarme, il se leva dans l'obscurité pour aller voir ce qui se  passait et prit le chemin qui conduisait au lac. »

Ici le narrateur se mettait à dessiner le chemin parcouru par l'homme.

« Il prit en commençant la direction du Sud, mais il trébucha contre une pierre qui était au milieu du chemin, peu après il tombait dans un trou, il se releva mais pour tomber dans un deuxième trou, il se releva mais retomba dans un troisième trou; il en sortit encore.

» Il se rendit compte alors qu'il s'était trompé  et que le bruit ne venait plus du côté où il pensait; il revint sur ses pas et courut vers le Nord, alors il lui sembla encore une fois que le bruit venait du Sud et il revint sur ses pas.

» Il commença par trébucher sur une grosse pierre qui était juste au milieu du chemin. Peu après il tombait dans un trou, il en sortit, mais il tomba dans un deuxième trou, en sortit, puis tomba encore dans un troisième trou d'où il sortit aussi.

» A ce moment-là il put mieux situer le bruit, il venait cette fois-ci, il en était sûr, de l'extrémité du lac. Il s'y précipita et constata qu'il y avait une fuite dans le barrage par où l'eau s'écoulait en entraînant les poissons.

» L'homme se mit à réparer la fuite, il passa la nuit à travailler, et quand il eut fini, il alla se coucher.

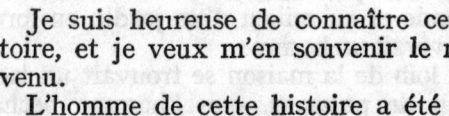

» Lorsqu'il se réveilla le lendemain matin et qu'il regarda par sa fenêtre ronde... » Ici le narrateur avant de terminer son histoire tire un dernier effet de la question suivante qu'il doit poser aussi dramatiquement que possible :

« Et qu'est-ce qu'il vit?

— ... Une cigogne! »

Je suis heureuse de connaître cette histoire, et je veux m'en souvenir le moment venu.

L'homme de cette histoire a été cruellement trompé et sa route a été semée d'embûches. Quelle série de malchances! a-t-il pu penser. Sans doute s'est-il demandé quel pouvait bien être le but de tant d'épreuves. Comment aurait-il su que c'était une cigogne?

Mais à travers tous les malheurs, il garda la foi et ne perdit point courage. Il ne rentra chez lui qu'après avoir terminé ce qu'il avait à faire.

Il avait rempli sa tâche fidèlement et sa récompense, le lendemain matin, fut de découvrir une cigogne.

Il a dû bien rire alors.

La voie obscure et étroite que je suis, et les trous dans lesquels je tombe, et où je demeure, de quel oiseau peuvent-ils bien être les griffes?

Lorsque le dessin de ma vie sera achevé, les autres découvriront-ils une cigogne?

Un vers de l'*Enéide* chante dans ma mémoire :

« Infandum, regina, jubes renovare dolorum. »

Troie en flammes. Sept années d'exil. Treize bons vaisseaux perdus. Que pouvait-il sortir de tout cela?

Il en est sorti, nous le savons maintenant, « une élégance inimitable, beaucoup de majesté et d'incomparable douceur »

On ne lit pas sans épouvante la Passion du Christ .

« Il a été crucifié, est mort et a été enseveli; est descendu aux enfers et le troisième jour est ressuscité des morts; est monté aux cieux, est assis à la droite de Dieu le Père tout-puissant d'où il viendra juger les vivants et les morts. »

Que d'épreuves et combien plus terribles que dans notre histoire.

Qu'en est-il résulté?

Le second article du *Credo* de plus de la moitié du monde.

L'HISTOIRE D'ESA.

Pendant la première année de la guerre, j'ai eu un cuisinier nommé Esa.

C'était un homme sage qui avait autant de douceur que d'années.

Un jour où j'achetais du thé chez Duncan, le grand épicier de Nairobi, une petite dame au visage pointu s'approcha de moi et me dit qu'elle avait appris qu'Esa était employé chez moi.

« C'est exact, lui dis-je.

— Mais Esa a servi chez moi avant d'aller chez vous, me dit-elle, et je voudrais le reprendre. »

Je lui répondis que je regrettais, mais que ce n'était pas possible.

« Je n'en suis pas du tout sûre, me dit-elle, mon mari est fonctionnaire. Voulez-vous dire à Esa, quand vous rentrerez, que s'il ne vient pas, il sera réquisitionné pour le corps expéditionnaire. Je me suis laissé dire, ajouta-t-elle, que vous ne seriez pas en peine pour vous faire servir. »

Je ne parlai pas tout de suite à Esa de cette rencontre avec sa précédente patronne; ce n'est que le lendemain soir que l'épisode me revint à l'esprit, et que je lui transmis la commission dont j'avais été chargée pour lui.

Je fus stupéfaite de constater l'effet que produisit sur lui cette communication.

Esa fut à la fois épouvanté et désespéré. « Pourquoi, Msabu, ne me l'as-tu pas dit tout de suite? s'écria-t-il, cette dame fera certainement comme elle a dit, mieux vaut que je parte tout de suite.

— Mais c'est absurde, lui dis-je, je ne puis pas comprendre que tu te mettes dans un tel état.

— Que Dieu m'assiste si ce n'est pas déjà trop tard! dit-il.

— Mais que vais-je devenir sans cuisinier? lui demandai-je.

— Oui, comment vas-tu faire, dit Esa, mais si je suis
pris pour le corps expéditionnaire, tu n'auras pas davantage de cuisinier, ce serait pareil si j'étais mort; ce qui ne
tardera pas à se produire. »

La crainte de faire partie du corps expéditionnaire était
si forte à l'époque qu'Esa ne voulut rien entendre.

Il me demanda de lui prêter une lanterne et se mit en
route au milieu de la nuit pour Nairobi après avoir enveloppé tout ce qu'il possédait dans un mouchoir.

Esa fut absent de la ferme pendant à peu près un an.

Pendant toute cette période, je ne l'aperçus qu'une ou
deux fois à Nairobi et une autre fois sur la route du Ngong.

Cette année marqua pour lui; il était vieilli et maigri,
avec un visage creusé de rides et des cheveux qui commençaient à grisonner sur le sommet de la tête quand il nous
revint. En ville il ne voulait pas me parler, mais une fois
où je le rencontrai dans la campagne et fis arrêter ma voiture, il déposa le panier rempli de poules qu'il portait sur
la tête, et vint vers moi.

Il avait toujours sa même expression souriante, mais en
lui quelque chose était changé et il était difficile de reprendre
le contact avec lui. Pendant tout le temps que dura notre
conversation, il m'apparut distrait et lointain. Sans doute
avait-il été maltraité ou terrifié, car il avait contracté un
engagement dans les « Réservistes », ce que j'ignorais.

Toutes ses épreuves l'avaient en quelque sorte purifié et
détaché des contingences. Il me fit l'effet de ces amis d'enfance que l'on revoit dans un cloître.

Il me demanda des nouvelles de tous et de chacun à la
ferme, bien convaincu comme tous les domestiques indigènes
qu'en son absence les autres domestiques se conduisaient
aussi mal que possible à l'égard du maître. Il me demanda
si la guerre serait bientôt finie. Je lui répondis que d'après ce que
j'avais entendu dire, elle ne pouvait plus durer longtemps.

« Si elle dure encore dix ans, me dit Esa, j'aurai oublié
toutes les recettes que tu m'as apprises. »

Ce vieux Kikuyu, sur sa route poussiéreuse, connaissait
les mêmes inquiétudes que Brillat-Savarin qui prétendait que,
si la Révolution française avait duré cinq ans de plus, le
secret du ragoût de volaille aurait été perdu.

Je compris qu'Esa était bien plus préoccupé pour moi que pour lui; pour échapper à sa compassion, je lui demandai s'il ne se trouvait pas trop mal à Nairobi.

Il réfléchit à ma question avant de répondre; elle remuait en lui des idées très profondément enfouies.

« Te souviens-tu, Msabu, répondit-il finalement, que tu m'as dit une fois combien tu plaignais les pauvres bœufs des Indiens qui vendent les bûches et les fagots, parce qu'il n'y avait jamais de dimanche pour eux. Chaque jour que Dieu fait, on les attelle, ils n'ont jamais de congé pour se reposer comme les bœufs de la ferme. Eh bien, vois-tu, je suis comme ces bœufs. »

Après avoir parlé ainsi, Esa détourna un peu les yeux, comme pour s'excuser d'en avoir tant dit.

Les indigènes, en général, n'ont guère pitié des animaux. Mes réflexions sur les bœufs avaient dû paraître sur le moment bien peu compréhensibles à Esa. Le fait de se les rappeler, pour expliquer son cas, lui paraissait encore un peu inexplicable.

Pendant toute la durée de la guerre, j'avais été victime d'un censeur suédois qui ouvrait toutes mes lettres.

Il n'avait jamais rien trouvé de suspect en elles, mais je crois que cet homme, qui menait une existence monotone, s'était petit à petit intéressé aux gens dont je parlais et qu'il lisait mes lettres comme d'autres lisent un feuilleton.

Inutile de dire que je ne manquais pas d'agrémenter mes lettres de menaces à son adresse lorsque la guerre cessait!

Je ne sais pas si c'est la crainte ou le remords qui l'animèrent, toujours est-il que lorsque la nouvelle de l'armistice parvint à Nairobi, ce fut lui qui m'en avisa par exprès.

J'étais seule à la maison. Un grand calme régnait sur la campagne. Il était étonnant de penser que sur le front aussi le silence régnait maintenant et que le canon s'était tu.

Il me semblait que, dans le silence revenu, l'Europe se rapprochait de l'Afrique, au point qu'en prenant le sentier du bois, je pourrais déboucher près des tranchées.

En rentrant chez moi, je vis une silhouette noire devant ma maison. C'était Esa. Esa avec son paquetage. Il me dit qu'il arrivait pour rester, et qu'il m'avait apporté un cadeau.

Le cadeau d'Esa était un dessin soigneusement encadré et protégé par un verre. Ce dessin à la plume représentait un arbre couvert de petites feuilles vertes, il y en avait des centaines, et chacune portait en caractères arabes minuscules un mot écrit à l'encre rouge

Je pensais qu'il s'agissait de mots empruntés au Coran et je demandai à Esa ce qu'ils signifiaient, mais Esa qui polissait le verre du cadre avec son bras, n'en savait rien. Il m'assura que c'était un magnifique cadeau.

Il l'avait fait faire pendant son année d'exil par le vieux prêtre mahométan de Nairobi.

Esa resta chez moi jusqu'à sa mort.

LES IGUANES.

Dans la Réserve il m'a été souvent donné de voir des iguanes, alors que posés sur une grande pierre plate au fond du lit desséché d'un torrent, ils se chauffaient au soleil.

Comme forme, ils n'ont rien de remarquable, mais leurs couleurs sont féeriques, elles ont l'éclat des pierres précieuses; quant à eux, on les croirait détachés d'un vitrail ancien.

Dès que l'on s'approche d'eux ils s'enfuient, et c'est pour les yeux un éblouissant mélange de bleu ciel, de vert et de rouge, sur les pierres blanches, un véritable arc-en-ciel qui les suit comme la queue des comètes.

J'ai une fois tué un iguane, je me réjouissais à l'avance de tout ce que je pourrais faire de sa peau et je fus témoin d'un phénomène que je n'ai jamais oublié.

Pendant que je franchissais les quelque vingt pas qui le séparaient de moi, je le vis se faner sous mes yeux, comme si tout son éclat s'exhalait en un long soupir et lorsque je pus le toucher, ce n'était plus qu'un bloc de ciment gris mat.

C'est le sang qui court sous la peau de la bête qui lui donne son merveilleux éclat.

Lorsque la flamme est éteinte et l'âme envolée, l'iguane n'existe pas plus qu'un tas de sable.

Toutes les fois qu'il m'est arrivé de tuer des iguanes, je me suis souvenue du premier que j'avais tué dans la Réserve.

A Méru, j'ai vu une fois au bras d'une petite fille indigène, un bracelet formé d'une lanière de cuir d'un centimètre environ, brodée de turquoises de tous les tons depuis le bleu ciel jusqu'à l'outremer et au bleu vert.

C'était un bijou qui paraissait vivre sur son bras, j'en eus envie et laissai Farah le lui acheter.

Mais il n'était pas plus tôt sur mon poignet que la vie s'en échappa. Je n'avais plus qu'un morceau de verroterie sans valeur

C'est le jeu des couleurs, le turquoise et le « tête de nègre », qui faisait l'éclat du bracelet.

Au musée zoologique de Peter Maritsburg j'ai vu, dans une vitrine, un poisson des grandes profondeurs qui, empaillé, avait conservé ses couleurs.

On se demande ce que peut être la vie au fond des mers pour produire des êtres si puissants et si aériens.

Je me rappelle, à Méru, être restée à regarder le bracelet éteint sur mon bras pâle, il me semblait qu'un peu de noblesse venait d'être profanée. C'était si triste que la parole du héros me revint à l'esprit :

« Je les ai tous vaincus, mais je demeure seul au milieu des tombes. »

Dans un pays étranger et devant les aspects nouveaux, qu'y revêt la vie, il faudrait savoir ce qui, jusque dans la mort, conserve sa valeur.

Si j'ai un conseil à donner à ceux qui débarquent en Afrique, c'est de ne pas tuer d'iguanes.

FARAH ET LE « MARCHAND DE VENISE ».

J'avais reçu du Danemark une lettre où il était question d'une nouvelle mise en scène du *Marchand de Venise*. En relisant cette lettre le soir, toute la pièce me revint à l'esprit avec tant de précision, les personnages s'empressaient autour de moi si vivants, qu'il me fallut appeler Farah pour lui en raconter l'intrigue.

Farah, comme tous les Arabes, adorait les histoires, mais il fallait que nous fussions seuls dans la maison pour qu'il consentît à m'écouter. C'est donc le soir quand tous mes gens avaient regagné leurs huttes, et un promeneur attardé qui nous aurait vus à travers les vitres aurait pu croire que nous étions absorbés par les détails domestiques, que je pouvais me laisser aller à conter.

Farah debout à l'extrémité de la table, immobile, les yeux graves, m'écoutait alors sans perdre un détail.

Il prêta une attention particulière aux démêlés entre Antonio, Bassanio et Shylock. Il s'agissait évidemment là d'une de ces affaires compliquées, un peu en marge des lois, qui font toujours la joie des Somalis.

Il me posa quelques questions sur la clause relative à la livre de chair; pour singulière qu'elle fût, elle ne lui parut

point anormale, on comprenait que des gens puissent tenir
à la chair de leur ennemi.

Le récit en prenait une allure sanguinaire qui plaisait à
Farah.

Lorsque Portia parut sur la scène, il devint encore plus
attentif. Il se l'imaginait je pense sous les traits d'une Somalie, d'une Fathma, qui mettrait « toutes voiles dehors » et qui
se ferait habile et insinuante pour triompher de l'homme.

Les gens de couleur ne prennent pas parti dans une histoire.
L'intérêt d'un conte réside pour eux dans le développement
de l'intrigue.

Les Somalis qui ont, dans la vie réelle, un sens si net des
valeurs et qui sont toujours prompts à s'indigner devant la
vertu outragée manifestent des réactions toutes différentes
dans le domaine littéraire. Toutes les sympathies de Farah
étaient pour Shylock qui avait rempli sa part du contrat; sa
défaite l'affligeait. « Comment le Juif, disait-il, a-t-il pu renoncer à ce qui lui était dû? Il n'aurait jamais dû le faire; il avait
droit à sa livre de chair et ce n'était pas trop pour tout l'argent qu'il avait donné.

— Mais que pouvait-il faire, répondis-je, étant donné qu'il
ne pouvait pas répandre une seule goutte de sang?

— Memsahib, il aurait pu employer, dit Farah, un couteau
chauffé à blanc, il n'y aurait pas eu de sang.

— Mais, repris-je, il ne pouvait prélever que strictement
la livre de chair à laquelle il avait droit, ni plus, ni moins.

— Et après! dit Farah, est-ce qu'un Juif aurait dû s'effrayer de cela, il lui suffisait de prélever très peu à la fois et
d'avoir une petite balance pour peser exactement sa livre. Le
Juif n'avait donc aucun ami qui pût le conseiller? »

Tous les Somalis ont très facilement l'air dramatique. Il
eût suffi du moindre geste, d'un changement insignifiant d'attitude pour que Farah parût très dangereux, aussi dangereux
que si, devant le tribunal de Venise, il avait voulu insuffler
du courage à son ami Shylock, en face des partisans d'Antonio
et du Doge lui-même.

Il mesurait des yeux la silhouette du marchand qui offrait
sa poitrine au couteau.

Il passa sa langue sur ses lèvres.

« En tout cas, Memsahib, conclut-il, en prélevant des morceaux petits, tout petits, il aurait pu faire beaucoup de mal
à cet homme avant de lui avoir enlevé une livre.

— Sans doute, lui dis-je, mais dans l'histoire le Juif a rénoncé.

— C'est bien dommage, Memsahib », dit Farah.

L'ÉLITE DE BOURNEMOUTH.

J'ai eu pour voisin un fermier qui avait été médecin en Angleterre. Je fis appel à lui certain jour, pour une femme qui accouchait à la ferme et que je sentais en danger.

Je ne pouvais aller jusqu'à Nairobi, car les pluies avaient rendu les routes impraticables; j'écrivis donc à mon voisin, lui demandant de me rendre le très grand service de venir l'assister.

Il accourut sous un déluge accompagné de tonnerre et put, malgré les inondations, arriver juste à temps pour sauver la mère et l'enfant.

Il m'écrivit quelques jours plus tard pour me prévenir que, si pour une fois et à ma requête il avait soigné une indigène, c'était un fait qui ne devait pas se renouveler.

Il était d'ailleurs persuadé que je le comprendrais, quand il m'aurait dit que toute sa clientèle jusqu'à présent avait appartenu à l'élite de Bournemouth.

SUR LA FIERTÉ.

Le voisinage des régions de chasse réservée, de même que le voisinage des fauves donnaient à la ferme un caractère particulier. Quelque chose comme le fait d'habiter à Versailles au temps du Grand Roi.

Un peuple fier nous entourait et nous le sentions.

Le Barbare cultive sa fierté, mais n'admet point celle des autres. Je veux être civilisée et j'aimerai la fierté de mes adversaires, celle de mon serviteur comme celle de mon amant, et en toute humilité je m'efforcerai que ma maison, si isolée qu'elle soit, reste une demeure civilisée.

La fierté, c'est la conscience que nous avons des desseins de Dieu sur nous, lorsqu'il nous créa; c'est aussi la confiance que ces desseins nous inspirent.

L'homme fier a le sentiment que sa raison d'être est de les accomplir.

Il ne recherche ni le bonheur ni le bien-être, qui peuvent ne pas concorder avec les visées que Dieu a sur lui.

Son succès est le succès du plan divin et il est amoureux de son sort, de même que les bons citoyens trouvent leur bonheur dans l'accomplissement de leur devoir civique.

L'homme fier trouve le sien dans l'accomplissement de son destin.

Les êtres sans fierté ignorent qu'une idée divine a présidé à leur création, ils peuvent arriver à faire douter les autres que semblable idée ait existé.

Peut-être a-t-elle été oubliée pour eux? Qui saura la retrouver?

Les êtres sans fierté sont obligés de se fier à ce que pensent les autres et de s'en rapporter à l'opinion commune pour se juger eux-mêmes ou pour apprécier le bonheur.

Ils tremblent, non sans raison, devant le destin qui les attend et cherchent à s'y soustraire.

Aime la fierté de Dieu par-dessus tout, et celle de ton voisin comme la tienne.

Respecte la fierté des lions, ne les mets pas dans des jardins zoologiques. Respecte la fierté de tes chiens et ne leur permets pas d'être gras.

Aime la fierté de tes partisans et ne leur permets pas de s'attendrir sur eux-mêmes.

Aime la fierté des vaincus et qu'il leur soit permis d'honorer leur père et leur mère.

LES BŒUFS.

Le samedi après-midi était le meilleur moment de la ferme.

D'abord nous savions qu'il n'y aurait pas de courrier avant le lundi après-midi.

La menace des lettres d'affaire était donc suspendue; cela suffisait pour que je sente la ferme protégée comme par une enceinte fortifiée.

En second lieu, tous les travailleurs se réjouissaient à la pensée du dimanche qui leur permettrait de se reposer ou de s'amuser, ou, pour les squatters, de travailler pour eux.

Personnellement, le samedi soir, c'est encore la pensée des bœufs qui me donnait le plus de joie. J'allais ce jour-là les regarder dans leur parc vers six heures, quand ils rentraient, leur journée finie.

« Demain, me disais-je, ils pourront pâturer toute la journée, ils n'auront rien d'autre à faire. »

Nous avions cent trente-deux bœufs à la ferme, ce qui correspondait à huit attelages, plus quelques bœufs de supplément.

Je les regardais rentrer dans la poussière dorée du soleil couchant; ils traversaient la plaine en longue file, toujours calmes et méthodiques, pendant que je fumais la cigarette de la paix assise sur la barrière de leur parc. Voici Nyose, Ngufu, et Faru avec M'semju dont le nom sert à désigner l'Européen.

Les conducteurs baptisent très souvent leur attelage du nom d'un Blanc connu et Delamere était devenu un nom très répandu.

Voici aussi le vieux Malinda, le grand bœuf jaune qui est mon favori.

Sa robe est marquée d'ombres en forme d'étoiles de mer, c'est peut-être ce qui lui a valu son nom, car Malinda veut dire jupe.

Quand on appartient à une nation civilisée, on éprouve quelque honte en pensant aux quartiers pauvres. En Afrique, c'étaient mes bœufs qui troublaient ma conscience. Je pensais de mes bœufs ce que les rois, je suppose, pensaient des chômeurs :

« Vous êtes moi, et je suis vous. »

Ce sont les bœufs qui ont en Afrique payé le plus lourd tribut à la civilisation.

Partout où une terre a été défrichée, ce sont eux qui l'ont défrichée, peinant, suant, enfonçant jusqu'au jarret dans la terre, devant la charrue, avec la menace des longs fouets suspendue au-dessus d'eux.

Partout où un chemin fut tracé, ce sont eux qui l'ont tracé et ils ont remorqué le fer et les outils à travers le pays sous les encouragements et les vociférations des conducteurs, à travers les terrains caillouteux de la montagne, comme à travers les hautes herbes de la plaine, car il n'y avait pas d'autres chemins.

Dès l'aube, ils ont remonté et descendu les collines, traversé les vallées et le lit des rivières, et cela aux heures les plus brûlantes.

Leurs flancs ont été zébrés de coups de fouet et l'on rencontre des bœufs qui ont perdu un œil ou les deux yeux d'un seul coup de ces fouets à lanières.

Les bœufs des Indiens, comme ceux de beaucoup d'entre-

preneurs européens, travaillent tous les jours de leur vie
sans jamais connaître de dimanche.

Nous avons de grands torts envers le bœuf; on peut dire
que le taureau est constamment furieux, qu'il roule les yeux,
martèle le sol et fonce sur tout ce qu'il voit, mais du moins
il vit, le feu jaillit de ses naseaux et la vie de ses reins.

Ses jours sont marqués par des exigences sans doute, mais
quelquefois aussi par des satisfactions.

De tout cela nous avons privé les bœufs et en échange
que leur avons-nous laissé? Nous avons disposé de leur
existence, les bœufs sont condamnés à nous suivre partout
et à partager notre vie quotidienne, ils portent nos fardeaux
et les tâches les plus lourdes leur sont réservées. Ce sont
des êtres dépourvus d'existence propre.

Ils semblent créés pour nous subir.

Ils ont des yeux humides et francs, sous leurs cils touffus;
ils ont le mufle doux et les oreilles soyeuses; ils sont patients
et sûrs dans tout ce qu'ils accomplissent, parfois même on
dirait qu'ils réfléchissent.

De mon temps, il était interdit de conduire des voitures
et des chars qui n'étaient pas munis de freins pour la descente; mais la loi n'a pas été maintenue.

La majorité des voitures et des charrettes de nos régions
n'avaient pas de frein. Quant à celles qui en étaient munies,
leurs conducteurs souvent ne les utilisaient pas. Pour des
bœufs chargés, la descente tant soit peu longue en devenait
presque intolérable. C'est eux qui, de tout leur poids, devaient
retenir les voitures lourdement chargées. Ceci les obligeait
parfois à renverser la tête en arrière si fortement que leurs
cornes touchaient la bosse de leur dos. La sueur tombait de leurs
naseaux, leurs flancs haletaient comme des soufflets de forge.

J'ai souvent observé les charrettes des marchands de bois
qui descendaient la route du Ngong à Nairobi; elles marchaient l'une derrière l'autre et formaient une longue chenille; je les voyais partir et prendre de la vitesse au sommet
de la côte, pendant que les bœufs avançaient en zigzag;
j'ai vu les bœufs trébucher et s'abattre sous le poids des
voitures, en arrivant en bas.

Les bœufs pensent que la vie est ainsi faite, ils n'imaginent
pas qu'elle puisse être meilleure.

C'est dur, très dur, mais il n'y a pas d'autre issue pour
eux que de s'y plier.

La descente avec une lourde voiture derrière soi est mortellement dangereuse pour un bœuf, mais que faire?

Si les Indiens repus de Nairobi, à qui les charrettes appartenaient, avaient pu se décider à payer deux roupies pour faire réparer leurs freins, ou si les jeunes indigènes, nonchalamment assis sur le chargement de bois, avaient eu la simple prévoyance de se lever et de serrer le frein, les bœufs auraient descendu la côte sans effort; mais ceci, les bœufs l'ignorent et ils continuent, jour après jour, à poursuivre la même lutte héroïque et désespérée.

NOIRS ET BLANCS.

A certains égards, les liens qui s'établissent entre les Noirs et les Blancs en Afrique sont assez analogues à ceux qui se nouent entre les deux sexes.

Si l'un des sexes découvrait qu'il ne joue pas de rôle plus essentiel dans la vie de l'autre sexe que celui-ci n'en joue dans la sienne, il serait d'abord vexé, et ensuite blessé.

Si un amant ou un mari apprenait qu'il ne tient pas plus de place dans la vie de sa maîtresse ou de sa femme qu'elle n'en tient dans la sienne, il serait d'abord stupéfait et ensuite ulcéré à supposer qu'il puisse le croire.

Si une femme, ou une maîtresse, s'apercevait qu'elle ne compte pas plus dans la vie de son mari ou de son amant qu'il ne compte dans la sienne, elle serait épouvantée et n'y croirait certainement pas.

Les histoires du bon vieux temps que les hommes se racontent lorsqu'ils sont entre eux et loin des oreilles féminines confirment cette vérité.

Il en est de même des conversations que les femmes ont entre elles quand elles sont sûres qu'aucun homme ne les entendra.

Les Européens entre eux parlent des Noirs de la même façon. Si les Noirs apprenaient qu'ils ne jouent pas plus de rôle dans la vie des émigrants que ceux-ci n'en jouent dans la leur et que les Européens dépendent moins d'eux qu'ils ne dépendent eux-mêmes des Européens, ils ne voudraient pas le croire et riraient au nez de celui qui le leur dirait.

Les rapports qui existent entre les Blancs et les Noirs sont fondés sur une illusion réciproque.

UNE EXPÉDITION PENDANT LA GUERRE.

Lorsque la guerre éclata, mon mari et les deux Suédois furent acheminés vers la frontière.

Je restais donc seule à la ferme.

Peu de temps après, il fut question d'organiser un camp de concentration pour les femmes de race blanche, de façon à les protéger contre les indigènes. J'eus alors très peur, car je me disais que si j'allais dans un camp de concentration pour femmes pendant plusieurs mois, on ne sait jamais ce qu'une guerre peut durer, j'en mourrais!

Quelques jours plus tard, j'eus la chance d'accompagner un jeune fermier suédois qui était de nos voisins jusqu'à la station de chemin de fer de Kijabe, où il avait la charge d'un camp où devaient être centralisées les nouvelles apportées de la frontière par exprès.

Les nouvelles devaient ensuite être transmises par télégraphe au quartier général de Nairobi.

A Kijabe j'avais établi ma tente près de la gare, auprès des réserves de combustible destiné aux locomotives.

Etant donné que les porteurs de dépêches venaient du Sud à toutes les heures du jour ou de la nuit et que mon compagnon le fermier suédois s'absentait quelquefois pour aller surveiller sa ferme, j'avais assez souvent affaire au chef de gare indien.

C'était un petit homme aimable et dévoré du désir de s'instruire.

La guerre ne le troublait en aucune façon. Il me questionnait souvent sur mon pays et m'avait même demandé de lui apprendre quelques phrases de danois qui, pensait-il, pourraient le cas échéant lui être utiles.

Il avait un petit garçon de dix ans qui s'appelait Victor.

Un jour où je montais à la gare, j'entendis, à travers le treillis de la véranda, le chef de gare qui donnait à Victor une leçon de grammaire anglaise.

« Victor, interrogeait-il, qu'est-ce qu'un pronom? Dis-moi qu'est-ce qu'un pronom? Tu ne le sais pas? Je te l'ai dit au moins cinq cents fois! »

Mon mari m'écrivit et me demanda d'assurer un transport avec quatre charrettes à bœufs et de le lui envoyer aussi vite que possible.

Très tôt le lendemain, alors que les constellations brillaient encore au ciel, je me suis mise en route et nous avons commencé à franchir les interminables collines de Kijabe qui dominent les grandes plaines et la Réserve Masaï qui nous apparaissaient toutes grises dans la lumière matinale. Nous étions partis avec nos lanternes allumées qui brinqueballaient sous les voitures; nous nous étions ébranlés avec le tumulte ordinaire au milieu des cris, des grincements d'essieux et des fouets qui claquaient.

J'avais quatre chars avec un attelage de seize bœufs pour chacun et cinq bœufs de renfort. J'avais avec moi vingt et un jeunes Kikuyus et trois Somalis, Farah, Ismaïl, le porteur de fusils, et un vieux cuisinier qui s'appelait également Ismaïl et qui était un homme âgé et très noble.

J'avais également mon chien Dusk à côté de moi.

J'ai cheminé ainsi pendant trois mois sur les routes, car à peine étions-nous arrivés qu'il fallait repartir à la recherche d'approvisionnements amassés en vue d'un safari de chasse organisé pour des Américains qui campaient à proximité de la frontière et qui étaient partis précipitamment en apprenant la guerre.

A peine étions-nous de retour que nos voitures et nous-mêmes avions été expédiés autre part.

J'avais appris à connaître les points d'eau et les pâturages de la Réserve Masaï; j'avais même fini par apprendre un peu de masaï.

Les chemins étaient très mauvais, tantôt recouverts d'un mètre de poussière, tantôt coupés par des blocs de pierre aussi grands que nos voitures; aussi renoncions-nous le plus souvent à les prendre et préférions-nous avancer directement à travers la plaine.

L'air des montagnes était léger, il me montait à la tête comme un vin capiteux, et, pendant ces trois mois, je puis dire que je me suis senti le cœur léger et parfaitement satisfait.

Il m'était déjà arrivé de participer à des expéditions de chasse, mais c'était la première fois que j'étais seule avec des Africains.

Les Somalis et moi, qui avions la responsabilité du chargement que le gouvernement nous avait confié, vivions dans la crainte continuelle des lions pour nos bœufs, car les lions n'étaient pas loin; ils suivaient les transports chargés de

moutons et de vivres, qui se succédaient désormais sans
interruption vers la frontière.

Quand nous levions le camp de bonne heure le matin,
nous pouvions suivre assez loin des traces de lion toutes
fraîches, dans la poussière et les ornières des voitures passées
la veille.

Le soir, quand les bœufs étaient dételés, nous pouvions
toujours craindre qu'entendant ou sentant les lions, les bêtes
ne fussent prises de panique et ne s'échappassent dans la
brousse, où nous n'aurions jamais pu les retrouver. Aussi
notre premier soin, en arrivant au camp, était-il d'abattre
des arbres épineux, que nous entassions de manière à élever autour du camp une barrière de protection. Assis à côté
du feu de camp, nous ne quittions pas nos fusils.

Farah Ismaïl et le vieil Ismaïl lui-même se sentaient
grâce à la distance, si délivrés de toute civilisation, que leurs
langues se déliaient et que j'appris par eux bien des faits
curieux, survenus en pays somali.

Quelquefois ils me racontaient des histoires empruntées
au Coran ou aux *Mille et une Nuits*.

Farah et Ismaïl avaient été marins tous les deux. Il faut
dire que les Somalis sont un peuple de corsaires, les corsaires de la mer Rouge.

Nos deux compagnons m'expliquaient pourquoi tous les
êtres qui vivent sur la terre ont leur double au fond de la
mer : le cheval, le lion, les femmes, les girafes y vivent et
sont de temps en temps aperçus par les marins.

Ils parlaient aussi des chevaux qui habitent au fond des
fleuves et qui, les nuits de pleine lune, viennent s'accoupler dans les prairies avec les juments des Somalis. C'est
d'eux que naîtront les coursiers les plus rapides et les plus
fins.

La route du ciel se déroulait sous nos yeux et les constellations nouvelles s'élevaient de l'Est. La fumée de notre
foyer montait dans l'air nocturne en lançant des étincelles
comme des fusées; le bois frais avait une odeur acide et
pénétrante.

De temps en temps, les bœufs s'agitaient, se tenaient les
uns contre les autres et frappaient le sol de leurs pieds;
on entendait un mugissement bref, et ils reniflaient l'air avec
inquiétude.

Le vieil Ismaïl grimpait alors sur l'une des charrettes et

agitait la lanterne pour découvrir et effrayer les bêtes qui pouvaient chercher à pénétrer à l'intérieur du camp.

Nous avons eu quelques démêlés avec les lions.

« Méfiez-vous de Siawa », nous avaient dit les conducteurs indigènes d'un convoi qui rentrait. « Il y a deux cents lions autour de Siawa. »

Nous avions bien essayé de dépasser Siawa avant la tombée de la nuit en accélérant notre allure, mais rien ne sert de courir, surtout en safari.

La roue de notre dernière voiture s'immobilisa au moment du coucher du soleil contre une grosse pierre, et tous nos efforts pour supprimer l'obstacle furent vains. Pendant que je tenais la lanterne pour les hommes qui essayaient de soulever la roue, un lion bondit sur un de nos bœufs de renfort à moins de deux mètres de moi. Le bœuf s'enfuit avec le lion sur le dos.

En criant et en faisant claquer nos fouets, car nos fusils étaient restés en avant avec Ismaïl, nous avons réussi à faire peur au lion; il lâcha prise, le bœuf vint nous retrouver, mais il avait été blessé et malmené et il mourut deux jours plus tard.

D'autres incidents marquèrent nos expéditions. Certain jour un de nos bœufs avala toute notre provision de pétrole. Il en mourut et nous laissa sans lumière. Fort heureusement nous avions pu découvrir dans la Réserve Masaï la boutique abandonnée d'un Indien qui avait fui et, aussi curieux que cela puisse paraître, elle contenait encore quelques marchandises.

Nous avons campé pendant toute une semaine auprès d'une grande manyatta. Elle comprenait cent trente-deux huttes, dont chacune abritait bien quatre hommes.

Ces jeunes Masaïs avec l'équipement ou mieux la peinture de guerre, complétée par la lance, le bouclier et la coiffure faite d'une peau de lion, étaient constamment, de nuit comme de jour, autour de ma tente pour avoir des nouvelles de la guerre.

Mes gens avaient pris goût à ce campement qui leur permettait de se ravitailler en lait frais, car les Masaïs vivent toujours au milieu de leurs troupeaux.

Ce sont les adolescents trop jeunes pour être guerriers qui les gardent.

Les jeunes filles masaïs qui, elles aussi, sont entraînées à la guerre, venaient me faire visite dans ma tente. Elles me demandaient toujours de leur prêter mon miroir qu'elles se tenaient les unes pour les autres en découvrant leurs dents éblouissantes de jeunes carnivores.

Tout mon entourage témoignait de la plus discrète indulgence pour mon incompétence en matière de bœufs, de harnachement et même de safaris et par une sorte d'accord tacite, on évitait autant que moi d'insister sur mes erreurs.

Tous me servirent loyalement pendant ces safaris; personne ne protestait lorsque par inexpérience, j'exigeais d'eux et des bœufs plus qu'il n'était permis d'en attendre.

Mes gens n'hésitaient jamais à transporter des baquets d'eau sur leur tête — alors même qu'une certaine distance nous séparait de la source — pour que j'aie mon bain. Vers midi, lorsqu'on dételait les bœufs pour une heure ou deux, le premier soin de tous ces hommes était de dresser une sorte de dais avec des couvertures supportées par des piquets, pour me préserver du soleil.

Je sentais mes hommes médiocrement rassurés, tant que nous nous trouvions dans la Réserve des Masaïs, trop belliqueux pour leur goût. Les bruits troublants qui couraient les inquiétaient aussi, mais je crois bien qu'ils me considéraient un peu comme leur mascotte.

Ah! Les merveilleuses soirées que nous avons passées dans la Réserve Masaï lorsque après le coucher du soleil, notre caravane atteignait en bon ordre la rivière ou le point d'eau prévus!

La plaine parsemée d'aubépines était déjà sombre, mais l'air était chargé de clartés, et vers l'Ouest on découvrait une petite étoile qui, au cours de la nuit, allait grandir et devenir lumineuse comme un clou d'argent dans un ciel d'ambre.

Les poumons se dilataient dans la fraîcheur du soir et l'herbe épaisse tout imprégnée d'humidité, exhalait une odeur poivrée.

Quelques Masaïs attardés ramenaient leurs moutons et leurs chèvres au bercail.

Bientôt les cigales commenceraient à chanter de toutes parts.

Je communiais avec le monde, j'étais à la fois, l'herbe de la prairie, l'air que nous respirions, les montagnes invisibles et les bœufs épuisés.

Avec les arbres je respirais le vent de la nuit.

Cette vie durait depuis trois mois lorsque je fus avisée que notre mission était terminée. L'organisation militaire du pays était alors à peu près achevée, des troupes nous avaient été expédiées d'Europe, et je présume que nos convois, improvisés avec des moyens de fortune, ne devaient plus sembler très réguliers à des militaires.

Nous reprîmes donc la route du Ngong, mais nous avions le cœur gros en regardant les lieux où nous avions pris l'habitude de camper.

Le souvenir de ces safaris reste ineffaçable pour ceux qui en firent partie. Aucune des expéditions de chasse auxquelles j'ai participé plus tard ne pouvait leur être comparée.

Etait-ce parce que nous étions au service de l'Etat, ou à cause de l'atmosphère particulière de la guerre? Toujours est-il que tous ceux qui y ont pris part lui réservent une place de choix dans leur mémoire; d'ailleurs, ils savent que cette expédition les a classés parmi les grands voyageurs.

L'ARITHMÉTIQUE SOUAHÉLIE.

Un des premiers mois qui suivirent mon arrivée en Afrique, un jeune laitier suédois, tout intimidé, fut chargé de m'apprendre à compter en souahéli.

Le nombre neuf ayant en souahéli une résonance assez équivoque pour des oreilles suédoises, mon jeune professeur préférait ne pas le prononcer, et après avoir compté six, sept, huit, il s'arrêta brusquement et déclara :

« Le nombre neuf est supprimé en souahéli.

— Vous voulez sans doute dire, lui demandai-je, que l'on ne peut pas compter au delà de huit.

— Ce n'est pas tout à fait cela, reprit-il, car il y a dix, onze, douze et ainsi de suite, mais il n'y a pas de neuf.

— Comment cela est-il possible, demandai-je avec étonnement, et comment fait-on quand on arrive à dix-neuf?

— Ils n'ont pas de dix-neuf non plus, ajouta-t-il avec décision tout en rougissant, et pas davantage de quatre-vingt-dix et de neuf cents. Mais pour le reste, les chiffres sont les mêmes. »

Ce système de numération me préoccupa longtemps et après m'avoir beaucoup troublée finit par m'enchanter.

Voici enfin un peuple, me disais-je, qui a eu le courage et la liberté d'esprit de ne pas se plier à la pédanterie de nos vieux systèmes.

Un, deux et trois sont les seuls nombres premiers qui se suivent, et il se peut que huit et dix soient les seuls nombres pairs qui se suivent.

On pourrait peut-être démontrer l'existence du nombre neuf en multipliant trois par lui-même, mais pourquoi le faire?

Etant donné que deux n'a pas de racine carrée, on peut aussi bien admettre que trois n'aura pas de carré.

Si vous additionnez les chiffres d'un nombre en représentant leur somme par un chiffre, on peut dire que le fait que le nombre neuf ou ses multiples soit ou non contenu dans ce nombre ne signifie rien, ce qui semblerait prouver que le nombre neuf est illusoire, ce qui serait un argument en faveur du système souahéli.

Or, j'avais au même moment un domestique nommé Zacharío qui avait perdu l'annulaire de la main gauche.

Peut-être, pensais-je, est-ce une chose fréquente chez les indigènes de se couper un doigt pour faciliter la comptabilité lorsqu'on se sert de ses doigts?

Lorsque je fis part de mes réflexions à d'autres personnes, elles m'arrêtèrent et je fus éclairée, mais j'ai encore le sentiment qu'il existe une numération indigène sans neuf, qui était excellente et grâce à laquelle on découvrait beaucoup de choses.

Ceci me rappelle un vieux prêtre danois qui ne croyait pas que Dieu eût créé le XVIIIe siècle.

JE NE TE QUITTERAI PAS AVANT QUE TU M'AIES BÉNI.

Quand la grande période des pluies commence en Afrique après trois mois de sécheresse et de chaleur, la verdure, la fraîcheur et les parfums qui jaillissent de toutes parts paraissent accablants.

Mais les fermiers n'osent pas faire confiance à la générosité de la nature, et ils tendent l'oreille avec anxiété, craignant de découvrir un diminuendo dans le rythme des trombes d'eau.

L'eau que la terre absorbera pendant deux mois devra suffire à toutes les exigences de la ferme, qu'il s'agisse des plantes, des bêtes ou des hommes pendant les quatre mois secs qui suivront.

Le paysage même finit par apparaître séduisant quand tous

les chemins sont transformés en clairs ruisseaux. C'est d'un pied léger que le fermier avance dans la boue jusqu'au champ de maïs qui fleurit et ruisselle à la fois.

Quelquefois, pendant la saison des pluies, on entrevoit les étoiles à travers un léger voile de nuages.

Le fermier sort alors de chez lui, fixe le ciel et l'implore. Il lui tend les bras comme s'il voulait en extraire plus de pluie.

Il crie vers le ciel :

« Donne-nous de la pluie, assez et un peu plus. Mon cœur est à nu devant toi, Seigneur, et je ne te lâcherai pas avant que tu m'aies béni. J'accepte de périr noyé, si telle est votre volonté, mais ne m'ôtez pas la vie par vos caprices et ne me tuez pas par votre parcimonie. Surtout pas de sécheresse. *Inlet coïtus interruptus*. Ciel! Ciel! »

Il arrive qu'un jour froid et sans couleur rappelle le souvenir de l'année précédente « Marka M'baya », la mauvaise année, l'année de la sécheresse, le moment où les Kikuyus amenaient leurs vaches pâturer autour de ma maison.

Il y avait à l'époque un jeune pâtre qui jouait de la flûte et qui avait une grande prédilection pour un certain air qu'il répétait inlassablement.

Quand j'entendais cet air par la suite, il me rappelait toujours notre peine et notre désespoir d'alors, il avait pour moi un arrière-goût de larmes. Cependant, aussi surprenant que cela paraisse, j'aimais cet air, je lui trouvais un grand charme fait de douceur et de force.

Est-il donc possible que de si durs moments aient contenu tant de douceur? Il est vrai que nous étions jeunes alors et qu'un espoir tenace habitait en nous et puis, durant ces longues semaines anxieuses, nous avons tous été brassés dans le même creuset et alors même que nous habiterions sur des planètes différentes, nous nous reconnaîtrions et un souvenir en appellerait un autre, depuis mon coucou et mes livres jusqu'aux vaches maigres de la plaine et aux vieux Kikuyus accablés de tristesse... Vous étiez là aussi, vous apparteniez à la ferme du Ngong... Ces durs moments ont laissé leur bénédiction avant de disparaître.

Les amis de la ferme venaient nous voir, puis repartaient. Ils n'étaient pas de ceux qui peuvent rester longtemps en place. Ils n'étaient pas de ceux qui deviennent vieux. Ils sont morts et ne reviendront jamais, mais ils s'étaient assis avec

plaisir au coin du feu et quand la maison s'était refermée sur
eux et leur avait dit :

« Je ne te lâcherai pas avant que tu me bénisses », ils
avaient ri, mais ils l'avaient bénie; en retour, la maison les
avait laissés partir.

Une vieille dame qui, dans une réunion, parlait de sa vie
passée, déclarait qu'elle la recommencerait volontiers tout
entière une fois de plus et elle y voyait la preuve d'une vie
sage et bien menée, et je pensais à part moi : sa vie a été de
ces vies qu'il faut vivre deux fois pour avoir le sentiment de
les avoir vécues.

On peut reprendre un refrain, une petite mélodie, un air
de danse, mais il n'y a pas de « da capo » pour une symphonie,
pas plus que pour une tragédie en cinq actes.

Si on les reprend, c'est qu'elles n'ont pas été interprétées
comme elles devaient l'être.

Oh! Ma jeunesse! Je ne veux pas te quitter sans que tu
m'aies bénie; mais alors je te quitterai.

ÉCLIPSE DE LUNE.

Nous avons eu une certaine année une éclipse de lune.

Avant qu'elle survînt, j'avais reçu la lettre suivante d'un
jeune chef de gare hindou de la station kikuyu :

« Estimée Madame,

« On vient de m'informer que la lumière du soleil serait
éclipsée sept jours de suite, ne pensons pas à la circulation
des trains, mais pourriez-vous avoir la grande bonté de me
dire — je crois que personne d'autre que vous n'aurait autant
de bonté à mon égard — si durant cette période, je devrais
laisser mes vaches pâturer librement ou si je devrais les laisser
enfermées.

« Je suis avec le plus profond respect votre humble serviteur.

« Signé : PATEL. »

LES NÈGRES ET LA POÉSIE.

Les nègres ont le sens du rythme; ils ne savent pas ce que
c'est qu'une rime, ou, en tout cas, ne le savaient pas avant
de chanter des psaumes à l'école.

Un soir, dans un champ de maïs, après la récolte du maïs,

pendant que nous nous efforcions d'arracher les grains mûrs des épis et que nous les jetions dans la charrette, j'essayais alors pour me distraire et à titre d'expérience de m'adresser en vers et en souahéli aux jeunes qui m'aidaient.

Ces vers n'avaient aucun sens; je les avais disposés pour la rime.

Voici les consonances que j'obtins :

> Ngumbe
> Na penda chumbe
> Malaya
> Mbaïa
> Wakamba
> Na kula mamba.

La traduction donnerait approximativement ceci :

> Les bœufs aiment assez le sel.
> La courtisane est méchante.
> Les Wakambas mangent les serpents.

Mes travailleurs prêtèrent tout de suite attention; ils eurent vite fait de comprendre que l'idée dans la poésie est toujours secondaire et ils ne se préoccupaient pas du sens de ces vers.

Il y avait de jeunes Wakambas parmi mes jeunes gens; aucun d'eux n'eut même l'idée de protester parce qu'on les accusait de manger des serpents.

Ils attendaient la rime qui allait venir et riait lorsqu'elle arrivait.

J'essayais alors de leur faire trouver eux-mêmes la rime et de continuer le poème que j'avais ainsi commencé; je ne sais pas s'ils ne le purent pas ou ne le voulurent pas, en tout cas, je ne l'obtins pas et ils détournaient la tête.

Je les voyais pourtant se familiariser avec l'idée de poésie : « Parle encore, parle comme la pluie », me disaient-ils.

Pourquoi la pluie, je ne voyais pas.

Mais ce devait être certainement flatteur, car la pluie en Afrique est toujours impatiemment attendue et toujours bien reçue.

SUR LE MILLENIUM.

Lorsqu'approcha le moment où le Christ devait revenir sur terre, on fonda un comité destiné à prendre toute mesure utile pour sa réception.

Après avoir bien examiné la question, le comité envoya une circulaire demandant tout d'abord qu'il ne fût ni agité ni jeté de palmes et que l'on s'abstînt de crier « Hosanna ».

Quand le retour du Christ eut été fêté plusieurs jours, le Christ un soir dit à Pierre qu'il aimerait aller se promener, quand tous les autres seraient couchés.

« Où voulez-vous aller, Seigneur? demanda Pierre.

— Simplement du Prétoire jusqu'au Golgotha, dit le Christ, je voudrais remonter cette côte. »

HISTOIRE DE KITOSH.

L'histoire de Kitosh a paru dans tous les journaux.

Elle donna lieu à un procès et un jury fut chargé de l'étudier et de tirer cette affaire au clair. De la lecture des journaux aucune lumière ne pouvait jaillir.

Kitosh était un jeune Kikuyu au service d'un fermier de Molo. Un certain mercredi de juin, ce fermier prêtait sa jument à un ami pour lui permettre de se rendre à la gare. Il envoyait en même temps Kitosh pour ramener la bête, en lui expliquant de ne pas monter dessus, mais de la ramener en la tenant par la bride. Kitosh ne tint aucun compte de l'observation, il monta la bête et revint avec elle le samedi.

Le fermier, qui avait appris par un ami que Kitosh avait monté la jument, résolut de le punir : le dimanche après-midi, il lui administrait une sérieuse correction et l'emprisonnait, dûment attaché dans son entrepôt. Kitosh y mourut.

Le tribunal, qui avait dans la nuit à juger l'affaire, s'installait le 1er août dans les bâtiments de la gare des Makurus.

Les indigènes, assis à l'entour, s'étonnaient de tant de formalités.

Pour eux, l'affaire était simple : du moment que Kitosh était mort, et le fait ne faisait aucun doute, il ne restait plus qu'à verser, ou à ne pas verser, une compensation à la famille.

Mais les Européens et les Africains n'ont pas la même conception du droit, et le jury qui eut à instruire l'affaire se préoccupa surtout de fixer les responsabilités et de préciser l'accusation : S'agissait-il d'un assassinat, d'une mort accidentelle, ou de sévices?

Le juge rappela au jury que la gravité de l'offense était proportionnée à l'intention et non point au résultat.

Il convenait donc de rechercher quelles avaient été l'attitude et l'intention des parties dans l'affaire.

Afin de préciser l'attitude et les intentions du fermier, le tribunal l'entendit plusieurs jours de suite au cours de longs interrogatoires, pour essayer de reconstituer le drame.

Le juge voulut en évoquer les moindres détails. C'est ainsi que le procès-verbal de l'interrogatoire mentionne que lorsque le fermier fit comparaître Kitosh, celui-ci se tint à trois mètres de lui. Le fait, insignifiant en lui-même, prend de l'importance dans le rapport.

On voit la première scène du drame, le Blanc et le Noir à trois mètres l'un de l'autre.

A mesure que l'intrigue se déroule, l'image se trouble, la silhouette du fermier s'estompe; elle finit par ressembler à une figurine de papier qu'un courant d'air déplace, car elle a toute liberté d'action.

Le fermier déclara qu'il avait commencé par demander à Kitosh qui l'avait autorisé à monter la jument et qu'il dut répéter vingt-quatre à cinquante fois sa question.

Il reconnaissait en même temps que personne n'avait pu autoriser Kitosh à le faire.

C'est là que les choses commençaient à prendre mauvaise tournure.

Jamais, en Angleterre, on n'aurait pu poser à quelqu'un la même question vingt-quatre ou cinquante fois sans être arrêté d'une façon quelconque bien avant la vingt-quatrième fois; mais en Afrique il existait des gens à qui l'on pouvait lancer cinquante fois au visage la même interrogation : c'est au fond ce que le fermier n'avait pu supporter.

Finalement Kitosh répondit qu'il n'était pas un voleur et le fermier avoua que c'était pour l'insolence de cette réponse qu'il avait fait fouetter Kitosh.

Le procès-verbal révèle ensuite un fait qui, bien que secondaire, est très significatif. Pendant que Kitosh subissait le fouet, deux Européens, amis du fermier, vinrent pour voir celui-ci et restèrent là dix à quinze minutes, dit le procès-verbal, avant de repartir.

Après avoir fouetté Kitosh, le fermier ne put se résigner à le laisser en paix : il le lia avec une courroie et l'enferma dans l'entrepôt.

Lorsque le jury demanda au fermier pourquoi il avait enfermé Kitosh, le fermier fut incapable de donner une raison sensée. Il prétendit qu'il ne voulait pas qu'un tel individu pût aller se promener dans la ferme.

Après avoir dîné, le fermier revint dans l'entrepôt; il trouva Kitosh évanoui, à quelque distance de l'endroit où il l'avait laissé. Sa courroie était détachée. Il appela alors son cuisinier Baganda et aidé par lui, il ficela de nouveau Kitosh un peu plus solidement, il lui mit les mains derrière le dos, et les attacha à l'un des piliers de l'entrepôt, tandis qu'il fixait la jambe droite à un autre pilier.

Puis le fermier sortit de l'entrepôt, dont il ferma la porte à clé.

Une demi-heure plus tard, il revenait et installait le cuisinier et l'aide de cuisine auprès de Kitosh.

Après quoi, il se coucha et s'endormit. Tout ce qu'il se rappelle ensuite, c'est que l'aide de cuisine vint le réveiller pour lui dire que Kitosh était mort.

Le jury, qui s'en tenait à la déclaration du juge, cherchait une intention dans tout ceci.

Il essaya de savoir comment le châtiment avait été administré et quels en avaient été les effets immédiats : on le sentait perplexe. Il rechercha alors quelles avaient été l'intention et l'attitude de Kitosh. Ici la tâche était plus facile : Kitosh avait eu une intention et une attitude, et celles-ci pesèrent dans la balance.

On peut dire que c'est l'Africain qui, bien que mort, sauva l'Européen par son attitude et son intention.

Kitosh n'avait guère eu le moyen de nous renseigner sur ses intentions. Il avait été enfermé dans l'entrepôt, sa déposition se réduisait à un geste.

Le gardien de nuit a prétendu que Kitosh avait gémi toute la nuit, mais cela ne pouvait pas être exact, puisqu'un peu avant une heure, Kitosh avait appelé l'aide de cuisine enfermé avec lui, et lui avait parlé. Il lui avait demandé de parler fort, car les coups l'avaient rendu sourd.

Vers une heure, il demanda à son compagnon de lui dégager le pied. A quatre heures, déclara l'enfant, Kitosh répéta qu'il voudrait mourir.

Peu à peu il devint plus agité, se roulant tantôt d'un côté, tantôt de l'autre, puis il cria : « Je meurs! » et il mourut.

Trois médecins vinrent déposer.

Le médecin du district, qui avait procédé à l'autopsie du cadavre, déclara que la mort était due aux coups et aux blessures trouvées sur le cadavre. Il ne croyait pas qu'un secours médical, quel qu'il fût, eût pu sauver l'enfant.

Les deux médecins de Nairobi, appelés par la défense, étaient d'un autre avis. Selon eux, la correction infligée n'aurait pu, à elle seule, provoquer la mort : un facteur qui avait pu influer — et qu'on ne devait en tout cas pas négliger — c'était le désir de mourir exprimé par Kitosh.

Le docteur qui exprimait cette opinion avait de la question une expérience particulière. La plupart de ses confrères pouvaient confirmer le fait qu'un indigène, qui a vraiment le désir de mourir, est bien près de la mort!

Dans le cas actuel il était clair, puisque Kitosh l'avait avoué, qu'il souhaitait mourir. Le second docteur se rallia aux conclusions du premier.

Il était probable, continua le docteur, que si Kitosh n'avait pas adopté cette attitude, il ne serait pas mort.

Supposons, par exemple, qu'il ait mangé, il aurait eu certainement plus de courage; la faim est déprimante.

Quant à la blessure à la lèvre, rien ne prouvait qu'elle fût due à un coup de pied; Kitosh, au milieu de ses souffrances, avait très bien pu se mordre lui-même.

D'autre part, le désir de mourir n'avait pas dû s'emparer de lui avant neuf heures, puisqu'il avait tenté de s'enfuir. Lorsqu'il eut repris connaissance, et constaté que, non seulement sa tentative avait échoué, mais encore qu'il était attaché plus solidement que jamais, il est très possible qu'il ait été découragé et que, se sentant prisonnier, il ait désiré la mort. Tout ce que l'on pouvait dire, ajoutaient les docteurs, c'est que le souvenir de la correction reçue avait peut-être augmenté ce désir.

Après avoir entendu les docteurs, le tribunal discuta longuement la question de savoir si le désir de la mort pouvait suffire à la provoquer.

Le médecin, qui avait provoqué l'autopsie, réfuta la théorie exposée par ses confrères, et il cita le cas de cancéreux qui réclamaient la mort comme une délivrance et qui ne parvenaient pas à mourir. Il est vrai qu'il s'agissait d'Européens.

Finalement le jury se prononça. Il estima que le fermier

s'était rendu coupable de sévices graves. Il retint la complicité du cuisinier et de son aide, mais les deux indigènes n'ayant fait qu'obéir à l'ordre de leur maître, il eût été injuste de leur faire subir la même peine.

Le tribunal condamna le fermier à deux ans de prison, chacun des indigènes à un jour.

Quand on lit les débats, on voit combien il est déconcertant et humiliant pour les Européens, que les indigènes puissent à leur guise, et en dehors de nous, régler leur départ de ce monde.

L'Afrique est le pays de l'indigène et quoi que l'on fasse, il se retire quand il en a envie, il disparaît quand il n'a plus le désir d'être là davantage.

Qui, dans ces conditions, assumera la responsabilité de ce qui peut se passer dans une maison?

La silhouette de Kitosh qui sut mourir au moment opportun, prend avec le recul des années un singulier relief. Elle personnifie ce qu'il y a d'insaisissable dans la nature, et que ses enfants découvrent à l'heure du danger, un refuge insoupçonné qui s'ouvre sur leur demande et qui les rend inaccessibles à nos atteintes.

QUELQUES OISEAUX D'AFRIQUE.

Au commencement de la saison des pluies, la dernière semaine de mars ou la première d'avril, j'ai entendu le rossignol dans la forêt africaine.

Il ne donnait pas tout son chant, quelques notes seulement, les premières mesures du concert, une répétition générale interrompue puis reprise, comme si un artiste réfugié dans le bois ruisselant accordait son violoncelle.

Mais c'était bien la mélodie, la richesse et la douceur qui se répandraient bientôt dans les bois d'Europe, de la Sicile à Elseneur.

Nous avons aussi les cigognes blanches et noires qui bâtissent leurs nids sur les toits de chaume du Nord de l'Europe. Elles paraissent en Afrique moins majestueuses que chez nous, car l'Afrique possède d'autres oiseaux de grande taille comme le marabout et le secrétaire.

Les cigognes témoignent en Afrique d'autres mœurs qu'en Europe, où elles volent en couples et symbolisent le bonheur conjugal. Sous nos latitudes tropicales, elles vivent en bandes,

réunies comme au club; on les appelle les oiseaux criquets,
car elles paraissent dès l'éclosion des criquets, dont elles se
nourrissent d'ailleurs abondamment. Tous les incendies aussi
nous les ramènent. On les voit tournoyer au-dessus des
flammes dans la fumée grise, dans l'air couleur d'arc-en-ciel,
où elles guettent les serpents et les souris qui cherchent à
s'enfuir.

Mais l'Afrique n'est jamais pour elles qu'un séjour agréable.
Quand la brise printanière leur parle d'amour et de foyer,
leur cœur se tourne vers le Nord, elles se souviennent des
jours et des lieux du passé et s'envolent deux à deux. Bientôt elles pataugeront de nouveau dans les marais où elles
sont nées.

On rencontre sur la plaine, quand les pluies commencent
et quand ses grandes plaques brûlées reverdissent, des centaines de vanneaux. Ils ajoutent encore à l'atmosphère mari-
time de la plaine qui rappelle la mer par ses vastes horizons
et ses longues côtes sablonneuses.

Le vent qui passe arrive de la mer et l'herbe à laquelle
on découvre un arrière-goût de sel ondule comme les vagues
sous la brise marine.

Quand les œillets blancs sont en fleurs, je retrouve les
petites vagues courtes à crête blanche qui jouaient autour
de notre bateau autrefois sur le Sund, et les vanneaux se
comportent sur la plaine comme les oiseaux marins sur nos
rives nordiques, soit qu'ils piquent à toute vitesse sur l'herbe
courte ou qu'ils se lèvent tous ensemble devant votre cheval avec des cris perçants avant d'envahir le ciel pâle dans
un grand déploiement d'ailes et de cris.

Les grues couronnées qui pillent nos champs de maïs
fraîchement ensemencés, et qui déterrent les graines se font
un peu pardonner leurs larcins parce qu'elles annoncent la
pluie et qu'elles dansent pour nous.

Leur chorégraphie ne manque ni de style ni de science.
Pourquoi sautillent-elles comme si un sol aimanté les retenait?

Leurs danses ressemblent aux danses rituelles; elles en ont
la pompe religieuse. Peut-être les grues essayent-elles de
concilier le ciel et la terre à la manière des anges qui montaient et descendaient l'échelle de Jacob. Avec leur jolie
couleur grise, leur petite calotte de velours et leur couronne
en forme d'éventail, ces oiseaux déroulent sous nos yeux

des fresques animées. La danse finie, ils s'envolent dans un bruit de carillon, je ne sais pas si ce bruit provient de leur gosier ou de leurs ailes, mais on dirait que des clochettes sont attachées à leurs ailes et qu'elles sonnent la fin de l'office. On peut les entendre longtemps après que les oiseaux ont disparu dans le ciel comme un carillon dans les nuages.

Le grand calao était aussi parfois notre hôte, il venait manger les châtaignes de notre grand châtaignier sauvage, que l'on appelle là-bas les châtaignes du Cap. Les calaos sont des oiseaux fort singuliers dont la découverte est un événement.

Je dirais même que ces oiseaux nous déconcertent toujours par leur science.

Un matin, avant que le soleil se levât, je fus réveillée par le bruit de voix animées devant la maison. Je me levai et je vis quarante et un calaos installés dans les arbres de la pelouse.

À vrai dire ils ressemblaient moins à des oiseaux qu'à une ornementation fantaisiste dont un enfant aurait pu s'amuser à décorer les arbres.

Tous ces oiseaux étaient noirs, mais d'un noir doux, profond et mystérieux, un noir d'Afrique qui ressemblait plus à une patine acquise avec l'âge, qu'à une couleur; c'est le noir des vieilles suies, le noir qui surpasse par son élégance, sa vivacité et sa force toutes les autres couleurs.

Tous les calaos, avec beaucoup de pétulance, parlaient à la fois; on eût dit une réunion d'héritiers après un enterrement.

L'air matinal était clair comme du cristal et toute cette bande endeuillée paraissait goûter la fraîcheur et la pureté d'un merveilleux matin. Le soleil, qui ressemblait à un boulet rouge mat, se levait derrière les arbres et les oiseaux, et l'on se demandait ce que serait la journée à laquelle préludait un tel lever de soleil.

Les flamants roses sont de tous les oiseaux africains ceux qui possèdent les plus riches couleurs, depuis le rose, feuille de rose, jusqu'à l'écarlate; ils ressemblent à un bouquet de laurier-rose que le vent emporterait, ils ont des pattes d'une incroyable longueur et les courbes de leur corps et de leur cou sont très raffinées; on dirait que ces oiseaux mettent toute leur fierté à exécuter les mouvements les plus difficiles et à conserver les attitudes les plus invraisemblables.

J'ai voyagé, entre Marseille et Port-Saïd, sur un bateau français qui transportait une cargaison de cent cinquante flamants destinés au Jardin d'Acclimatation de Marseille. Ces malheureuses bêtes étaient enfermées par paquets de dix, dans des caisses sales, — aux parois de toile à voile, — entassées les unes au-dessus des autres. Celui qui en avait la charge m'expliqua qu'il perdait en moyenne vingt pour cent de ces oiseaux à chaque voyage.

Ils ne sont pas préparés à la vie en mer. Dès que le bateau roule tant soit peu, ils perdent leur équilibre, tombent à la renverse, se cassent les jambes et sont alors piétinés par les autres oiseaux de la caisse.

La nuit, quand le vent soufflait sur la Méditerranée, je les entendais à chaque rafale crier dans l'obscurité; chaque matin leur gardien retirait des caisses un ou deux morts, qu'il jetait par-dessus bord.

Le majestueux oiseau du Nil, frère du lotus sacré, n'était plus qu'un amas de plumes roses, d'où pendaient de longues jambes maigres.

Les oiseaux morts flottaient un moment sur les vagues. Ils émergeaient ensuite une ou deux fois de la mer qui les recouvrait, avant de disparaître définitivement dans le sillage du bateau.

PANIA.

A force de vivre avec l'homme, les lévriers écossais ont acquis un sens humain de l'humour, ils peuvent rire. Ils ont, de la drôlerie, la même idée que les indigènes : ils s'amusent lorsque quelque chose rate.

Peut-être, pour dépasser ce stade de l'humour, faut-il avoir créé un art ou une religion?

Pania était le fils de Dusk.

J'étais un jour avec lui près du réservoir et des grands caoutchoucs bleus. Pania s'élança brusquement vers l'un des arbres, se mit à aboyer et revint me chercher. J'aperçus alors tout en haut de l'arbre un chat sauvage. Comme ces bêtes mangent nos poulets, j'envoyai un des totos chercher mon fusil et je tuai le chat; il tomba lourdement étant donné la hauteur et Pania s'en saisit instantanément, tout frétillant d'une telle aubaine.

A quelque temps de là, alors que j'avais été tirer des perdrix sans succès et que ni Pania ni moi n'étions satisfaits, je passai près du réservoir.

Tout à coup je vis Pania s'élancer vers l'arbre le plus éloigné, aboyer et donner tous les signes de la plus vive agitation.

Toute réjouie d'avoir mon fusil, je m'approchai avec l'espoir d'apercevoir de nouveau un chat sauvage, — escomptant déjà sa jolie peau mouchetée, — mais en arrivant près de l'arbre, je ne découvris qu'un chat domestique et furieux, qui s'était réfugié aussi haut qu'il était possible d'atteindre. Je rabaissai mon fusil : « Pania, dis-je, vous êtes idiot, c'est un chat. »

Je me retournai en parlant et découvris Pania qui se tenait un peu en arrière et qui riait.

Quand son regard rencontra le mien, il me fit des fêtes, en agitant sa queue, puis il sauta même sur moi en posant ses pattes sur mes épaules, le museau tendu vers mon visage, mais il se remit ensuite par terre pour mieux rire.

Toute la pantomime était très claire : « Oui, semblait-il dire, je sais, c'était un chat; je l'ai su tout le temps. Il faut m'excuser. Mais si tu avais pu voir ta tête quand tu courais après un chat, ton fusil à la main! »

Toute la journée, la même mimique se reproduisit : chaque fois que le regard de Pania rencontrait le mien, il me faisait de grandes démonstrations d'amitié et, chaque fois, il se retirait un peu pour donner libre cours à son rire. Il eut même une note touchante dans sa façon de s'exprimer.

« Tu sais bien, semblait-il dire, que dans la maison il n'y a que toi et Farah dont je puisse rire. »

Et même le soir, alors qu'il était endormi devant la cheminée, je l'entendis grogner et rire.

Je crois qu'il se rappela l'événement longtemps, car lorsque nous passions devant les caoutchoucs du réservoir, il devenait particulièrement affectueux.

LA MORT D'ESA.

Esa qui m'avait été enlevé pendant la guerre revint dès l'armistice pour vivre paisiblement à la ferme.

Il avait une femme mince et active qui s'appelait Mariammo. C'est elle qui portait le bois chez moi. Esa était l'homme le plus agréable que j'aie jamais eu à mon service; jamais il n'eut de querelles avec personne.

Mais Esa avait changé pendant son exil. Je craignais quelquefois de le voir mourir chez moi, comme une plante dont les racines auraient été coupées.

Esa était mon cuisinier, mais à vrai dire ce n'est pas la cuisine qu'il aimait. Son rêve eût été d'être mon jardinier; rien ne l'intéressait autant que les plantes; malheureusement pour lui, j'avais déjà un jardinier, Muthaiga, et pas de cuisinier. C'est pourquoi je ne permis pas à Esa de déserter la cuisine.

Je lui avais promis qu'il pourrait un jour retourner à son jardinage, mais je le faisais patienter d'un mois à l'autre.

Esa passait tous ses moments de liberté près du fleuve, où il avait organisé, sans rien dire, un jardinet dont il voulait me faire la surprise. Mais il avait travaillé seul et, n'étant pas très fort, le barrage qu'il avait établi fut insuffisant lorsque les pluies arrivèrent. Tous ses travaux furent emportés.

Les premières aventures d'Esa commencèrent lorsque son frère mourut dans la Réserve Kikuyu, en lui léguant une vache noire. Je pus voir en cette circonstance combien les revers l'avaient ébranlé, il ne pouvait plus supporter d'émotions, et principalement, je crois, celles du bonheur.

Il me demanda trois jours de permission pour aller chercher sa vache et, quand il revint, je vis qu'il était troublé et dérangé.

Je ne sais pourquoi je pensais, en le voyant, aux pieds et aux mains gelés qui, après avoir été insensibles, reprennent vie dans une pièce chauffée.

Tous les indigènes sont joueurs et, dès que la chance leur sourit, ils ont tendance à croire qu'ils peuvent tout en attendre.

La vache noire était pour Esa le sourire de la chance et il ne douta plus de rien. Il se laissa aller à rêver, il s'imaginait qu'il avait la vie devant lui, si bien qu'il résolut de s'offrir une nouvelle femme.

Quand il m'en parla, les pourparlers étaient déjà engagés avec son futur beau-père qui habitait sur la route de Nairobi et qui avait une femme souahélie.

J'essayai de détourner Esa de ses projets :

« Tu as une femme excellente, lui dis-je, tes cheveux sont presque gris, tu n'as pas du tout besoin d'une seconde femme, reste donc tranquillement comme tu es. »

Esa ne se formalisa pas de mes conseils, mais lui, qui avait été si doux et si conciliant, n'en maintint pas moins sa décision.

Quelque temps après, il amenait à la ferme sa nouvelle femme Fatoma.

Qu'Esa ait pu croire qu'il sortirait quelque chose de bien
de son nouveau mariage ne montrait que trop qu'il avait
perdu le sens des réalités.

La mariée, une toute jeune fille, dure et boudeuse, était
habillée à la manière des Souahélies, lascives et dissolues;
elle n'avait ni grâce ni gaieté.

Mais le visage d'Esa rayonnait de confiance et d'espoir, et
il dévoilait avec une simplicité inquiétante des projets grandioses qui fleuraient la paralysie générale.

Mariammo, esclave patiente, se tenait dans l'ombre et
ne paraissait pas affectée par le second mariage de son
époux.

Il est possible qu'Esa ait connu une courte période de prospérité et de satisfaction; mais elle ne dura pas et toute la paisible existence qu'il menait à la ferme se trouva bientôt bou-
leversée par sa jeune femme.

Un mois après son mariage, elle s'échappait pour aller vivre
dans les cantonnements des soldats indigènes. Et durant les
six mois qui suivirent, Esa dut constamment me demander
la permission d'aller la chercher. Il la ramenait chaque fois
plus entêtée et plus révoltée.

La première fois, il était parti avec confiance, en homme
décidé à la ramener; n'était-il pas le mari?

Par la suite, ce ne fut plus que la recherche douloureuse
et désespérée du rêve et de la chance qui l'avait favorisé.

« Pourquoi vas-tu la chercher, Esa? lui disais-je, laisse-la
où elle est; elle ne veut pas revenir avec toi, il ne peut rien
en sortir de bon. »

Mais Esa ne pouvait se résoudre à renoncer à elle. Peu à
peu il réduisit ses exigences et, finalement, c'est uniquement
la valeur marchande de Fatoma qu'il cherchait à récupérer.

Le reste du personnel se moquait d'Esa chaque fois qu'il
parlait et me racontait comment les soldats eux-mêmes se
gaussaient de lui.

Jamais Esa n'avait attaché grande importance à ce que
les gens pensaient de lui, et, au point où il en était, cela ne
comptait plus.

Il repartait chaque fois avec la même obstination patiente,
comme il serait parti à la recherche d'une vache disparue.

Un matin, Fatoma vint nous prévenir qu'Esa était malade
et qu'il ne pourrait travailler. Mais l'après-midi mes gens
m'apprenaient que Fatoma était partie, qu'Esa avait été

empoisonné et qu'il allait mourir. Ils avaient transporté le lit d'Esa sur le terre-plein, entre les huttes du personnel.

Je vis tout de suite qu'Esa n'avait plus longtemps à vivre. Il avait certainement absorbé un de ces poisons indigènes qui ressemblent à la strychnine et souffert atrocement sous les yeux de la meurtrière, avant qu'elle fût partie, bien assurée qu'elle n'avait plus à le redouter.

Esa eut encore quelques convulsions, mais il était déjà raide et froid. Le visage était défiguré et une bave sanguinolente sortait de sa bouche bleue. Farah était à Nairobi avec mon automobile, il m'était donc impossible de transporter Esa à l'hôpital, mais je ne crois même pas que je l'eusse tenté; il n'y avait plus rien à faire.

Avant de mourir, Esa me regarda longuement; je ne sais pas s'il me reconnut. En même temps que la conscience, je vis disparaître de ses grands yeux d'animal le souvenir du pays que j'avais connu et dont les transformations m'attristaient, du pays qui ressemblait à l'Arche de Noé, avec toutes les bêtes se pressant autour d'un petit pâtre noir qui gardait dans la plaine les chèvres de son père.

Je tenais la main d'Esa, une main humaine et forte, l'outil délicat qui avait su tenir un fusil, planter des fleurs et des légumes, caresser, m'apprendre à faire une omelette!

Je me demandais ce qu'Esa aurait pensé de sa vie, s'il avait pu la juger. A son point de vue, était-elle un succès ou un fiasco? C'était bien difficile à dire; il avait poursuivi sa route sinueuse et connu bien des épreuves, mais il avait toujours été un homme pacifique.

Lorsque Farah revint, il prit toutes dispositions pour assurer à Esa un enterrement digne du musulman convaincu qu'il avait été. Le prêtre qui devait dire les prières ne pouvait venir à la ferme avant l'après-midi du lendemain. Si bien que l'enterrement eut lieu de nuit, à la lueur des torches et de la voie lactée.

La tombe fut construite, selon la coutume musulmane, sous un arbre de la forêt. Mariammo prit place dans la procession, je l'entendais dans l'air nocturne qui pleurait Esa à grand renfort de voix.

Après nous être consultés pour savoir ce qu'il y avait lieu de faire au sujet de Fatoma, Farah et moi avions décidé de ne rien faire. Farah était par principe opposé à toute poursuite contre une femme. Autant que j'aie pu comprendre, jamais la loi musulmane ne demande de comptes à une femme. Son mari est responsable de ce qu'elle fait, c'est lui qui doit éventuellement réparer les dommages causés par elle. On se retourne de la même manière vers un propriétaire dont le cheval s'échappe et piétine quelqu'un. Mais lorsque le cheval se cabre et écrase la tête de son maître, ce n'est plus qu'un accident regrettable et toute action est éteinte.

Fatoma, à tout prendre, pouvait estimer avoir eu à se plaindre de son sort.

Mieux valait désormais l'abandonner à celui-ci, dans le cantonnement des soldats de Nairobi.

Le nègre et l'Histoire.

Ceux qui s'imaginent que le nègre peut sauter directement de l'âge de pierre dans celui de l'automobile oublient tous les efforts et toute la peine que nos ancêtres ont eus pour nous amener au point où nous sommes.

Nous pouvons apprendre aux indigènes à conduire des autos, des avions, et à voler. Mais ce n'est pas en un tour de main que l'on éveillera la passion de l'auto dans un cœur d'homme, il faut des centaines d'années pour qu'elle naisse.

Il est permis de penser que ni Socrate, ni le chemin de la Croix, ni la Révolution française ne sont demeurés étrangers à sa venue.

Nous, qui aimons si passionnément nos machines, nous ne pouvons concevoir que le monde ait pu se passer d'elles.

Par contre, nous serions bien incapables de préciser le Credo d'Athanase, de fixer la technique de la messe, voire même d'écrire une tragédie en cinq actes, sinon un sonnet.

Si nous ne les avions pas trouvés, nous aurions été bien obligés de nous en passer et, pourtant, il faut admettre que tout cela a dû répondre, à un moment donné, à un besoin du cœur humain.

Je me souviens que le Père Bernard m'est arrivé certain jour, sur sa moto, sa bonne figure barbue tout illuminée de joie. Il venait déjeuner avec moi et me raconta que, la veille, neuf jeunes Kikuyus de l'Eglise écossaise étaient venus lui demander de rentrer dans l'Eglise catholique, parce qu'après avoir réfléchi et discuté, ils en étaient arrivés à la conviction que le dogme catholique de la transsubstantiation était le seul vrai.

Toutes les personnes auxquelles je racontai la chose se gaussèrent de la simplicité du Père Bernard, bien persuadées que les jeunes Kikuyus, en fait de transsubstantiation, n'avaient vu dans leur conversion qu'une occasion de gagner davantage, de travailler moins ou d'obtenir une bicyclette pour se rendre à la Mission française. Leur raisonnement était très simple : du moment, disaient-ils, que les Européens eux-mêmes ne comprennent rien à ce dogme, auquel ils préfèrent même ne pas penser, il y a peu de chance pour que des cerveaux indigènes y découvrent quoi que ce soit.

Rien n'est moins prouvé pourtant, et le Père Bernard connaissait bien les Kikuyus. Pourquoi la pensée des jeunes Kikuyus ne progresserait-elle point par les voies qu'a suivies celle de nos ancêtres?

Ces ancêtres, que nous ne voudrions ni renier ni rabaisser devant les indigènes, n'avaient pas, il y a quelque cinq cents ans, de conviction qui leur tînt plus à cœur que celle de la transsubstantiation. Il n'était pas d'honneurs ni d'argent qui pût les y faire renoncer : jusque devant la mort ils la défendaient.

Il est vrai qu'il n'était pas alors question de bicyclette. Le Père Bernard avait une moto, mais il s'en souciait moins, semblait-il, que de ses neuf Kikuyus.

Un Européen moderne qui ne met pas en doute la théorie de l'évolution ne voudra pas admettre celle de la création spontanée. Comment alors ne pas comprendre que les indigènes aient encore besoin de certaines leçons de l'Histoire pour arriver à notre niveau?

Nous avons pris en charge les indigènes de l'Afrique orientale, il y a trente-cinq ans. Si nous admettons que la date de notre arrivée corresponde pour eux à ce que fut pour nous la naissance du Christ et que nous donnions trois ans aux indigènes pour rattraper un siècle d'Histoire, nous devrions maintenant leur révéler saint François d'Assise. Dans quelques années ce serait au tour de Rabelais. Je suis persuadée que les nègres goûteraient l'un et l'autre beaucoup mieux que ne le feraient la plupart de nos compatriotes.

J'ai pu constater, en arrivant en Afrique, quel plaisir prenaient les indigènes à entendre certaines scènes d'Aristophane.

Dans une quinzaine d'années, ils pourraient peut-être aborder les Encyclopédistes; encore un lustre et ils seraient à Kipling et au niveau moyen de l'Européen.

Nous pourrions alors leur envoyer des penseurs, des philosophes et des poètes pour préparer le règne de Ford.

Mais nous-mêmes, où en serons-nous à ce moment-là? Qui dit que ce n'est pas nous qui, nous cramponnant aux nègres, retarderons leur ascension, avec un désir passionné de retrouver la confusion, l'obscurité et la vie élémentaire?

Nous n'aurons peut-être pas de plus grand souci que de nous exercer sur un tam-tam, pendant que les indigènes s'offriront au rabais nos automobiles délaissées, qui remplaceront pour eux le dogme de la transsubstantiation?

LE TREMBLEMENT DE TERRE.

Il y a un an, vers Noël, nous avons eu un tremblement de terre.

Il fut assez fort pour renverser quelques huttes indigènes. Sa force était donc comparable à celle d'un éléphant.

Il vint en trois vagues espacées de quelques secondes, ayant chacune la même durée. Pendant les pauses, les gens eurent le temps de se demander ce qui arrivait.

Denys Finch Hatton, qui campait dans la Réserve Masaï et qui dormait dans son camion, me raconta quand il rentra que, réveillé par la secousse, il s'était dit :

« Un rhinocéros passe sous ma voiture! »

Quant à moi j'étais dans ma chambre à coucher, je me préparais à me mettre au lit lorsque la première secousse se produisit. Je me suis dit :

« Un léopard est entré dans le grenier. »

Au second coup j'ai pensé :

« Maintenant je vais mourir, c'est ça la mort! »

Mais dans l'intervalle qui sépara la deuxième secousse de la troisième, je compris ce qu'il en était : c'était un tremblement de terre! Je ne croyais pas devoir éprouver ce qu'était un tremblement de terre. Je crus un instant que c'était fini. Mais lorsque la troisième secousse survint, je crois que rarement j'aie éprouvé autant de joie.

Les révolutions célestes procurent une béatitude particulière. Nous ne nous soucions guère des astres en général; cependant, il suffit qu'ils se rapprochent de nous, pour nous ouvrir des perspectives infinies.

Kepler nous a laissé une émouvante description de ce qu'il ressentit après avoir découvert les lois des révolutions planétaires autour du soleil.

« Je m'abandonnai à la joie, les dés étaient jetés. Rien de ce que j'ai éprouvé jusqu'ici n'est comparable à ce que je ressens. Je tremble, mon sang bouillonne.

« Dieu a attendu six mille ans le spectateur de son œuvre. Sa sagesse est infinie, tout ce que nous ignorons est en lui comme le peu que nous savons. »

Le tremblement de terre m'avait transportée de la même émotion. Cette joie débordante tenait surtout au fait de découvrir la mobilité de ce que nous avions cru jusqu'ici immuable.

C'est, je crois, une des sources les plus riches d'espérance et de joie que le monde puisse offrir.

Cette croûte morte, cette lourde masse, s'éveillait et s'étirait sous mes pieds.

Ce frémissement léger, si léger, quand on songe à ce que la terre pourrait faire, c'était l'annonciation merveilleuse. La terre avait ri et les huttes tombèrent.

« *'E pur si muove* », aurait-elle pu dire!

Le lendemain matin, en m'apportant mon thé dans ma chambre, Jama m'annonça : « Le roi d'Angleterre est mort. »

Je lui demandai comment il le savait.

« Tu n'as donc pas senti, Msabu, me dit-elle, que la terre a remué cette nuit? C'est signe que le roi d'Angleterre est mort. »

Le roi d'Angleterre survécut longtemps au tremblement de terre.

GEORGES.

Sur le bateau qui m'amenait en Afrique, j'étais devenue l'amie d'un petit garçon. Il s'appelait Georges et voyageait avec sa mère et une jeune tante. Je le vis un jour sur le pont quitter ses gardiennes et se précipiter vers moi, suivi de leurs regards inquiets. Il venait me dire qu'il aurait six ans le lendemain, que sa mère avait invité tous les Anglais pour le thé, et il me demandait de venir aussi.

« Mais, Georges, je ne suis pas Anglaise! lui dis-je.

— Qu'est-ce que vous êtes alors? demanda-t-il tout étonné.

— Je suis Hottentote », lui dis-je

Il me considéra gravement.

« Cela ne fait rien, dit-il, j'espère que vous viendrez. »

Il retourna vers sa mère et sa tante et leur annonça d'un

ton dégagé, mais avec une décision qui excluait toute objection :

« Elle est Hottentote, mais je veux qu'elle vienne. »

KEJIKO

J'avais à la ferme une jolie mule, bien en chair, à laquelle j'avais donné le nom de Molly. Kamau, le garçon d'écurie, lui donnait un autre nom, il l'appelait « Kejiko », qui signifie « cuiller ». Je lui demandai la raison de ce nom.

« Parce qu'elle ressemble à une cuiller », me répondit-il. J'ai fait alors le tour de la mule pour comprendre ce qu'il voulait dire, je n'ai rien trouvé dans cette bête qui rappelât une cuiller.

A quelque temps de là, je fis atteler Molly avec trois autres mules à la voiture. Juchée sur le siège, je dominais les mules qui m'apparaissaient sous un aspect inusité. Je découvris alors que Kamau avait raison. Kejiko avait les épaules extraordinairement étroites et le bassin ample et arrondi. Elle ressemblait tout à fait à une cuiller.

Si Kamau et moi avions eu à faire le portrait de Kejiko, les deux images eussent été bien différentes.

Dieu et les anges auraient vu Kejiko comme Kamau la voyait. Celui qui vient d'en haut est le plus grand, et ce qu'il a vu lui rend témoignage.

LES GIRAFES PARTENT POUR HAMBOURG.

J'habitais à Mombasa chez le Cheikh Ali Ben Salim, le pacha de la Côte orientale. C'était un grand seigneur arabe hospitalier et chevaleresque.

Mombasa ressemble au Paradis peint par un enfant.

Le bras de mer derrière les îles constitue un port idéal, la côte est formée de récifs de corail blanchâtres recouverts de larges manguiers verts et de vieux baobabs gris et chenus.

La mer autour de Mombasa a la couleur des bleuets, et au delà de la passe, la barre de l'océan Indien dessine une ligne mince et ondulée d'écume qui subsiste même par temps calme et qui s'accompagne d'un sourd grondement.

La vieille ville de Mombasa, aux rues étroites, est bâtie de blocs de corail découpés dans la falaise; il y en a de toutes nuances, depuis l'or blanc jusqu'à l'ocre, en passant par le rose.

Le vieux fort massif qu'Arabes et Portugais se disputèrent pendant trois cents ans domine la ville de ses murailles crénelées. Il est d'une teinte plus chaude que les autres constructions comme si le soleil couchant s'était davantage attardé sur lui au cours des années.

Les acacias rouges et les flamboyants au feuillage fin mettent une note violente dans les jardins de Mombasa. L'air arrive sur la ville chargé de sel, la brise en ramène chaque jour et le sol en est, à cause de ce sel, aussi luisant que le parquet d'une salle de bal.

Mais les vieux manguiers offrent l'ombre bienfaisante de leur feuillage en tonnelle. Ils créent des îlots de fraîcheur et de lumière tamisée. Je ne connais pas d'arbres qui invitent davantage à la réunion, ils sont accueillants comme le puits du village.

De nombreux marchés sont installés sous les manguiers et tout autour de leurs troncs les paniers de volailles s'empilent à côté des pastèques.

Ali Ben Salim possédait une superbe villa au fond de la courbe formée par le bras de mer, elle accédait à la mer par un escalier interminable sur lequel s'ouvraient les pavillons des hôtes.

La grande salle fraîche derrière la véranda abritait des collections, bibelots arabes et anglais, vieux ivoires, cuivres anciens, porcelaines de Lamou, le tout mélangé à des fauteuils anglais de peluche, à des photographies, à un phonographe... Un grand écrin doublé de satin attirait les regards, il contenait les reliques d'un service à thé en porcelaine anglaise dans le style 1840. C'était le cadeau de noce offert par la jeune reine d'Angleterre et son époux au fils du sultan de Zanzibar, qui épousait la fille du shah de Perse. La reine et le prince Albert avaient souhaité aux nouveaux mariés autant de bonheur qu'ils en éprouvaient eux-mêmes.

« Et furent-ils aussi heureux? demandai-je au Cheik Ali qui sortait une à une les tasses de leur écrin et les disposait sur la table pour que je pusse les admirer.

— Hélas non, me dit-il, la jeune femme ne voulait pas renoncer à monter à cheval. Elle avait amené son cheval favori avec son trousseau; mais l'étiquette de Zanzibar ne permettait pas aux dames de monter à cheval. Il y eut conflit et comme la princesse préféra renoncer à son mari plutôt qu'à son cheval, le mariage fut dissous et la fille du shah retourna en Perse. »

Dans le port de Mombasa se trouvait un vieux cargo allemand tout rouillé qui regagnait l'Allemagne. J'en avais fait le tour dans la barque du Cheik Ali, une barque avec six rameurs souahélis, qui faisait la navette entre l'île et la terre. On apercevait sur le pont une grande caisse de bois, d'où émergeaient deux têtes de girafes. Farah, qui était monté à bord du cargo, m'expliqua que ces bêtes venaient de l'Afrique portugaise et qu'elles étaient destinées à un cirque de Hambourg.

Les girafes promenaient leurs belles têtes à droite, à gauche, et paraissaient étonnées, non sans raison.

Elles n'avaient encore jamais vu la mer, et leur caisse leur offrait tout juste la place de se dresser et de se coucher. Le monde, soudain rétréci, les étreignait.

Elles ignoraient encore et ne pouvaient soupçonner la dégradation qui les attendait. C'étaient de jolies bêtes innocentes et fières, des créatures de la plaine, qui ne connaissaient pas encore la captivité et tout ce qui l'accompagne : le froid, la puanteur, la fumée, la gale et, par-dessus tout, la terrible monotonie d'un monde dans lequel il ne se passe rien.

Elles verront s'engouffrer au sortir des rues froides des gens aux vêtements lourds, sombres et malodorants qui viendront les voir, tout fiers de la supériorité de l'homme sur la bête qui ne parle pas. Ils riront et se montreront du doigt le long cou souple des girafes, lorsqu'une tête gracieuse aux yeux gris et patients se posera par-dessus la palissade de la ménagerie.

Les girafes sembleront toujours hors de proportion avec le décor trop étroit. Les enfants seront soulevés vers elles, les uns auront peur et crieront, d'autres ne voudront plus les quitter et leur tendront du pain sous les yeux attendris des parents qui s'extasieront sur les braves bêtes qu'ils imagineront comblées par l'aumône de leur indulgence.

Au cours des longues années à venir, les girafes rêveront-elles quelquefois de la patrie perdue : de l'herbe, des aubépines, des sources et des montagnes bleues? Elles ne sentiront plus l'air léger et embaumé qui soufflait sur la plaine.

Penseront-elles aux autres girafes qui galopaient autrefois avec elles sur la plaine ondulée?

Leurs sœurs les ont abandonnées, elles ont poursuivi leur route et ne reviendront jamais plus.

Où est la pleine lune qui brillait la nuit?

Les girafes s'agitent et s'éveillent dans le box étroit qui sent la bière et la paille pourrie.

Adieu, pauvres girafes, je vous souhaite de mourir en route, mais de mourir toutes les deux pour que l'une de vos jolies petites têtes qui se découpent maintenant par-dessus la caisse dans le ciel bleu de Mombasa ne reste pas seule à regarder à droite, à gauche, dans Hambourg où personne ne connaît l'Afrique.

Quant à nous, quels outrages faudrait-il que nous subissions pour oser demander aux girafes de nous pardonner nos offenses.

DANS LA MÉNAGERIE.

Il y a une centaine d'années, un voyageur danois, le comte Schimmelmann, qui séjournait à Hambourg, découvrit par hasard une ménagerie qui l'amusa et pour laquelle il se prit d'un véritable engouement.

Tout le temps qu'il resta à Hambourg, il faisait chaque jour un détour pour aller la voir, sans qu'il pût expliquer ce qui l'attirait auprès des roulottes sordides et désuètes.

A vrai dire, il retrouvait dans la ménagerie quelque chose qui correspondait à ce qu'il cherchait.

C'était l'hiver, et il faisait très froid. Dans l'allée qui séparait les cages, le surveillant avait allumé un poêle, qui mettait une note de chaleur rouge dans le passage obscur, tandis qu'au dehors la bise vous transperçait jusqu'aux os.

Le comte Schimmelmann était absorbé par la contemplation des hyènes, lorsque le propriétaire de la ménagerie vint lui parler. C'était un petit homme pâle, au nez crochu; il avait en son temps étudié la théologie, mais avait dû quitter l'Université à la suite d'un scandale; il avait été depuis de chute en chute.

« Votre Excellence a raison de considérer les hyènes, dit-il; c'est rare qu'on puisse voir des hyènes à Hambourg, ce sont les premières que l'on y ait amenées, vous savez certainement que les hyènes sont hermaphrodites, et qu'en Afrique où elles vivent, elles se rassemblent au moment de la pleine lune pour s'accoupler à la ronde, chaque animal jouant alternativement le rôle de mâle ou de femelle...

— Je l'ignorais, dit le comte, qui réprimait un léger mouvement de dégoût.

— Votre Excellence ne trouve-t-elle pas, sachant cela, que la solitude doit paraître à la hyène plus dure qu'à un autre animal? Ses exigences se trouveront-elles accrues ou diminuées du fait qu'elle possède des aptitudes complémentaires? En d'autres termes, puisque nous sommes tous prisonniers de la vie ici-bas, les dons que nous pouvons posséder font-ils notre bonheur ou notre malheur?

— Il est étrange, dit le comte Schimmelmann, qui avait suivi le cours de ses pensées, sans prêter attention à ce que disait son interlocuteur, de penser que des centaines et des milliers d'hyènes ont vécu et sont mortes ignorées pour que cet exemplaire unique parvienne jusqu'ici, pour que les Hambourgeois puissent voir comment est faite une hyène et pour que les naturalistes puissent « l'observer ».

Ils allèrent un peu plus loin pour regarder les girafes dans leur cage.

« Les animaux sauvages, qui vivent dans la brousse, continua le comte, n'ont pas de véritable existence, tandis que cet exemplaire unique en a une; nous lui avons donné un nom et nous savons comment il est.

— Les autres pourraient aussi bien ne pas exister et pourtant ils sont de beaucoup la majorité. Quel gaspillage dans la nature! »

Le propriétaire de la ménagerie repoussa un peu son bonnet de fourrure, qui ne recouvrait plus aucun cheveu.

« Ils se voient les uns les autres, dit-il.

— Ce n'est pas encore prouvé, dit le comte Schimmelmann, après une courte pause. Ces girafes, par exemple, ont sur le corps des carrés dessinés, or quand des girafes se regardent, ne sachant pas ce qu'un carré peut être, elles ne voient pas de carrés. Jusqu'à quel point peut-on dire qu'elles se voient l'une l'autre? »

Le propriétaire de la ménagerie considéra sérieusement les girafes un moment, puis il déclara :

« Dieu les voit.

— Qui? Les girafes? demanda le comte Schimmelmann en souriant.

— Bien sûr, Excellence, dit l'homme en insistant : Dieu voyait les girafes pendant que celles-ci couraient et jouaient en Afrique, Dieu ne les perdait pas de vue et prenait plaisir

à leurs ébats. Il les a créées pour son bonheur, c'est dans
la Bible, oui Excellence, affirma-t-il. Dieu aimait tant les
girafes qu'il les a créées, c'est Dieu qui a inventé le carré
tout comme le cercle d'ailleurs, vous devez l'admettre et il
a vu les carrés sur leur peau avec tout ce qui peut s'y trouver d'autre. Les animaux sauvages, Monsieur le Comte, sont
peut-être une des preuves de l'existence de Dieu, quoique, lorsqu'ils débarquent à Hambourg, la question soit plus douteuse. »
    Le comte Schimmelmann, qui avait organisé sa vie confor-
mément aux idées admises, continua d'avancer en silence
pour voir les serpents placés près du poêle.
    Pour l'amuser, le propriétaire de la ménagerie ouvrit une
cage où se trouvait un gros serpent et chercha à l'éveiller.
Finalement, la bête ensommeillée s'enroula lentement autour
du bras de son maître.
    Le comte Schimmelmann regardait le groupe.
    « A dire vrai, mon brave, dit-il avec un sourire aigre, si
vous étiez à mon service ou si j'étais roi et que vous fus-
siez mon ministre, je vous congédierais sur-le-champ. »
    Le manager le regarda avec inquiétude.
    « Vraiment, Excellence, vraiment? » et il lâcha le serpent
qui retomba dans sa caisse.
    « Et pourquoi donc, Monsieur le Comte, si j'ose me per-
mettre cette question? ajouta-t-il un moment plus tard.
    — Ah! le bon apôtre, ne vous faites donc pas plus simple
que vous n'êtes, dit le comte.
    — Pourquoi?
    — Parce que, mon ami, l'horreur des serpents répond à
un instinct naturel chez l'homme. Il a permis de vivre à
ceux qui le possèdent. Le serpent est l'ennemi mortel de
l'homme, mais comment le saurions-nous sans notre instinct?
Les griffes du lion, la taille et les défenses de l'éléphant,
les cornes du buffle sautent aux yeux, mais les serpents sont
de jolies bêtes, rondes et lisses, elles ressemblent à beaucoup de choses que nous aimons, leurs couleurs sont raffinées et leurs moindres mouvements ont de la grâce. Mais
toute leur beauté et toute leur grâce répugnent à un esprit
sain, car elles ont un arrière-goût de péché et rappellent
trop la chute originelle. Il est heureux que l'homme possède
un instinct qui le détourne du serpent comme du diable;
cet instinct c'est la conscience. L'homme qui peut caresser
un serpent est capable de tout! »

Le comte Schimmelmann, tout en souriant avec complaisance à ses pensées, boutonna sa pelisse et se dirigea vers la sortie.

Le propriétaire de la ménagerie paraissait réfléchir.

« Excellence, dit-il enfin, il est nécessaire que nous aimions les serpents, sans eux point de salut, et si vous en croyez mon expérience, le meilleur conseil que je puisse vous donner est celui-ci : aimez les serpents et rappelez-vous, Excellence, que bien souvent — pour ne pas dire toujours — Dieu nous accorde un serpent quand nous lui demandons un poisson. »

COMPAGNONS DE VOYAGE.

J'avais pour voisins de table sur le bateau qui m'emmenait en Afrique, d'un côté un Belge à destination du Congo, et de l'autre un Anglais qui était allé onze fois au Mexique pour y chasser le mouflon. Il partait maintenant chasser le bongo.

Parlant alternativement à mes deux voisins, il m'arrivait de mélanger leurs deux langues et alors que je voulais demander au Belge s'il avait beaucoup voyagé, je lui demandai :

« *Avez-vous beaucoup travaillé dans votre vie* [1]. »

Il n'en parut pas autrement froissé et retirant son cure-dent de la bouche avec beaucoup de considération, il me répondit :

« *Enormément Madame.* »

Je crus alors devoir m'enquérir du genre de travail qu'il avait accompli et des fatigues qu'il avait endurées.

« *Notre mission, notre grande mission dans le Congo* » était une expression qui revenait constamment dans sa bouche.

Un soir, alors que nous jouions aux cartes, le voyageur anglais nous parla de Mexico et nous raconta qu'une très vieille et très noble dame espagnole qui vivait très isolée, retirée sur ses terres, ayant appris l'arrivée d'un étranger, avait prié celui-ci de venir la voir, pour lui raconter ce que le monde offrait de nouveau.

« Aujourd'hui les hommes volent, lui avait dit l'étranger.

— En effet, je l'ai entendu dire, répondit la dame, c'est même là un sujet de discussion entre mon aumônier et moi

---

1. En français dans le texte. La confusion porte sur « travailler » et « to travel » qui signifie *voyager* en anglais *(N. d. T.)*.

Vous allez pouvoir arbitrer le différend : est-ce que les hommes volent les jambes repliées comme les moineaux ou allongées comme les cigognes ? »

Au cours de la conversation, l'Anglais fit allusion à l'ignorance des indigènes mexicains et aux écoles de Mexico.

Le Belge qui distribuait les cartes s'interrompit brusquement et, retenant les dernières cartes, il regarda l'Anglais bien en face et déclara : « *Il faut enseigner aux indigènes à être honnêtes et à travailler. Rien de plus.* »

Puis il distribua les dernières cartes avec autorité en répétant :

« *Rien de plus, rien, rien.* »

LE NATURALISTE ET LES SINGES.

J'ai reçu une fois la visite d'un savant zoologiste suédois. Il venait me demander d'intervenir pour lui auprès des autorités, afin que ses recherches lui fussent facilitées. Il me raconta qu'il était venu en Afrique pour découvrir à quel stade du développement de l'embryon, le pouce du singe commence à se différencier du pouce chez l'homme. Et il se proposait pour le découvrir d'aller tuer des singes colobes sur le mont Elgon.

« Ce n'est pas avec le colobe que vous arriverez à un résultat, lui dis-je. Ils se tiennent au sommet des cèdres les plus hauts, ils sont très ombrageux et extrêmement difficiles à atteindre. Ce serait vraiment un hasard extraordinaire si vous tombiez sur le genre de femelle que vous cherchez! »

Mais le professeur ne doutait de rien et il me déclara qu'il y mettrait le temps nécessaire, mais reviendrait avec la patte qu'il cherchait.

Il avait adressé au service compétent une demande pour avoir le droit de tuer les singes qui lui étaient nécessaires.

Etant donné l'intérêt scientifique de ses recherches, il ne doutait pas que l'autorisation demandée ne lui fût accordée, mais il n'avait pas encore obtenu de réponse.

« L'autorisation que vous avez demandée porte sur combien de singes? » essayai-je de savoir.

Il avait pour commencer, me dit-il, parlé de quinze cents!

Je connaissais bien les dirigeants du service des Forêts et je consentis, puisqu'il me le demandait, à leur écrire, demandant une prompte réponse à la requête du professeur impatient de commencer ses recherches.

La réponse, pour une fois, arriva par retour du courrier. Les services des Forêts étaient heureux, disait-elle, d'informer le professeur Landgreen qu'étant donné le but scientifique de l'expédition, la Direction avait cru pouvoir déroger exceptionnellement aux règles en vigueur en élevant de quatre à six le nombre des singes qu'il serait autorisé à tuer.

Je dus lire à deux reprises la lettre au professeur avant qu'il en comprît le sens : il en fut si affecté, si ulcéré qu'il ne prononça pas une parole.

J'eus beau lui dire combien je compatissais, il sortit de la maison sans dire un mot, prit le volant de son auto et partit désespéré.

Lorsque le monde était moins injuste à son égard, le professeur pouvait être un homme aimable qui se mettait en frais pour essayer d'être spirituel.

J'ai appris de lui bien des détails intéressants sur les singes

« Je vais vous raconter, me dit-il un soir, l'expérience curieuse que je viens de faire. Arrivé au sommet du mont Elgon, il m'a semblé l'espace d'un moment, que je pourrais croire à l'existence de Dieu. N'est-ce point curieux? »

Je répondis que c'était extrêmement intéressant, mais je pensais à part moi, qu'il eût été bien plus intéressant de savoir si au sommet du mont Elgon, Dieu avait pu croire un instant à l'existence du professeur Landgreen?

KAROMENJA.

Nous avions à la ferme un petit garçon de neuf ans, nommé Karomenja, qui était sourd-muet. Les autres enfants en avaient peur et se plaignaient qu'il les battît.

Je fis la connaissance de Karomenja alors que ses camarades de jeu, pour se défendre, lui avaient labouré le visage à coups de branches.

Pas mal d'échardes étaient restées dans la peau et je dus patiemment les extirper à l'aide d'une aiguille.

Ce n'était pas pour Karomenja, le supplice que l'on pourrait croire car, si douloureuse que fût l'opération, du moins le rapprochait-elle de ses semblables.

Karomenja avait la peau très noire, et de grands yeux

sombres encadrés de cils épais; son visage était grave, jamais
un sourire ne l'éclairait.

Tout dans son attitude l'apparentait aux petits taureaux
noirs d'Afrique. Il faisait entendre une sorte de bruit, rauque
et faux, qui paraissait lui échapper malgré lui, car il l'interrompait presque toujours assez brusquement.

C'était un petit bonhomme actif et positif qui, faute de
pouvoir communiquer avec ses semblables par la parole,
recourait aux coups comme moyen d'expression.

Il s'amusait à lancer des pierres et avait acquis une telle
adresse qu'il les plaçait à peu près où il voulait. Il avait
aussi essayé du tir à l'arc, mais comme il faut une certaine
oreille pour juger la vibration de la corde, jamais il ne s'y
distingua.

Karomenja, qui était grand et fort pour son âge, n'aurait
pas sacrifié ces avantages pour entendre et parler comme
les autres garçons.

En dépit de ses manières brutales, Karomenja n'était ni
méchant, ni difficile.

Quand il comprenait qu'on s'adressait à lui, son visage
s'éclairait, non pas d'un sourire, mais d'une visible bonne
volonté. Karomenja était voleur, il dérobait du sucre et des
cigarettes chaque fois qu'il le pouvait, mais il distribuait
royalement aux autres le produit de ses larcins.

Je l'ai surpris, certain jour, au milieu d'un cercle d'enfants
auxquels il distribuait mon sucre. Il ne m'avait pas vue
venir et c'est la seule fois où je l'ai vu sinon rire, du moins
sourire.

J'avais essayé d'utiliser Karomenja dans ma cuisine, mais
cela ne l'intéressait pas et il en eut assez au bout de très peu
de temps. Il n'y avait à vrai dire, que les travaux de force
qui lui plaisaient.

J'avais, de chaque côté de l'allée qui conduisait à mon
entrée, une série de pierres blanchies à la chaux; il y en avait
une que j'avais voulu déplacer par raison de symétrie, et
Karomenja m'avait aidée à la rouler jusqu'à l'entrée de la
maison.

Le lendemain, pendant que j'étais occupée à la ferme,
Karomenja avait enlevé toutes les pierres qu'il avait soigneusement alignées devant la maison.

Jamais je n'aurais cru qu'un garçon de sa taille pût accomplir pareille besogne. On eût dit que Karomenja avait le sen-

timent de n'être pas inutile en ce monde : il était sourd et muet, mais il était très fort.

Le rêve de Karomenja était de posséder un canif; je n'osais point lui en donner, car je craignais que dans ses efforts pour se joindre aux autres il ne finît par couper le cou d'un ou de plusieurs de ses compagnons.

Il dut bien par la suite se le procurer, le canif qu'il convoita si passionnément! Dieu sait à quoi il a pu l'employer!

C'est en lui offrant un sifflet que j'ai obtenu le plus de succès.

C'était un sifflet dont je me servais pour appeler les chiens : il n'avait pas éveillé son intérêt tout de suite.

Je lui appris à le mettre dans sa bouche et à souffler : quand il vit, après avoir accompli ce geste, les chiens accourir et se ranger de chaque côté de lui, son visage parut s'assombrir encore sous l'effet du saisissement.

Il recommença et constata que l'effet était le même; il me lança alors un regard grave, presque sévère.

Quand il fut mieux habitué au sifflet, il aurait voulu comprendre quel lien reliait la cause à l'effet.

Le sifflet lui-même ne paraissant rien expliquer, c'est vers les chiens qu'il se tourna.

Quand il avait sifflé les chiens et que ceux-ci arrivaient, il les considérait le front soucieux, comme s'il avait voulu deviner où il les avait atteints.

A partir de ce jour-là Karomenja s'attacha aux chiens. Il semblait demander qu'on les lui prêtât et les emmenait alors pour de longues promenades. Quand je le voyais partir ainsi avec les chiens en laisse, je lui montrais la hauteur du soleil au départ et celle qu'il devrait avoir au retour. Karomenja fut toujours exact.

Un jour où j'étais à cheval, j'aperçus Karomenja très loin dans la Réserve Masaï. Il ne me voyait pas et se croyait seul. Il laissait les chiens courir un peu après le gibier, puis il les sifflait, et il recommença ce manège trois ou quatre fois, pendant que je le regardais du haut de mon cheval.

Dans la plaine, quand il était assuré que personne ne le voyait, il se risquait à tenter des expériences nouvelles. Il portait son sifflet suspendu autour du cou. Je remarquai un jour qu'il ne l'avait plus. Je lui demandai au moyen de gestes ce que le sifflet était devenu. Il me répondit de la même manière que le sifflet était perdu

Il ne me demanda pas d'autre sifflet, soit qu'il crût impossible d'en avoir un autre, soit qu'il eût décidé une fois pour toutes de renoncer au domaine qui lui était fermé. Je ne serais pas autrement étonnée qu'il ait lui-même jeté son sifflet après avoir compris qu'il ne pourrait l'intégrer dans sa possession du monde.

Dans cinq ou six ans, Karomenja risque d'être bien malheureux, à moins qu'il ne soit brusquement transporté au septième ciel.

POORAN SINGH.

La petite forge de Pooran Singh, située près du moulin, était un enfer en miniature; elle en avait tous les attributs.

Elle était en tôle ondulée et quand le soleil tapait sur son toit, et que le feu flambait, l'air devenait incandescent, aussi bien à l'intérieur qu'à l'extérieur de la hutte.

Toute la journée, la forge résonnait du bruit assourdissant de l'enclume, du fer frappant le fer. Elle était encombrée de haches ébréchées et de roues brisées : on eût dit une de ces chambres de torture que représentent les vieilles gravures.

La forge n'en exerçait pas moins un vif attrait et chaque fois que je descendais pour regarder travailler Pooran Singh, je trouvais toujours foule à l'intérieur ou à l'entrée.

Pooran Singh travaillait à un rythme surhumain, comme si sa vie était suspendue à l'achèvement immédiat du travail entrepris.

Pooran Singh sautait par-dessus l'enclume, hurlait des ordres à ses aides avec une voix d'oiseau, et s'agitait comme un homme sur le gril ou comme un super-diable très affairé et enfumé.

Pooran Singh n'avait pourtant rien d'un diable. C'était au contraire un homme de mœurs douces et paisibles. En dehors de la forge, il affectait même des pudeurs de jeune fille.

Il était à la ferme l'homme à tout faire, charpentier, ébéniste, sellier, autant que forgeron.

Il avait conçu et construit plus d'une voiture pour la ferme, mais il aimait surtout le travail de la forge et il faisait plaisir à voir quand il bandait une roue.

Pooran Singh, vêtu de son manteau, avec son grand turban blanc et sa barbe noire, parvenait à se donner l'apparence d'un personnage important et vaste, alors que près de sa forge, nu jusqu'à la ceinture, il paraissait incroyablement mince et agile avec le torse en forme de sablier si caractéristique des Indiens.

J'aimais la forge de Pooran Singh; elle attirait les Kikuyus pour deux raisons : d'abord à cause du fer qui est la plus merveilleuse des matières. Aucune n'excite au même degré l'imagination. Quand on songe à la charrue, à l'épée et à la roue, on peut dire que tout ce que la civilisation offre de bien et de mal sommeille dans le fer. C'est en petit toute la victoire de l'homme sur la nature et le symbole est assez clair pour que les êtres primitifs la comprennent ou la devinent.

Et Pooran Singh travaillait le fer. La forge séduisait encore les indigènes par son chant. Ce rythme triple, incroyablement monotone du forgeron qui frappe son enclume, dégage une force obscure. C'est un chant mâle, qui épouvante les femmes (leur cœur fond quand elles l'entendent), fier, simple, qui clame la vérité et rien que la vérité. Il s'exprime librement mais trop bruyamment peut-être, il est gai autant que fort et il encourage comme en se jouant le travail mystérieux qui s'accomplit.

C'est un chant que vous ne saurez asservir. Les indigènes qui ont le sens du rythme se réunissaient autour de la hutte de Pooran Singh et s'y sentaient à l'aise. D'après une vieille loi nordique, un homme ne pouvait être tenu responsable de ce qu'il avait dit à la forge.

En Afrique, toutes les langues se déliaient aussi à la forge. Beaucoup d'idées audacieuses naissaient au bruit des marteaux.

Pooran Singh resta longtemps attaché à la ferme, dont il était un des ouvriers les mieux payés. Il n'y avait à vrai dire aucun rapport entre son salaire et ses besoins, car c'était un ascète. Il ne mangeait pas, ne fumait pas, ne jouait pas aux cartes et usait ses vêtements jusqu'à la corde.

Il envoyait tout son argent aux Indes pour l'éducation de ses enfants. Son fils Delip Singh, un petit garçon silencieux, vint une fois de Bombay pour voir son père. Il avait perdu tout contact avec le fer; le seul métal que je vis briller sur lui était celui d'un stylo qui sortait de sa poche. Le pouvoir occulte de son père ne serait plus transmis.

Rien ne vint jamais obscurcir la gloire de Pooran Singh.

Cette gloire demeura intacte pendant toutes les années que Pooran Singh passa à la ferme. J'espère qu'elle ne s'éteindra qu'avec sa vie. Il fut le serviteur des dieux; l'esprit des éléments était en lui.

Dans l'échoppe de Pooran Singh le marteau chantait tou-

jours ce que vous désiriez entendre, il était la voix de votre
cœur et pour moi il me rappelait le chant grec :

> Eros a martelé mon cœur.
> Toute ma force est partie en étincelles.
> Comme le fer rouge dans la rivière,
> Il a trempé mon cœur dans les larmes.

UN FAIT SINGULIER.

Pendant que j'assurais des transports pour le gouvernement, dans la Réserve Masaï, j'eus une étrange vision.
C'était en plein jour et nous traversions la plaine.
L'air est un élément essentiel des paysages africains. Il
est toujours chargé de mirages et d'apparitions. Il semble que
tout se passe dans l'atmosphère.
Au milieu du jour, l'air vibre et résonne comme une corde
de violon. Ses vibrations animent de vastes étendues de terre.
La prairie, avec ses aubépines et les collines, est comme sou-
levée et la terre aride est coupée de lacs argentés.
Nous marchions dans l'atmosphère chaude et frémissante,
et je me trouvais par hasard très en avant du convoi avec
Farah, mon chien Dusk et le toto qui s'occupait de lui.
Nous nous taisions, il faisait trop chaud pour parler.
Tout à coup il nous parut que la plaine s'animait à l'horizon;
elle ondulait puis galopait à notre rencontre. Ce n'était pas
seulement la masse d'air qui se déplaçait, mais un immense
troupeau qui à droite s'avançait sur nous à travers la plaine.
« Regarde ce troupeau », dis-je à Farah, ne croyant pas
encore qu'il pût s'agir d'animaux sauvages; je pris mes jumelles,
mais en plein jour on ne distingue à peu près rien avec des
jumelles.
« Est-ce que ce sont des bêtes sauvages? demandai-je à
Farah, que penses-tu? »
Je vis alors que toute l'attention de Dusk était concentrée
sur les bêtes, ses oreilles pointaient, il était haletant et suivait
du regard la marche du troupeau.
Je lui permettais en général de courir dans la plaine après
les gazelles ou les antilopes, mais ce jour-là, j'avais jugé la
chaleur excessive et j'avais dit au toto de le tenir en laisse.
Brusquement Dusk bondit avec un hurlement, le toto qui le

tenait fut renversé et je n'eus que le temps de saisir sa laisse
à laquelle je me cramponnai de toutes mes forces.

Je regardai de nouveau la horde qui avançait.

« Qu'est-ce donc? » demandai-je à Farah.

Il est très difficile dans la plaine d'évaluer les distances,
non seulement à cause de l'air qui vibre et de l'uniformité du
paysage, mais encore à cause des aubépines qui font l'effet
d'arbres imposants bien qu'elles n'aient jamais plus de cinq
à six mètres de haut; les girafes les dominent de la tête et du
cou.

On s'abuse toujours quand il s'agit de gibier; on peut vers
midi se tromper, au point de prendre un chacal pour un éléphant, une autruche pour un buffle.

« Ce doit être des chiens sauvages », me dit Farah au bout
d'un moment.

On rencontre en général les chiens sauvages par groupes
de trois ou quatre, il arrive qu'on en voit une douzaine à la
fois.

Les indigènes en ont peur et à les croire ce sont des bêtes
dangereuses qui n'hésitent pas à attaquer l'homme.

A cheval, dans la Réserve, je suis tombée une fois sur quatre
chiens sauvages qui m'ont poursuivie à quinze mètres de distance. Les deux terriers que j'avais alors se serraient terrifiés contre moi. Ils se tinrent littéralement sous le ventre du
cheval, jusqu'à ce que, le fleuve traversé, nous eussions regagné la propriété.

Moins grands que les hyènes, les chiens sauvages ont à peu
près la taille des bergers allemands, leur poil est noir avec une
touffe blanche au bout de la queue et des oreilles. Ce poil est
inégal et leur peau est inutilisable, ce sont des bêtes qui sentent
mauvais.

Nous devions avoir devant nous cinq cents chiens sauvages;
ils avançaient au galop, mais un galop étrange et ralenti, ils
ne regardaient ni à droite, ni à gauche. Etait-ce une fuite éper-
due ou une poursuite sur une piste déterminée? On ne pouvait
le dire.

Leur ligne s'incurva un peu quand ils nous dépassèrent sans
d'ailleurs paraître nous voir et ils continuèrent à la même
allure.

Ils avaient passé à une trentaine de mètres de nous, par
rangs de deux, trois ou quatre, formant une interminable procession.

« Ce sont des bêtes fatiguées qui ont fait du chemin », me dit Farah, pendant que nous les regardions passer.

Quand ils furent tous passés et qu'ils eurent disparu à l'horizon, nous nous retournâmes pour chercher notre convoi. Il était encore assez loin derrière nous, mais nous étions si émus par ce que nous avions vu, que nous nous assîmes sur place dans l'herbe pour l'attendre.

Dusk était encore violemment excité et tirait sur sa laisse pour s'élancer après les chiens. Je lui entourai le cou en pensant que si je ne l'avais pas retenu à temps, il eût été dévoré.

Les conducteurs des voitures laissèrent leur convoi et se précipitèrent vers nous, leurs fouets à la main, pour nous demander des explications sur ce qu'ils venaient de voir.

J'étais incapable de leur expliquer quoi que ce fût, car à vrai dire je ne comprenais pas moi-même comment tant de chiens pouvaient se trouver ainsi réunis.

Les indigènes y virent un mauvais présage, un signe de guerre, car les chiens sauvages se nourrissent de cadavres. Ils en furent impressionnés et alors que les moindres incidents de la route étaient toujours prétextes à discussion, je remarquai qu'ils préférèrent passer celui-ci sous silence.

J'ai souvent raconté cette histoire sans que jamais personne ait voulu me croire.

Elle n'en est pas moins vraie et tous ceux qui m'accompagnaient sont là pour l'attester.

LE PERROQUET.

Un vieil armateur danois pensait à sa jeunesse et se rappelait certaine nuit passée dans un certain établissement de Singapour. Il avait seize ans et avait suivi les matelots du bateau paternel. Il avait passé la nuit à bavarder avec une vieille Chinoise.

En apprenant qu'il venait des pays lointains, elle était allée chercher un vieux perroquet; elle lui raconta que ce perroquet lui avait été offert par l'ami de sa jeunesse, un Anglais de haute caste.

Le jeune homme pensait avec effarement que ce perroquet devait avoir au moins un siècle. Le répertoire de l'oiseau comprenait plusieurs phrases qui, empruntées aux langues les plus variées, témoignaient bien de l'atmosphère cosmopolite de la maison. Mais il y avait une phrase que l'amant de la vieille Chinoise avait pris soin d'apprendre à l'oiseau avant de le lui envoyer, elle ne pouvait pas la comprendre et aucun de ceux qui étaient passés par la maison n'avait pu la lui expliquer.

Elle avait renoncé depuis longtemps à en parler, mais puisque ce jeune homme venait de si loin, peut-être pourrait-il lui traduire ce que disait l'oiseau.

Le jeune homme avait été ému par la requête de la vieille femme.

Quand il vit l'oiseau et pensa que du danois pourrait sortir de cet affreux bec, il eut envie de s'enfuir. Mais il ne voulait pas refuser à la vieille Chinoise le service qu'elle lui demandait.

Quand l'oiseau débita sa phrase, le jeune Danois découvrit que c'était du grec classique. Le perroquet prononçait chaque mot très lentement. Le jeune homme savait assez de grec pour reconnaître les vers célèbres :

> La lune et les pléiades ont disparu,
> La nuit est plus qu'à moitié écoulée,
> Les heures coulent,
> Et je suis seule.

A mesure qu'il traduisait les vers, la vieille femme humectait ses lèvres et détournait ses yeux aux paupières rongées. Elle lui demanda de répéter ce qu'il avait dit une fois encore. Elle le lui fit répéter. Puis elle hocha la tête

TROISIÈME PARTIE

ADIEUX

JOURS D'ÉPREUVE

Ma ferme était située un peu haut pour que la culture de café pût y donner de très bons résultats.

Pendant les mois froids qui suivent la saison des pluies, le thermomètre pouvait descendre, la nuit, au-dessous de zéro, et l'on trouvait, le lendemain, les pousses nouvelles et les drupes minuscules roussies par le gel.

Le vent soufflait constamment dans la plaine, et jamais, pendant les meilleures années, nous n'avons atteint pour le café le rendement des régions plus basses comme Thika et Kiambu, qui n'étaient qu'à quinze cents mètres au-dessus de la mer.

Les pluies étaient aussi insuffisantes dans la région du Ngong. Deux ou trois années de suite elles firent même complètement défaut et les plants souffrirent beaucoup de la sécheresse.

Une année où nous avions eu douze cent cinquante millimètres de pluie, notre récolte de café s'éleva à quatre-vingts tonnes. Une autre année, avec quatorze cents millimètres, nous pûmes expédier plus de quatre-vingt-dix tonnes; mais il y eut après cela deux mauvaises années pendant lesquelles les pluies ne dépassèrent pas cinq à six cents millimètres.

Notre production de café tomba à quinze ou seize tonnes et ces années-là nous furent fatales.

En même temps, les cours du café baissaient; la tonne, qui avait valu cent livres, n'était plus cotée que soixante à soixante-dix livres. Ce fut une dure période pour la ferme. Il nous était impossible de rembourser nos créanciers et nous n'avions pas assez d'argent pour continuer l'exploitation.

Ma famille, qui avait de l'argent dans la ferme, m'écrivit du Danemark qu'il fallait vendre.

J'échafaudais tous les plans possibles pour sauver la ferme. Une année j'ai essayé la culture du lin.

La culture du lin est une jolie culture, mais elle demande de l'adresse et de l'expérience.

J'avais alors pour conseiller, un réfugié belge qui connaissait la question. Quand il me demanda quelle étendue je comptais réserver au lin et que je lui parlai de trois cents arpents, il me déclara tout de suite :

« Ça, Madame, c'est impossible. »

D'après lui, c'était une expérience à tenter sur cinq, peut-être dix arpents, mais pas plus.

Dix arpents pour nous ne signifiaient rien, et j'en ensemençai cent cinquante!

Rien n'est plus joli qu'un champ de lin fleuri.

C'est le ciel descendu sur terre.

D'autre part, la fibre de lin prête à être expédiée séduit l'imagination.

C'est une matière brillante, résistante et un peu grasse sous le doigt, on se complaît à la pensée des draps, des nappes et des chemises de nuit qu'elle donnera.

Mais ce n'est pas du jour au lendemain que l'on peut dresser des Kikuyus à cueillir et trier le lin et à le mettre en bottes.

Il est impossible de faire comprendre à des nègres que toute la réussite dépend du soin apporté à ces opérations. J'ai essayé de tout pour les dresser à la culture du lin, je crois même être allée jusqu'aux coups : jamais le résultat, pour le lin, n'a récompensé mes efforts.

La plupart des fermiers se livrèrent à des tentatives analogues au cours de ces dures années. Quelques-uns eurent de bonnes idées et parvinrent à se débrouiller.

Ce fut le cas pour Ingrid Lindström à Njoro. Un ou deux ans après mon départ, alors que je l'avais laissée peinant comme un bœuf dans la poussière et la boue, avec son jardinage, ses cochons, ses dindons, son huile de ricin et ses graines de soja, alors que tout avait échoué, et qu'elle avait toutes les raisons de désespérer, elle sauva sa ferme à la dernière minute en cultivant le pyrèthre que l'on expédie en France, où il sert à préparer les parfums.

Mais aucun de mes essais n'a eu de succès! Et sous l'effet de la sécheresse et du vent qui soufflait nuit et jour de la plaine d'Athi, les feuilles de nos caféiers jaunirent, puis tombèrent, et notre plantation fut la proie des maladies.

Pour encourager le café à pousser, nous avions essayé de fumer la terre. Il m'avait toujours semblé, en vraie Danoise que j'étais, qu'il était inadmissible de toujours récolter sans rien donner à la terre en échange.

Quand mes squatters eurent compris mon plan, ils voulurent m'aider et m'apportèrent tout le fumier accumulé depuis des lustres par leur bétail. C'était une matière noire, très facile à enfouir, qui ressemblait à la tourbe. Avec une petite charrue nouvelle que nous nous étions procurée à Nairobi et qu'un seul bœuf suffisait à traîner, nous tracions un grand sillon entre les rangées de café, ensuite comme nous ne pouvions songer à ramener de voiture entre les rangées de café, les femmes transportaient le fumier sur leur dos dans des sacs et le déversaient dans les sillons à raison d'un sac par arbre, si bien que nous pouvions ensuite reprendre les bœufs pour refermer le sillon. C'était un travail amusant à regarder et qui paraissait encourager tous les espoirs.

Aussi attendions-nous des résultats sensationnels. Mais le sort ne permit point que personne vît jamais les résultats de notre fumure.

Le malheur pour nous était que nous manquions de capital; celui dont nous disposions avait été englouti avant que j'eusse pris la ferme en mains.

Nous ne pouvions pas nous livrer à de grandes transformations, ni nous permettre d'améliorations, nous vivions au jour le jour et jamais à la ferme nous n'avons pu vivre autrement.

Je crois que si j'avais pu disposer des capitaux nécessaires, j'aurais renoncé au café. J'aurais arraché tous les caféiers pour planter de véritables arbres à la place.

Les arbres poussent vite en Afrique. Au bout de dix ans on peut circuler à l'ombre des caoutchoucs et des acacias que l'on a plantés, et l'on évoque avec attendrissement le jour pas si lointain où l'on ramenait ces arbres en petits pots de Nairobi pendant la saison des pluies. J'aurais eu à Nairobi des débouchés tout prêts, tant pour le bois de charpente que pour le bois de chauffage, et je considérais que planter des arbres est un travail noble et apaisant pour l'esprit.

La ferme comprenait autrefois de grandes étendues de forêt vierge, mais l'exploitation en avait été laissée à des Indiens qui avaient tout abattu et saccagé. Ceci se passait bien avant mon arrivée, j'en ai toujours eu du regret.

Moi-même, pendant les années difficiles, j'avais dû abattre une partie du vieux bois qui entourait l'usine pour alimenter la machine à vapeur Ce bois que j'ai détruit avec ses grands troncs et ses ombres vertes et vivantes n'a jamais cessé de me hanter.

Il n'y a pas d'action dans ma vie que j'aie autant regrettée que la suppression de ce bois.

De temps en temps, quand il me restait un peu d'argent, je plantais des arbres, des eucalyptus, mais cela n'allait jamais très loin. A l'allure qui était la mienne, il m'eût fallu cent ans pour reboiser et reconstituer autour de ma ferme, la belle forêt que j'aurais pu exploiter scientifiquement en installant une scierie sur la rivière.

Quant à mes squatters qui avaient sur le temps d'autres notions que nous, ils ne perdaient pas l'espoir que je pusse comme autrefois, dans la forêt que j'allais planter, leur permettre de tailler et d'abattre à leur guise; ils prévoyaient déjà que le bois dépasserait tous les besoins.

J'avais bien pensé aussi à l'élevage; à avoir des vaches et à installer une laiterie, mais nous habitions une région contaminée, une région où règne la fièvre de Malte, de telle sorte que pour y conserver des vaches laitières européennes il nous fallait les baigner, grâce à une installation spéciale, comme les fermiers sud-africains, qui plongent leurs bêtes dans une sorte de bain de vapeur désinfectant.

Toute concurrence en devenait impossible entre les districts non contaminés et les autres, mais je pensais toujours à l'avantage que me donnait la proximité de Nairobi. C'était si près que j'aurais pu y livrer mon lait tous les matins. J'ai eu un troupeau de vaches européennes pour lesquelles j'avais construit une « piscine » dans la plaine; malheureusement, il fallut tout vendre l'année suivante et ma piscine, recouverte par l'herbe, ressemblait à un château en ruines, un château imaginaire!

A la suite de cette expérience, lorsque j'allais chez Mauge ou chez Kaninu à l'heure de la traite, ce n'était jamais sans mélancolie que je respirais la bonne odeur des vaches et du lait frais tiré; j'avais la nostalgie de mon étable et de ma laiterie.

Quand je traversais la plaine à cheval, je me plaisais à l'imaginer parsemée de mes vaches comme de fleurs sauvages.

Il y avait longtemps que j'avais renoncé à tous mes beaux projets; quand les mauvaises années commencèrent je n'y pensais même plus, la seule chose qui comptait pour moi était que la récolte du café couvrît les frais et que je pusse conserver la ferme.

Une ferme est un lourd fardeau, les indigènes, qui vivaient d'elle, et même les Européens qui en dépendaient, se déchargeant sur moi de tous soucis. Je me suis demandé parfois, si les bœufs et les caféiers n'en faisaient point autant.

J'avais l'impression que toutes les créatures de la ferme, celles qui parlaient comme celles qui ne parlaient point, me rendaient responsable, si la pluie tardait ou si les nuits étaient froides.

Et le soir, lorsque j'étais seule, il ne me semblait même pas possible ou convenable d'oublier mes soucis et de prendre un livre; j'étais poussée hors de chez moi, comme une feuille emportée par le vent, par la crainte de perdre ma ferme.

Farah, qui était au courant de toutes mes alarmes, n'approuvait point mes promenades nocturnes.

Debout près de la table où je prenais mes repas, il me parlait des léopards que l'on voyait se rapprocher de la maison au coucher du soleil, et quelle que fût l'heure à laquelle je rentrais, je devinais plutôt que je ne voyais sa grande silhouette blanche qui, sur la véranda, attendait que je fusse de retour.

J'avais bien trop de peine pour songer aux léopards! Mes promenades nocturnes sur les chemins de la ferme étaient d'ailleurs bien inutiles; je ressemblais à ces fantômes qui reviennent sans que l'on sache ni où ils vont, ni pourquoi.

Deux ans avant de quitter l'Afrique j'étais allée passer quelques semaines au Danemark.

Je m'absentais pendant la cueillette du café, de façon à ignorer la récolte jusqu'au moment où je débarquerais à Mombasa; mais pendant toute la traversée, je ne pensais qu'à elle, lorsque le temps était beau et que l'atmosphère était agréable, je me disais que nous atteindrions peut-être quatre-vingt-cinq tonnes.

Mais lorsque je fus fatiguée par le voyage ou la chaleur de la mer Rouge, je pensais qu'en tout cas, nous ne devrions pas récolter moins de soixante tonnes.

Farah venait m'attendre à Mombasa; je n'osais l'interroger tout de suite sur la récolte.

Nous commençâmes à parler de choses et d'autres, de ce qui avait pu survenir à la ferme; ce n'est que le soir, avant de regagner mon lit, que je me risquai à demander combien de tonnes nous avions récoltées.

Les Somalis sont en général des oiseaux de malheur qui

aiment prédire les catastrophes, mais pour une fois Farah ne se réjouissait pas, il était soucieux, et les faits lui donnaient le vertige.

Il se tenait près de la porte, les yeux mi-clos, la tête un peu rejetée en arrière, comme s'il avait peine à avaler la nouvelle qui m'attendait.

« Vingt-quatre tonnes, Memsahib », me dit-il.

Je savais qu'avec une récolte de vingt-quatre tonnes, il n'était plus pour moi question de tenir.

Toutes les couleurs de la vie s'évanouirent à la fois.

La chambre d'hôtel nue et étouffante avec la moustiquaire qui recouvrait le vieux lit de fer prit soudain un relief intense, comme si elle avait représenté pour moi le monde entier. Elle n'avait rien d'humain, aucune grâce, aucune fantaisie.

La nouvelle apportée par Farah n'appelait aucun commentaire; lui-même n'ajouta pas un mot, et il franchit le seuil quelques secondes après comme une ombre, comme le dernier humain qui pût compatir à ma peine.

Mais la nature humaine a des ressources insoupçonnées. Au milieu de la nuit, je pensais, comme si le vieux Knudsen me le soufflait à l'oreille, que vingt-quatre tonnes après tout, c'était encore quelque chose, qu'il n'y avait pas lieu d'en faire fi et qu'en tout cas le découragement était un terrible vice.

Et puis, de toutes façons, je rentrais chez moi et je gravirais encore l'allée qui y conduisait; je verrais de nouveau la maison se détacher sur la forêt. Mes gens seraient là, mes amis viendraient me voir et dans une douzaine d'heures je découvrirais du train la chaîne du Ngong toute bleue qui se détachait du ciel.

La même année, les sauterelles sont arrivées. Elles venaient, disait-on, d'Abyssinie, où elles avaient succédé à deux années de sécheresse.

Elles se dirigeaient vers le Sud et dévoraient tout ce qu'elles trouvaient sur leur passage.

Les bruits les plus alarmants les précédaient; les ravages qu'elles exerçaient étaient, disait-on, incalculables.

Au Nord, dans la Réserve Masaï, à la place des champs de blé et des vergers, il ne restait plus qu'un immense désert partout où les sauterelles avaient passé.

Les colons, à mesure qu'arrivaient les sauterelles, envoyaient des messages vers le Sud, à leurs voisins, pour les prévenir de l'arrivée des sauterelles.

Nous étions assez désarmés contre elles; dans toutes les fermes, des bûchers avaient été dressés avec des tiges de maïs toutes prêtes pour y mettre le feu, dès que paraîtraient les sauterelles. Tous les gens de la ferme devaient alors sortir de chez eux avec tous les vieux bidons existants et faire le plus de vacarme possible afin d'effrayer les sauterelles.

Mais ce n'était jamais qu'un sursis car, aussi effrayées qu'elles fussent, les sauterelles devraient toujours se poser, elles ne pouvaient demeurer en l'air perpétuellement.

Le maximum que l'on pût espérer était de les envoyer chez le voisin, mais plus les sauterelles avaient été pourchassées, plus elles étaient affamées et agressives quand enfin elles se posaient.

Pour ma part, la ferme étant limitée au Sud par les grandes plaines de la Réserve, je pouvais espérer faire passer le fleuve aux sauterelles et les expédier chez les Masaïs.

D'aimables voisins m'avaient déjà dépêché deux ou trois coureurs pour m'annoncer l'arrivée des sauterelles, mais rien ne survenant, je commençais à croire à une fausse alarme.

Une après-midi que je m'étais rendue à cheval jusqu'à notre « dukha », sorte de boutique où nos squatters s'approvisionnaient et que tenait Abdullah, le jeune frère de Farah, j'aperçus, en arrivant, un Indien assis dans une voiture traînée par des mules, qui se leva dès qu'il me vit, en me faisant signe de venir jusqu'à lui. Je m'approchai, étant donné qu'il ne pouvait avec sa voiture sortir du chemin.

« Excusez-moi, Memsahib, me dit-il, mais les sauterelles arrivent sur votre propriété.

— C'est ce qu'on m'a fait dire déjà deux ou trois fois, lui dis-je, mais je ne les ai pas vues, peut-être ne sont-elles pas aussi terribles qu'on le prétend.

— Excusez-moi, Memsahib, mais retournez-vous », dit l'Indien.

Je me retournai et vis au Nord tout le ciel obscurci par un énorme nuage qui ressemblait à la fumée que donnerait une ville incendiée.

Je cherchai d'abord quelle ville importante pouvait envoyer autant de fumée noire vers le ciel, puis je pensais qu'il s'agissait peut-être d'un orage formidable qui s'amassait à l'horizon.

« Qu'est-ce donc? demandai-je.
— Les sauterelles », répondit l'Indien.

J'aperçus quelques sauterelles, une vingtaine peut-être, sur le chemin qui me ramenait à la ferme.

Je m'arrêtai en passant chez le contremaître et l'avertis de se tenir prêt pour l'arrivée des sauterelles. Le nuage grandissait dans le ciel. Pendant que nous parlions, quelques sauterelles nous dépassèrent en bourdonnant, d'autres tombaient à terre et y poursuivaient leur route.

Le lendemain, quand j'ouvris ma porte, le monde avait pris une teinte uniforme de terre cuite : les arbres, la pelouse, l'allée, tout, aussi loin que je pouvais voir, était recouvert d'une croûte ocrée, comme si, durant la nuit, une couche de neige terre cuite avait recouvert la terre.

Les sauterelles étaient installées.

Pendant que je les regardais en silence, je vis le paysage frémir; les sauterelles s'agitaient, elles se mirent à voleter et finalement prirent l'air.

Quelques minutes après, l'atmosphère fourmillait d'ailes : les sauterelles s'en allaient.

Elles n'avaient pas fait grand mal à la ferme, cette fois-là. Elles ne firent qu'y passer la nuit, ce qui nous donna cependant l'occasion de les bien voir.

Leur corps long de deux à trois centimètres était beige, mais leurs ailes paraissaient roses une fois déployées : au toucher, c'étaient des bêtes rêches et gluantes.

Deux grands arbres de l'allée avaient cédé sous leur poids, si l'on songe que chaque sauterelle ne pèse que quelques grammes, on aura une idée de leur masse.

Les sauterelles revinrent; pendant deux ou trois mois, elles renouvelèrent leurs attaques sur la ferme : nous avions renoncé à leur faire peur, sentant toute la vanité et la puérilité de nos efforts.

Un essaim de francs-tireurs détachés du gros de la troupe volait parfois à tire-d'aile au-dessus de nous, mais le plus souvent les sauterelles arrivaient en masse et pendant douze heures de suite quelquefois, nous suivions leur bourdonnante progression à travers les airs.

Lorsque le vol atteignait son maximum, il rappelait les tempêtes de neige que j'avais connues dans le Nord, ces tempêtes qui nous enveloppent de cris, de tourbillons et de gémissements. Les ailes papillotantes et frénétiques nous étourdissaient, elles brillaient dans le soleil comme de fines lames de couteaux et formaient écran devant le soleil.

Les sauterelles entouraient les arbres comme d'un manchon allant du sol jusqu'au sommet; au-dessus, l'air redevenait clair. Elles vous entouraient de même, vous les sentiez bruire contre votre visage et s'introduire dans votre col, dans vos manches, dans vos souliers.

Vous aviez l'impression de vaciller dans un tourbillon et vous vous débattiez suffoqué, écœuré et terrifié aussi par leur masse.

L'individuel ne comptait plus. Toutes les sauterelles que nous pouvions tuer ne diminuaient pas cette masse.

Longtemps après qu'elles avaient disparu comme un mince cordon de fumée à l'horizon, nous conservions la répulsion de notre visage et de nos mains sur lesquels les sauterelles s'étaient posées.

Certains oiseaux accompagnaient l'armée des sauterelles, tantôt ils la survolaient et tantôt se promenaient au milieu d'elles dans les champs; c'étaient des cigognes ou des grues, maraudeurs de grand style, qui vivaient royalement de l'armée.

De temps en temps les sauterelles s'installaient à la ferme, elles ne portaient pas grand préjudice au café, dont les feuilles lisses et luisantes comme des feuilles de laurier étaient trop dures pour elles : pour le café, les dégâts se bornaient à quelques arbres cassés.

Mais les champs de maïs, après leur passage, faisaient peine à voir. Il ne subsistait plus que des morceaux de feuilles sèches suspendues à des tiges brisées.

Mon jardin près du fleuve, qui avait été arrosé pendant toute la durée de la sécheresse et qui s'était maintenu vert et frais, ressemblait à un tas de poussière, les fleurs, les légumes, l'herbe, tout avait disparu.

Les terres de mes squatters ressemblaient aux espaces calcinés que l'on vient de défricher.

De temps en temps, on découvrait dans la poussière une sauterelle morte; elle semblait être l'unique produit du sol.

Devant un tel désastre, les squatters restaient muets, faute d'expressions.

Les vieilles femmes qui avaient pioché, semé, planté, courbées en deux, menaçaient, de leurs poings tremblants le ciel noir et mouvant qui recouvrait la Réserve Masaï.

L'armée avait laissé des morts sur le terrain : sur les chemins où elle s'était posée et où les chars et les voitures avaient
passé, la trace des roues était marquée à perte de vue, on
eût dit des rails de tramways : ce n'étaient que des cadavres
de sauterelles.

Les sauterelles déposaient leurs œufs dans la terre et l'année suivante, après les pluies, on voyait apparaître des petites
sauterelles noires, les criquets. Ils ne pouvaient voler, mais
ils se traînaient à terre et dévoraient ce qu'ils rencontraient.

Quand je n'eus plus d'argent et que les récoltes ne cou-
vrirent plus les frais, je fus forcée de vendre la ferme.

Une grande compagnie de Nairobi l'acheta.

Mais comme elle trouvait l'altitude peu favorable à la
culture du café, elle avait l'intention d'arracher tous les
caféiers, de procéder à la construction de routes et à des
aménagements qui permettraient de vendre le terrain comme
terrain à bâtir, lorsque Nairobi, se trouvant à l'étroit — ce
qui ne saurait tarder — chercherait à s'étendre à l'ouest.
Ceci se passait vers la fin de l'année.

Je crois que même dans ces conditions, je n'aurais plus eu
le courage de renoncer à la ferme si les circonstances ne
m'y avaient aidée.

Le café qui restait sur les arbres appartenait encore aux
anciens propriétaires et aux banques, dont l'hypothèque
n'était pas levée; or ce café ne pouvait être ramassé, traité
et expédié avant le mois d'avril au plus tôt.

Jusque-là en tout cas, je pouvais rester à la ferme et
continuer à en surveiller les travaux, sans que ma vie s'en
trouvât modifiée.

Pendant cette période, j'imaginais que quelque chose sur-
viendrait qui remettrait tout en état, et que les choses rede-
viendraient comme elles devaient être et comme elles avaient
été.

Les actes juridiques ne sauraient tout prévoir.

C'est ainsi que j'entrai dans une phase bien curieuse de
ma vie. Il était vrai que la ferme ne m'appartenait plus,
mais étant donné que rien n'était changé dans notre vie
quotidienne, tout le monde pouvait l'oublier.

J'ai de cette période le souvenir d'une perpétuelle leçon
dans l'art de vivre dans le présent, ou plus exactement dans
l'éternité, qui ne comporte ni passé ni futur.

Il est étrange que pendant cette période, je n'aie moi-même jamais sérieusement cru que je pourrais être obligée de quitter la ferme et l'Afrique, alors que pour tout mon entourage la question ne se posait même plus.

Chaque courrier m'apportait du Danemark des lettres qui auraient dû m'ôter toute illusion. Mais elles ne m'impressionnaient nullement. Je persistais à croire que mes jours s'achèveraient en Afrique. J'en arrivais peu à peu à mettre au point une tactique à l'égard du destin et de ceux qui se liguaient avec lui contre moi.

J'étais décidée à céder sur tous les points sans importance, pour m'éviter les discussions et les soucis inutiles.

Je fis ainsi à mes adversaires toutes les concessions orales et écrites, persuadée qu'en fin de compte, c'est moi qui l'emporterais et que je pourrais conserver ma ferme et mes gens.

On ne pouvait pas me les arracher, cela dépassait la raison.

C'est ainsi que je fus la dernière à comprendre que je devais m'en aller.

Quand je passe en revue ces derniers mois d'Afrique, il me semble que les choses inanimées avaient compris bien avant moi notre séparation.

Les montagnes, la forêt, la plaine, le fleuve, le vent, tous comprenaient que nous devions bientôt nous séparer.

Dès l'instant où je commençais à composer avec le Destin, dès que les négociations pour vendre la ferme furent entamées, j'eus l'impression que tout le paysage changeait.

Jusque-là j'en avais fait partie, la sécheresse avait été une maladie de mon sang et la première floraison de la plaine, une parure nouvelle pour moi.

Le paysage se retirait pour me considérer et pour m'apparaître à moi comme un tout.

Les montagnes agissent ainsi pendant les dernières semaines qui précèdent les pluies. Le soir, quand on les regarde, elles se mettent brusquement en mouvement et se révèlent telles qu'elles sont.

Elles deviennent alors si accessibles, si claires et si vivantes, qu'elles semblent s'offrir à nous avec tout ce qui leur appartient : pour un peu on aurait cru pouvoir, depuis la maison, se promener sans effort dans leurs grandes taches vertes.

Il semblait que si une antilope traversait l'éboulis avec cette lumière, je verrais briller ses yeux, se dresser sa tête. Si un oiseau se posait sur une branche, je l'entendrais chanter.

Quand, en mars, les montagnes se révèlent ainsi, c'est signe de pluie. Maintenant, c'était signe que nous allions nous séparer.

Dans le passé déjà, certains paysages, lorsque je devais les quitter, m'étaient ainsi apparus; mais j'avais oublié ce que cela signifiait. Je pensais simplement que, jamais encore, le pays ne m'avait semblé aussi beau.

Sa contemplation suffisait à assurer du bonheur pour toute une vie.

La lumière et l'ombre se partageaient le paysage et d'immenses arcs-en-ciel s'inscrivaient dans le ciel.

Quand je me trouvais avec des Européens, notaires, hommes d'affaires, amis soucieux de me voir partir, j'éprouvais un malaise presque physique d'étouffement.

J'estimais que, parmi eux, j'étais la seule à voir clair, la seule personne de bon sens. Au milieu de fous, j'aurais eu la même sensation.

Les indigènes de la ferme sentaient la situation et mon état d'esprit.

Je leur aurais longuement parlé, qu'ils ne m'eussent pas mieux comprise et cependant ils s'en remettaient à moi du soin de les aider; aucun d'eux n'aurait fait le moindre effort pour assurer son avenir. Ils souhaitaient tous me conserver à la ferme et me faisaient part dans ce but des idées qui leur venaient.

Lorsque la vente de la ferme fut un fait accompli, on les voyait autour de la maison, depuis le matin très tôt, jusqu'au soir.

Ce n'était pas qu'ils eussent quelque chose à dire, ils venaient simplement observer mes mouvements.

Il est paradoxal, qu'au moment où les faiblesses du chef sont les plus flagrantes, au moment où ses partisans pourraient le juger en toute liberté, tous ne demandent encore qu'à le suivre, comme s'il était physiquement indispensable à ses hommes.

Les moutons d'un troupeau éprouvent ou tout au moins manifestent le même sentiment à l'égard du berger; bien plus que lui, ils ont en eux l'instinct du temps ou du terrain et cependant tous le suivent, serait-il au bord de l'abîme.

Les Kikuyus comprenaient encore mieux que moi la situation, grâce à une intuition plus profonde des relations qui se nouent entre Dieu et le démon.

Pendant qu'ils se tenaient sur ma terrasse à attendre mes ordres, il est probable qu'ils dénonçaient ma totale incapacité.

Au moment où la pensée de leur sort — que je ne pouvais plus assurer — m'était un lourd souci, leur présence autour de la maison aurait pu m'être pénible; il n'en était rien et, jusqu'au dernier moment, nous avons éprouvé les uns et les autres beaucoup d'allégement et de consolation à nous trouver ensemble.

Notre entente dépassait les bornes de la raison. Au cours de cette période, j'ai souvent pensé à Napoléon et à la retraite de Russie. On s'appesantit en général sur les grandes souffrances que l'Empereur devait éprouver en voyant son armée fondre sous ses yeux.

Peut-être serait-il mort de douleur s'il ne l'avait pas sentie autour de lui.

La nuit, je comptais les heures en attendant celle où mes Kikuyus reparaîtraient autour de la maison.

LA MORT DE KINANJUI

C'est cette année-là que Kinanjui mourut.

Un de ses fils vint un soir, très tard, me chercher pour me conduire tout de suite près de son père « qui désirait mourir », suivant la formule indigène.

Kinanjui était maintenant un vieillard et un grand événement venait de se produire : la quarantaine qui affectait la Réserve avait été levée. Dès qu'il en avait eu connaissance, le vieux Kikuyu, accompagné d'amis sûrs, s'était rendu dans le Sud de la Réserve pour essayer de régler ses comptes avec les Masaïs et surtout pour récupérer les vaches qui lui appartenaient.

C'est pendant ce voyage qu'il était tombé malade. D'après ce que j'ai cru comprendre, il avait reçu d'une vache un coup de corne dans la cuisse, ce qui était pour un chef une très noble façon de mourir. La plaie s'était gangrenée et Kinanjui avait trop tardé à reprendre le chemin du retour. Il n'avait pu se résoudre à renoncer à la moindre bête, et il avait attendu que le troupeau fût au complet pour partir.

Peut-être aussi s'était-il laissé soigner par ses filles mariées jusqu'à ce qu'un doute lui vînt sur le désir qu'elles avaient de le voir guérir.

Finalement, il était parti. Il semble que ceux qui l'accompagnaient avaient eu grand mal à le ramener vivant.

Ils avaient dû sur la plus grande partie du parcours transporter le vieillard agonisant sur une civière.

Il attendait maintenant la mort dans sa hutte et m'envoyait chercher.

Le fils de Kinanjui était arrivé chez moi après le dîner et la lune, qui en était à son second quartier, était déjà très haute lorsque Farah et moi arrivâmes sur son domaine.

En chemin, Farah supputait déjà qui prendrait la succession de Kinanjui à la tête des Kikuyus.

Le vieux chef avait de nombreux fils et plusieurs influences joueraient.

Deux des trois fils de Kinanjui avaient été convertis au christianisme, l'un par la Mission française, l'autre par la Mission écossaise; il était clair que chacune d'elles chercherait à faire élire son prétendant. Kinanjui, personnellement, préférait laisser le pouvoir à un de ses plus jeunes fils qui n'était pas converti.

Pendant les derniers cinq ou six kilomètres, le chemin qui conduisait chez Kinanjui n'était plus qu'un sentier à travers l'herbe grise de rosée; avant d'arriver jusqu'à lui il fallait encore traverser le lit d'une rivière envahi par un épais brouillard.

Le silence recouvrait la manyatta de Kinanjui qui déployait au clair de lune ses huttes aux toits pointus, à côté des parcs à bétail. A la lueur de nos phares, j'aperçus en passant sous un toit de chaume l'automobile que Kinanjui avait achetée au consul d'Amérique de Nairobi, celle qu'il nous avait fait admirer lorsqu'il s'était rendu à la ferme pour régler l'affaire de Kaninu après l'accident.

Elle me parut rouillée et démontée.

Kinanjui n'y pensait sans doute plus, alors que fidèle à la coutume de ses ancêtres il ne demandait plus qu'à être entouré de ses femmes et de ses vaches.

Le village n'était pas endormi, et ses habitants vinrent à notre rencontre dès qu'ils entendirent l'auto. Mais l'atmosphère était changée.

Une grande animation avait toujours régné dans la manyatta de Kinanjui, comme une source jaillie de la terre, d'où la vie se répandrait.

Les projets et les plans s'édifiaient et se contrariaient sous les yeux paternels et bienveillants de Kinanjui qui demeurait le chef autant que l'animateur de toute cette vie familiale.

La mort qui planait maintenant sur la manyatta, tel un aimant, avait changé le dessin des groupes et des constellations.

Tous les membres de la famille ressentaient toute la signification d'une telle minute. Il se nouait dans cette atmosphère d'étable et de clair de lune autant d'intrigues qu'autour de n'importe quel autre lit royal visité par la mort.

Au moment où nous descendions de l'auto, un jeune homme vint au-devant de nous avec une lanterne pour nous conduire

auprès de Kinanjui et un groupe important nous suivit jusqu'au seuil de la hutte.

Je n'avais jamais pénétré à l'intérieur de la maison de
Kinanjui. Ce palais royal était un peu plus spacieux que les
huttes ordinaires des Kikuyus, mais pas plus meublé. A part
un lit de cuir garni de couvertures, il n'existait guère que deux
ou trois escabeaux.

Deux feux de bois avaient été allumés à même le sol d'argile battue. La chaleur à l'intérieur de la hutte était étouffante
et la fumée si épaisse que je ne pus tout d'abord rien distinguer, malgré une grosse lampe tempête posée par terre.

Lorsque mes yeux furent un peu plus habitués à la fumée
et à l'obscurité, je constatai la présence autour du moribond
de trois vieillards chauves, les oncles ou les conseillers de
Kinanjui sans doute, ainsi que d'une très vieille femme qui,
cramponnée à son bâton, se tenait tout près du lit et enfin
d'un jeune garçon long, maigre et luisant qui pouvait avoir
environ treize ans. Quelle constellation s'était ainsi formée
auprès du lit de mort du vieux chef?

Kinanjui était étendu sur le lit. La mort était proche. Il
était déjà à moitié décomposé et dégageait une odeur si épouvantable que je n'osais pas ouvrir la bouche. Le vieillard était
complètement nu. Il était étendu sur un plaid écossais que je
lui avais autrefois donné, mais il ne pouvait rien supporter
sur sa jambe. Cette jambe, affreuse à voir, était si enflée que je
ne distinguais même plus la place du genou et, dans la lumière
mate, on apercevait de grandes raies jaunes qui allaient de
la taille jusqu'au pied. Sous la jambe malade, la couverture
était noire et mouillée par un écoulement continu.

Le fils de Kinanjui qui était venu me chercher à la ferme
m'apporta un vieux fauteuil bancal qu'il plaça près du lit.

La tête et le corps de Kinanjui étaient si amaigris que toute
sa puissante ossature saillait. Il ressemblait à une figure taillée
dans du vieux bois. Ses dents et sa langue apparaissaient entre
les lèvres. Les yeux déjà vitreux avaient dans son visage noir
un aspect laiteux, mais ils voguaient encore car lorsque je
m'approchai de son lit il tourna ses yeux vers moi et les tint
fixés sur mon visage tout le temps que je passai dans la hutte.
Lentement, très lentement, il souleva sa main droite par-dessus
son corps pour toucher la mienne.

Il souffrait atrocement, mais demeurait lucide et tout
dépouillé et nu qu'il fût, il comptait encore.

D'après son attitude, je pouvais comprendre qu'il était revenu en vainqueur, ramenant tout son bétail sous les regards de ses beaux-fils. Assise près de lui, je pensais en le regardant qu'il n'avait eu qu'une seule faiblesse, la peur du tonnerre.

La foudre étant tombée alors qu'il était chez moi, il avait changé d'aspect : j'avais reconnu sur son visage l'expression du lapin qui cherche son trou.

Maintenant, pensais-je, il ne redoute plus ni les éclairs ni le tonnerre.

Si Kinanjui pouvait encore songer au passé et revoir sa vie, il devait reconnaître qu'elle ne lui avait pas ménagé les succès; il était bien rare qu'il ne fût pas sorti vainqueur d'une situation et qu'il n'eût pas tiré la plus longue paille.

Une vitalité exceptionnelle et d'heureuses dispositions à jouir de l'existence, jointes à une grande activité, allaient s'éteindre avec Kinanjui.

Les vieillards que j'avais trouvés dans la hutte se tenaient autour de Kinanjui et de moi comme s'ils avaient perdu l'usage de la parole; aussi est-ce le jeune homme que je pris pour un fils tard venu de Kinanjui qui prit la parole pour m'exposer ce qui, je pense, avait été décidé à l'avance.

Le docteur de la Mission ayant appris la maladie de Kinanjui était venu examiner le malade et s'était retiré en disant aux Kikuyus qu'il reviendrait chercher leur chef pour le transporter à l'hôpital. On attendait d'un moment à l'autre l'arrivée de l'ambulance de la Mission.

Mais Kinanjui ne voulait pas aller à l'hôpital. C'était précisément pourquoi il avait recours à moi; il me demandait de l'emmener chez moi et de le faire tout de suite avant que les gens de la Mission arrivent.

Pendant que ses plans m'étaient ainsi dévoilés, Kinanjui n'avait pas cessé de me regarder. Et j'avais le cœur bien lourd.

Si Kinanjui avait choisi un autre moment pour mourir, si la mort l'avait frappé un an, voire trois mois plus tôt, je l'aurais emmené chez moi puisqu'il me le demandait. Maintenant, tout était changé.

Les choses allaient mal pour moi et je pouvais craindre qu'elles ne fussent pires. J'avais passé la journée dans les cabinets d'affaires et chez les notaires de Nairobi; je sortais de réunions où j'avais dû me débattre avec mes créanciers.

La maison où Kinanjui désirait être conduit ne m'appartenait plus.

Kinanjui, pensais-je, ne peut plus être sauvé, il va mourir en chemin dans l'auto, ou en débarquant chez moi.

Les gens de la Mission me rendront responsables de sa mort, comme tous ceux qui connaîtront les faits.

Enfoncée, comme je l'étais dans mon fauteuil, plus je considérais les circonstances, moins je me sentais de taille à lutter contre elles.

Je n'avais plus assez de force en moi pour résister aux puissants de ce monde, je ne pouvais plus lutter avec eux.

J'essayai deux ou trois fois de retrouver assez de courage pour faire ce que Kinanjui me demandait, mais chaque fois je reculai et je compris que j'allais l'abandonner.

Farah était demeuré près de l'entrée et avait écouté avec attention les explications du jeune homme. Quand il vit que je demeurais silencieuse, il s'approcha pour me dire à voix basse comment nous pourrions transporter Kinanjui jusqu'à la voiture.

Je m'éloignai alors du lit pour faire comprendre à Farah, à l'abri des yeux du malade, que je ne pouvais pas me charger de Kinanjui. Farah fut bouleversé autant que surpris par ma décision, et je vis son visage changer.

Je serais volontiers restée encore un peu auprès de Kinanjui, mais je ne tenais pas à me trouver là quand les gens de la Mission viendraient pour l'enlever.

Je m'approchai du lit de Kinanjui et je le prévins que je ne pouvais pas l'emmener chez moi. Les explications étaient inutiles — aussi n'en donnai-je point.

Lorsque les vieillards eurent entendu mon refus, ils se consultèrent et parurent troublés. Le jeune garçon s'éloigna de quelques pas et resta impénétrable. Son rôle était terminé. Kinanjui ne bougea pas et ne changea pas d'expression; il conserva ses yeux attachés sur moi.

Il me parut qu'il se souvenait d'avoir connu quelque chose d'analogue, ce qui était vraisemblable.

« Au revoir, Kinanjui », lui dis-je en m'approchant de lui. Ses doigts brûlants serrèrent faiblement la paume de ma main.

Sans attendre d'avoir atteint la porte de la hutte, je me retournai, mais l'obscurité et la fumée de la pièce me dissimulaient déjà la grande silhouette de mon vieux Chef.

Quand je sortis de la hutte, il faisait froid et la lune était très basse à l'horizon, il devait être plus de minuit. Un des coqs de Kinanjui chanta deux fois.

Kinanjui mourut pendant la nuit, à l'hôpital de la Mission. Deux de ses fils vinrent me l'annoncer dans l'après-midi. Ils venaient également m'inviter à ses obsèques qui auraient lieu le lendemain près de chez lui, à Dagoretti.

Lorsque les Kikuyus ont la liberté de le faire, ils n'enterrent point leurs morts, ils les abandonnent aux vautours et aux hyènes.

J'avoue que cette coutume me plaît assez et que je préférerais, plutôt que d'être sous terre, avoir mon corps à l'air libre, sous le soleil et les étoiles pour être rapidement et ouvertement intégrée à la nature. Il me semble que je participerais mieux ainsi à la vie du paysage.

Quand l'épidémie de grippe espagnole sévissait, je me rappelle avoir entendu chaque nuit hurler autour des shambas, et il m'arrivait quelquefois, dans la plaine ou dans les herbes, au pied des arbres, de heurter un crâne brun et poli qui ressemblait à une pierre ou à une noix tombée de l'arbre; mais cette habitude n'était guère compatible avec les exigences de la vie civilisée. Le Gouvernement eut beaucoup à lutter pour obtenir des Kikuyus qu'ils enterrent leurs morts.

D'instinct, les indigènes étaient opposés à cette idée.

Kinanjui allait être enterré et je pensais que les Kikuyus avaient consenti à cette dérogation à leurs habitudes, parce qu'il s'agissait d'un grand chef.

Et puis, ils profiteraient de l'occasion pour se réunir et s'amuser. Je me rendis le lendemain à Dagoretti pensant y rencontrer tous les petits chefs de la Réserve Kikuyu et assister à une vraie fête kikuyu.

Mais l'enterrement de Kinanjui fut très européen et très ecclésiastique. Quelques représentants du Gouvernement y assistaient, le commissaire du district et deux fonctionnaires de Nairobi, mais c'était surtout l'Eglise qui avait pris l'affaire en main. La Mission française comme la Mission écossaise étaient abondamment représentées.

Si l'on avait tenu à donner aux Kikuyus l'impression que les églises européennes avaient confisqué leur vieux chef on n'aurait pas mieux réussi. Il était clair que c'étaient elles qui l'emportaient et que maintenant Kinanjui ne pouvait plus leur échapper.

D'ailleurs, c'est un vieux tour de passe-passe dans lequel les églises de tous les temps ont excellé.

Cette cérémonie me valut de voir pour la première fois des convertis groupés et en nombre, vêtus du costume mi-religieux, quelles que fussent les occupations auxquelles se livraient ces jeunes Kikuyus adipeux, à lunettes, les mains croisées; je dois dire qu'ils ressemblaient tous à des eunuques peu appétissants.

Les deux fils chrétiens de Kinanjui devaient être là et je pense qu'ils avaient consenti à oublier leurs différends pour l'occasion, mais je ne les connaissais pas; quelques vieux chefs assistaient à l'enterrement — Kioy était là et nous parlâmes ensemble du défunt —, mais ils se tinrent assez effacés pendant toute la cérémonie.

La tombe de Kinanjui avait été creusée dans la plaine, à l'ombre de deux grands eucalyptus et une corde l'entourait; j'étais arrivée à l'avance et je vis la foule grossir et les indigènes arriver comme des mouches sur la plaine de Dagoretti.

On apporta Kinanjui sur un camion et on le déposa à côté de la tombe. Je ne crois pas avoir jamais été plus effrayée qu'en voyant son cercueil.

Alors qu'il avait été un homme grand et fort, — je me le rappelai arrivant à la ferme entouré de ses conseillers, ou encore étendu sur son lit l'avant-dernière nuit — la boîte dans laquelle on l'apportait était presque carrée et n'avait guère plus d'un mètre soixante-cinq.

Je ne pus croire au premier abord qu'il s'agissait d'une bière, mais plutôt d'une caisse contenant quelque accessoire pour la cérémonie.

C'était pourtant le cercueil de Kinanjui. Je n'ai jamais pu comprendre pourquoi on avait choisi cette boîte, peut-être était-ce pour utiliser quelque vieille caisse de la Mission écossaise! Mais comment avaient-ils pu faire entrer Kinanjui là-dedans? Et comment y était-il installé maintenant?

Le cercueil portait une grande plaque d'argent sur le côté avec une inscription qui, d'après ce que j'ai entendu dire, mentionnait qu'elle était offerte par la Mission au grand chef Kinanjui; elle portait en outre un texte biblique.

La cérémonie fut longue. Un à un les missionnaires s'avancèrent et prononcèrent quelques mots; je pense qu'il s'agissait là d'un prêche quelconque, mais je ne pouvais rien entendre.

J'étais appuyée contre la corde qui entourait la fosse. Quelques-uns des convertis vinrent ensuite, avant de s'égailler sur l'herbe.

Finalement, Kinanjui fut descendu au fond de la fosse et recouvert de la terre de son pays.

J'avais amené quelques-uns de mes gens jusqu'à Dagoretti pour qu'ils assistassent à la cérémonie et pussent y retrouver leurs parents et leurs amis. Ils devaient rentrer à pied, de sorte que Farah et moi reprîmes seuls le chemin de la maison.

Farah était muet comme la tombe que nous venions de quitter : il avait eu du mal à accepter que je ne ramène pas Kinanjui à la ferme, l'avant-veille.

Pendant ces deux jours, je l'avais senti malheureux et déchiré par le doute.

Au moment d'arriver devant la porte : « Allons, courage, Memsahib, me dit-il, c'est la vie! »

LA TOMBE DANS LA MONTAGNE

Denys Finch Hatton, lorsqu'il revenait de ses safaris, avait l'habitude de passer quelque temps à la ferme; mais quand je commençai à démonter la maison, ne pouvant plus y habiter, il se réfugia à Nairobi, chez son ami Hugh Martin.

Il n'en venait pas moins tous les jours déjeuner à la ferme.

La vente de mes meubles le réduisit petit à petit à s'asseoir sur une caisse et à prendre une autre caisse pour table; nous restions ainsi à bavarder indéfiniment.

Il nous arrivait quelquefois d'envisager la possibilité de mon départ. Lui-même considérait l'Afrique comme son pays. Mieux que quiconque, il comprenait ce que j'éprouvais, bien qu'il affectât de me taquiner sur la répugnance que j'éprouvais à me séparer de ces indigènes.

« Penses-tu vraiment, me demandait-il, que tu ne puisses vivre sans Sirunga?

— Je ne crois pas que je le puisse », lui disais-je.

Mais, la plupart du temps, nous affections d'ignorer l'avenir. Il ne s'en était à vrai dire jamais beaucoup préoccupé. On eût dit qu'il comptait sur des ressources insoupçonnées pour y faire face.

Il avait, jusqu'alors, approuvé mon insouciance à l'égard de ce que disaient ou pensaient les autres. Quand il était là, nous devions trouver tout naturel d'avoir choisi de nous asseoir sur des caisses dans des pièces vides, et je me rappelle qu'il fredonnait :

« Chantez un air plus joyeux, car je ne suis pas venu pour vous plaindre, mais pour me réjouir. »

Nous nous promenions souvent sur les hauteurs du Ngong et dans les Réserves Domaniales.

Denys vint un matin me chercher au lever du soleil et nous découvrîmes un lion dans la plaine.

Il devait toujours venir reprendre les livres qui étaient

restés si longtemps sur mes rayons, mais il ne le fit jamais.
« Conserve-les, me dit-il finalement, je n'ai aucun lieu où
les mettre. »

Il ne pouvait arriver à décider ce qu'il ferait lorsque ma
maison serait fermée. Un ami avait obtenu qu'il allât visiter
à Nairobi un bungalow à louer, mais il en revint si attristé,
qu'il ne pouvait se résoudre à en parler; il essaya en déjeu-
nant de m'en entretenir sur le ton humoristique, mais brusquement il s'interrompit avec une expression de malade et
de peine que je ne lui avais jamais vue.

Le changement d'existence qui l'attendait lui paraissait intolérable; ce n'était pas qu'il songeât aux petits désagréments
qui pourraient en résulter pour lui; lorsque j'essayais d'y
faire allusion, il m'interrompait pour me dire :

« Oh! pour ce qui est de moi, je vivrais très bien sous une
tente chez les Masaïs » ou encore :

« Je louerai une maison dans le quartier somali. »

Mais ce jour-là, par extraordinaire, il essaya de me démontrer que je serais certainement plus heureuse en Europe que
dans une Afrique qui se civilisait trop vite :

« Sais-tu, me disait-il, que l'Afrique s'entend à se moquer
des gens? »

Denys possédait un petit terrain sur la côte, à une cinquantaine de kilomètres au Nord de Mombasa, près du golfe de
Takaunga.

On y voyait les ruines d'une très vieille ville arabe avec un
minaret discret et un puits; le tout n'était plus qu'un amas de
pierres grises; on eût dit un groupe de grands cactus sur la
terre saline. Quelques vieux manguiers poussaient au milieu
de ces ruines.

Denys avait fait construire là une petite maison que j'avais
habitée quelque temps. Tout contribuait à vous y donner ce
sens de la plénitude que l'on ne peut éprouver qu'au bord de
la mer.

Nous avions devant les yeux l'océan Indien et le golfe étroit
de Takaunga avec la longue ligne des falaises de corail jaune
et blanc à perte de vue.

A marée basse, on pouvait avancer pendant des kilomètres
dans ce golfe avec l'impression d'avoir sous les pieds les pavés
inégaux de quelque vieille place parsemée d'étranges coquil-
lages et d'étoiles de mer.

Les pêcheurs souahélis quittaient leurs bateaux qui reposaient à sec et venaient à ma rencontre vêtus, comme Simbad, d'un turban bleu et d'un pagne de même couleur autour des reins.

Ils me proposaient leurs poissons multicolores et hérissés dont certains étaient comestibles.

Tout le long de la côte, des grottes creusées dans la falaise vous offraient leur ombre pour regarder la mer.

Toutes les mers du Sud ont la même couleur de lapis-lazuli. Contrairement aux mers du Nord qui ne sont bleues que dans le soleil, elles restent dans l'ombre d'un bleu profond que l'éclat de la lumière trop intense éteindrait. Quand le flot montait, la mer emplissait toutes les grottes et toutes les anfractuosités; la falaise poreuse aspirait la mer et le sol s'animait sous nos pieds d'une étrange vie.

Les vagues écumantes arrivaient dans la baie de Takaunga comme une armée victorieuse.

J'étais à Takaunga à l'époque de la pleine lune; la beauté des nuits nous enchantait le cœur. Nous dormions toutes portes ouvertes sur la mer argentée.

La brise tiède jouait et murmurait dans les pièces, laissant un peu de sable sur les dalles.

Une nuit, toute une théorie de caravelles arabes, poussées par la mousson, défila sans bruit tout près de la côte, comme une succession de voiles irréelles sous la lune.

Denys envisageait parfois de s'installer à Takaunga et d'y préparer ses safaris. Quand il fut pour moi question de quitter la ferme, il mit sa maison à ma disposition.

Mais les Européens ne peuvent vivre sur la côte sans beaucoup de confort, et Takaunga était trop bas et trop chaud pour moi.

En mai, l'année où j'ai quitté l'Afrique, Denys alla passer une semaine à Takaunga. Il pensait y construire une plus grande maison et planter des manguiers.

Il partit sur son avion, et devait revenir par Voï pour voir s'il y trouverait des éléphants pour l'organisation de ses safaris.

Les indigènes parlaient d'un troupeau d'éléphants et en particulier d'un grand éléphant mâle, deux fois plus grand qu'un éléphant ordinaire, qui se promenait seul dans les bois d'alentour.

Denys, qui se flattait d'être un homme essentiellement raisonnable, était en proie parfois à d'étranges pressentiments; on le voyait alors silencieux et distrait, plusieurs jours de suite.

Il s'en rendait si peu compte, qu'il était toujours surpris quand je lui demandais ce qu'il avait.

Pendant les quelques jours qui précédèrent son départ, il avait été absent et préoccupé, mais il se contenta de rire, lorsque je lui en fis la remarque.

Je lui demandai de m'emmener, car il me semblait que revoir la mer m'aiderait.

Denys commença par acquiescer, mais ensuite il refusa, alléguant que le détour par Voï pouvait offrir des difficultés.

Il m'expliqua qu'il risquait d'atterrir et de coucher dans la brousse. Mieux valait, dans ces conditions, qu'il fût accompagné d'un indigène.

Je lui rappelai qu'il prétendait que c'était pour moi qu'il avait amené son avion. Il me promit que, s'il trouvait des éléphants à Voï, il m'y conduirait après avoir reconnu les terrains d'atterrissage. C'est la seule fois où Denys a refusé de m'emmener dans son avion.

Il partit le vendredi 8 mai.

« Attends-moi jeudi, me dit-il, j'arriverai pour déjeuner avec toi. »

Alors que son auto avait déjà tourné et disparu dans le bois, il revint pour chercher un livre qu'il m'avait offert autrefois et qu'il désirait emporter dans ce voyage.

Il s'attarda, un pied sur le marchepied de l'auto, à feuilleter le livre et à me lire un poème dont nous avions parlé. « Voici vos oies grises », me dit-il.

J'ai vu les oies grises voler sur la plaine.

Les oies grises qui troublent de leur cri le silence des montagnes et qui, sans hésiter, d'un horizon à l'autre, suivent leur voie.

L'âme tendue et la gorge durcie, elles strient de leur blancheur grise le ciel immense et l'or ruisselant du soleil.

Denys partit ensuite pour tout de bon, en agitant la main avant de disparaître.

A Mombasa, Denys cassa une hélice en atterrissant; il télégraphia à Nairobi pour qu'on lui expédie la pièce de rechange dont il avait besoin et « The East Africa Airway Co » la lui fit porter par un indigène. Une fois la réparation terminée, Denys voulut emmener avec lui le jeune Kikuyu que lui avait adressé la compagnie, mais celui-ci refusa. Ce Kikuyu était

pourtant habitué à voler; il avait accompagné déjà bien des
aviateurs et Denys lui-même était un pilote remarquable qui
jouissait à cet égard, comme à d'autres, d'une grande popula-
rité parmi les indigènes.

Cette fois-ci rien ne put décider le jeune Noir à prendre
l'avion. Longtemps après, retrouvant Farah et faisant allusion à cet incident, il déclara :

« Pour cent roupies, je ne serais pas monté ce jour-là avec
Bwana Bédar. »

L'ombre du malheur que Denys avait si bien sentie pendant les derniers jours passés à Ngong avait impressionné le
jeune indigène de Mombasa.

Denys prit avec lui son domestique Kaman. Ce pauvre
Kaman qui avait si peur en avion! Il m'avait confié certain
jour à la ferme que, lorsqu'il quittait la terre, il tenait ses
yeux fixés sur ses pieds jusqu'au moment où il touchait
terre de nouveau, tant il souffrait de voir le paysage de si
haut.

Le jeudi matin je surveillai l'horizon, en quête de Denys :
j'avais calculé qu'il partirait au lever du soleil et qu'il serait
à la ferme deux heures plus tard; ne le voyant pas arriver,
et ayant d'autre part des affaires à régler en ville, je partis
pour Nairobi.

Lorsqu'il m'arrivait en Afrique d'être malade ou préoccu-
pée, j'étais très souvent en proie à une obsession : il me semblait que mes amis étaient en danger, qu'ils m'appelaient
à leur secours, et que je m'élançais, sous des yeux terrifiés,
dans une voie sans issue.

Pendant les derniers mois de mon séjour en Afrique, alors
que mes affaires étaient assez lamentables, le même sentiment
m'accablait, la vie me paraissait soudainement obscurcie : je
m'en préoccupais comme d'un trouble mental.

Ce jeudi, à Nairobi, je fus reprise à l'improviste par ce
cauchemar et je me demandais si je ne devenais pas folle.

Il me semblait qu'une atmosphère de deuil planait sur la
ville et que les gens se détournaient de moi.

Les amis qui m'apercevaient, au lieu de s'arrêter, remon-
taient dans leur auto et partaient. Le vieux Duncan lui-même,
un vieux marchand de produits alimentaires, chez lequel je
me servais depuis longtemps et avec lequel j'avais dansé au
bal du Gouverneur, parut effrayé en me voyant et quitta
précipitamment sa boutique.

Je commençais à me sentir aussi isolée à Nairobi que Robinson sur son île.

J'avais laissé Farah à la ferme pour y attendre Denys, de sorte que je n'avais personne à qui parler.

Les Kikuyus ne sont d'aucun secours dans ces cas-là, car leur conception de la réalité diffère de la nôtre et leur réalité n'est pas la nôtre.

Je devais déjeuner à Chiromo, chez Lady Mac Millan, et je pensais que, là au moins, je rencontrerais des Européens qui m'aideraient à retrouver mon équilibre.

En remontant l'allée de bambous qui conduisait à la vieille propriété, j'aperçus tous les invités déjà réunis, mais je retrouvai à Chiromo la même atmosphère qu'à Nairobi. Tous me semblaient tristes. J'avais pour voisin mon vieil ami M. Bulpett, mais il avait l'air absent. Je n'arrivai que bien difficilement à lui tirer quelques paroles. J'essayai vainement de le mettre sur le chapitre de ses ascensions mexicaines, il paraissait les avoir oubliées.

Je me disais : ces gens ne peuvent m'aider, il faut que je rentre, Denys doit être arrivé, je vais lui parler sérieusement et tout ira mieux.

Mais après le déjeuner, Lady Mac Millan, qui avait attendu pour me parler, me prévint qu'un accident était arrivé à Voï, que Denys était tombé avec son avion et s'était tué. .

C'était bien ce que j'avais pensé et je n'eus pas plus tôt entendu le nom de Denys que je compris tout.

Je reçus ensuite une lettre du commissaire du district de Voï qui me donnait des détails sur la catastrophe : Denys, après avoir passé la nuit chez lui, s'était envolé de grand matin dans la direction de ma ferme. Il venait à peine de partir, lorsqu'on le vit faire demi-tour à très faible altitude et brusquement l'avion était tombé en vrille. En touchant terre, il avait pris feu.

Ceux qui étaient accourus au secours de l'avion n'avaient pu approcher à cause de l'incendie. On avait maîtrisé les flammes avec de la terre et des branches, mais la machine était en miettes et les deux hommes avaient été tués dans la chute

Pendant longtemps, la mort de Denys fut ressentie comme une perte irréparable pour la colonie.

Il était émouvant de sentir à quel point les regrets exprimés étaient un hommage rendu à des valeurs ignorées de la plupart.

Beaucoup ne voyaient en Denys que l'homme de sport et se plaisaient à rappeler ses succès au golf et au cricket, succès dont il m'avait si peu parlé qu'il a fallu sa mort pour que je découvre les prouesses sportives qui l'avaient rendu célèbre. Si l'on admirait ses succès sportifs, on rendait hommage à ses dons et l'on reconnaissait qu'une brillante carrière aurait pu l'attendre en Angleterre.

Mais on se souvenait surtout de son manque absolu de prétentions, de son naturel, de son respect intransigeant de la vérité. Je n'ai retrouvé un culte aussi passionné de la vérité que chez certains idiots.

Ce ne sont pas là des qualités très prisées dans une colonie, mais il suffit qu'on meure pour que là, plus qu'ailleurs, on leur rende hommage. Les indigènes, plus encore que les Blancs, avaient compris Denys et ils sentaient tout ce qu'ils perdaient avec lui.

Après avoir appris la mort de Denys, je cherchai à me rendre à Voï. La société aéronautique y envoyait Tom Black pour enquêter sur les causes de l'accident.

Je me rendis à l'aérodrome pour lui demander de m'emmener, mais en arrivant je vis son appareil décoller et partir en direction de Voï.

Peut-être eût-il été possible de s'y rendre en auto, mais nous étions en pleine saison des pluies et il me fallait d'abord connaître l'état des chemins; pendant que j'attendais les renseignements de l'Automobile-Club, je me rappelai le désir exprimé par Denys d'être enterré dans les montagnes de Ngong.

Il était singulier que cela ne me fût point encore revenu à l'esprit; il faut dire que jamais je n'avais pensé que ce serait moi qui l'enterrerais. Et, brusquement, un souvenir aussi précis qu'une image s'imposait à moi.

Alors que j'imaginais terminer mes jours en Afrique, j'avais montré à Denys, sur le premier éperon de la Réserve, le lieu où je souhaitais être enterrée et le soir, comme nous regardions les montagnes, Denys m'avait dit qu'il aimerait, lui aussi, reposer là. Par la suite, quand nous nous dirigions de ce côté, Denys proposait toujours que nous allions voir « nos tombes ». Certain jour où nous poursuivions des buffles, nous en avions même reconnu l'endroit : c'était un belvédère d'où l'on découvrait un immense horizon, nous avions pu distinguer, au coucher du soleil, le mont Kenya et le Kilimandjaro. Denys s'était couché dans l'herbe, avait mangé une orange et déclaré qu'il aimerait reposer là.

L'emplacement que j'avais choisi pour moi était situé un peu plus haut; mais, de ces deux points, nous pouvions voir ma maison se détacher à l'Est contre les arbres. Nous la regardions en nous réjouissant d'y rentrer le lendemain; nous ne pensions alors pas à la mort.

Gustav Mohr était accouru jusque chez moi en apprenant la mort de Denys; ne me trouvant pas à la ferme, il m'avait cherchée et retrouvée à Nairobi. Peu après, Hugh Martin venait se joindre à moi et je leur parlai du désir qu'avait manifesté Denys, d'être enterré dans la Réserve. Ils télégraphièrent à Voï et, avant de regagner la ferme, je savais que le corps de Denys arriverait à Nairobi par le train et que l'enterrement aurait lieu le lendemain, à l'endroit que j'indiquais, si je pouvais y faire creuser sa tombe.

Gustav Mohr me ramena à la ferme où il coucha pour m'aider le lendemain. Il nous fallait partir avant le lever du soleil pour repérer l'emplacement et que tout fût prêt.

Il plut toute la nuit et une pluie fine tombait encore quand nous quittâmes la maison. Les ornières étaient pleines d'eau, nous avions l'impression d'avancer dans un nuage. Il était impossible de distinguer quoi que ce fût : la plaine, la montagne, le relief, tout était noyé. Les Kikuyus qui me suivaient en camion disparaissaient à dix mètres de distance.

Le brouillard devenait de plus en plus opaque à mesure que nous montions.

C'est uniquement par les bornes de la route que nous avions pu reconnaître l'entrée de la Réserve. Deux cents mètres plus loin nous étions obligés d'abandonner notre voiture et de laisser les autres nous attendre, jusqu'à ce que nous eussions reconnu l'emplacement.

L'air matinal était si froid que nous avions l'onglée.

Il ne fallait pas que la tombe fût trop loin du chemin, ni sur une pente trop abrupte, pour que le camion pût y accéder.

Après avoir d'abord suivi le même chemin en parlant du brouillard, nous nous étions séparés pour reconnaître les différents sentiers. Au bout de quelques secondes, nous ne pouvions plus nous voir.

La montagne refusait de se découvrir et si le mur de

brouillard s'entr'ouvrait, c'était pour se refermer aussitôt. On se serait cru au Danemark un jour de pluie.

Farah me suivait, un fusil trempé à la main; il pensait que nous risquions de rencontrer un troupeau de buffles.

Nous avions l'impression que le cercle de ce que nous distinguions se refermait sur nous à chaque pas et le brouillard rendait toutes les dimensions chimériques. L'eau dégouttait des feuilles d'oliviers, et les grandes herbes plus hautes que nous étaient gorgées d'eau.

J'avais revêtu un imperméable et des bottes de caoutchouc, mais, au bout de dix minutes, j'étais aussi trempée que si j'étais entrée dans une rivière.

Rien ne bougeait dans la montagne, la pluie seule troublait le silence; mais dès qu'une averse s'abattait, nous étions enveloppés de son crépitement.

Le brouillard se déchira un instant et je vis devant moi une grande bande bleu indigo, comme un panneau soudainement dressé. Sans doute était-ce l'un des sommets, mais aussitôt le rideau de brouillard et de pluie se referma.

Je n'avais pas cessé de marcher, mais je dus reconnaître l'inutilité de notre effort, il n'y avait rien à espérer tant que le temps ne voudrait pas se lever.

Gustav Mohr m'appela deux ou trois fois avant de découvrir où j'étais, puis je l'entendis courir vers moi : son visage et ses mains ruisselaient.

Il me dit que nous errions depuis une heure dans le brouillard et que si nous ne pouvions pas nous décider maintenant, mieux valait y renoncer, car la fosse ne pourrait plus être prête.

« Je ne sais même pas où nous sommes, lui dis-je, nous ne pouvons pas le laisser dans un endroit sans vue, attendons encore un peu. »

Nous avons alors fumé une cigarette en silence, et au moment où je jetais la mienne, le brouillard se dissipa, une clarté bleue apparut; un quart d'heure après nous pouvions voir où nous étions, la plaine était très au-dessous de nous et je repérai l'endroit où nous avions laissé l'auto. Je reconnus même notre chemin : c'était celui qu'avait suivi Emmanuelson. Nous aperçûmes très loin vers le Sud, sous les nuages qui déferlaient, les premières montagnes du Kilimandjaro.

Vers le Nord, quelques rayons percèrent les nuages, une

ligne d'argent souligna les contours du mont Kenya, et brusquement une petite tache rouge apparut à l'Est dans la
verdure : c'était le toit de ma maison qui se détachait sur
la pelouse.

Il était inutile d'aller plus loin, nous étions à l'endroit
voulu.

A une vingtaine de mètres au-dessus de nous se trouvait,
à flanc de montagne, une terrasse naturelle; c'est là que nous
délimitâmes l'emplacement de la tombe. Nous avons appelé
nos gens qui commencèrent par couper l'herbe avec leurs
pangas et se mirent ensuite à creuser la fosse pendant que
Mohr, aidé de quelques-uns, s'occupait à tracer la route
pour le camion, en égalisant le terrain et en le couvrant de
branches et de buissons, car le sol était glissant.

Le chemin n'allait pas tout à fait jusqu'à la tombe, car
la pente était trop forte.

Jusque-là, le silence avait régné, mais dès que les hommes
eurent attaqué le rocher, j'entendis un écho qui répondait
à leurs coups comme un petit chien qui aboierait.

Plusieurs personnes venant de Nairobi, en auto, nous avions
posté des hommes pour les guider. Les Somalis de Nairobi
laissèrent sur la route leurs voitures conduites par des mules
et gravirent lentement la pente par petits groupes de deux
ou trois. Ils portaient le deuil à leur manière, la tête enveloppée comme s'ils rentraient en eux-mêmes.

Quelques amis de Denys qui avaient appris sa mort étaient
venus de très loin, de Navaïsha, de Gil-Gil, d'Elmenteïta,
dans des automobiles qui arrivaient couvertes de boue après
un long et dur trajet.

Le temps s'était levé et les quatre sommets se détachaient
sur le ciel.

Denys fut amené très tôt dans l'après-midi. Le cortège
suivit lentement la route qu'il avait si souvent empruntée
pour ses safaris vers le Tanganyika.

Pour la dernière pente le petit cercueil, que le drapeau
anglais recouvrait, fut porté à bras d'hommes.

Lorsque le cercueil descendit dans la fosse, le paysage
changea, il devint aussi immobile que Denys.

Les montagnes dressées autour de sa tombe paraissaient
comprendre que, la courte cérémonie terminée, c'étaient elles
qui veilleraient sur lui; nous n'étions plus que des spectateurs accidentellement réunis.

Je pensais que Denys, plus qu'aucun autre, avait aimé et pénétré la montagne africaine : il en connaissait le sol et les saisons, les plantes et les bêtes, l'odeur et la couleur. Comme les indigènes de la montagne, il savait prédire le temps d'après les nuages et les étoiles. Je me le rappelais tout récemment encore, debout, tête nue dans le soleil déclinant, les jumelles à la main, occupé à déchiffrer l'horizon.

Ce pays l'avait conquis, il y avait apposé la marque de son esprit et de sa personnalité, et maintenant l'Afrique l'accueillait dans son sein.

L'évêque de Nairobi ne pouvait, paraît-il, venir lui-même parce que l'emplacement de la tombe n'avait pu être préalablement béni; un prêtre était là, qui prononça les prières rituelles. Dans l'immensité du cadre, sa voix paraissait aussi grêle que celle d'un oiseau.

Je pensais que Denys n'aurait pas tenu à l'entendre longtemps. Le prêtre avait choisi pour texte le psaume de David : « Je lèverai mes yeux vers la montagne. »

Gustav Mohr et moi restâmes un moment près du tertre après que les autres s'en furent éloignés. Les musulmans attendaient patiemment que nous fussions partis pour venir eux aussi prier sur la tombe.

Tous ceux qui suivaient Denys dans ses safaris arrivèrent quelques jours plus tard à la ferme. Ils ne me dirent point pourquoi ils venaient et ne demandèrent rien.

Ils étaient assis par terre, appuyés au mur de la maison, la paume de leurs mains sur le sol, extraordinairement silencieux.

Je vis arriver Malimu et Sar Sita, les porteurs habituels de Denys, deux hommes qui l'avaient accompagné partout; leur expérience et leur adresse égalaient leur courage, jamais ils n'avaient manifesté de crainte.

C'était eux que Denys avait choisis pour accompagner le prince de Galles.

Le roi d'Angleterre se souvenait d'eux et les trouvait exceptionnels.

Les deux chasseurs, si prompts à découvrir une trace, ne voyaient plus leur route et se sentaient abandonnés.

Kanuthra, le chauffeur indigène, un Kikuyu, agile comme un singe, qui n'avait pas hésité à parcourir de nombreux kilomètres dans la brousse pour venir jusqu'à la ferme, ressemblait à un pauvre ouistiti transi et captif.

Bilea Isso, le serviteur somali de Denys, vint à la ferme de Naïvasha; Bilea avait accompagné Denys à deux reprises en Angleterre, il y avait fréquenté l'école et parlait l'anglais avec recherche.

Quelques années plus tôt, Denys et moi assistions à son mariage; la fête avait duré sept jours. Pour la circonstance, Bilea avait renoncé à toutes ses habitudes cosmopolites, pour reprendre les traditions de ses ancêtres. Revêtu d'une gandourah couleur de nacre, il était venu nous accueillir sur le seuil de sa demeure en s'inclinant profondément; le soir, en virevoltant au milieu des sabres, il ressemblait à un tourbillon de sable dans le désert.

Bilea vint s'asseoir sur la tombe de son maître, puis il retourna auprès des autres, le dos au mur, les mains à terre.

Farah se joignait à eux quelquefois, il était lui aussi très grave.

« Votre départ, Memsahib, eût été moins dur, disait Farah, si Bédar était resté parmi nous! »

Les hommes de Denys passèrent huit jours à la ferme, puis ils repartirent l'un après l'autre.

J'allais souvent sur la tombe de Denys. A vol d'oiseau, elle n'était guère à plus de neuf kilomètres de chez moi, mais par la route, il y avait bien vingt kilomètres.

Elle était plus élevée que la ferme d'environ trois cents mètres, et l'air, à cette hauteur-là, était bien plus léger. Il avait la transparence du cristal. Une brise légère y soulevait les cheveux, et l'on assistait à la fuite des nuages au-dessus des sommets; leurs grandes ombres jouaient sur le paysage tourmenté avant de disparaître dans la vallée du Rift.

Aidée de Farah, j'avais fixé, à trois perches solidement enfoncées, un mètre de calicot acheté au dukha, et, de chez moi, cette tache blanche au milieu de la verdure me permettait de déterminer exactement la place où reposait Denys.

La pluie était si abondamment tombée cette année-là, que je craignais que l'herbe ne recouvrît la tombe et qu'elle ne disparût, aussi avions-nous entassé dans un camion toutes les grosses pierres qui bordaient autrefois mon allée, les pierres que Karomenja avait si bien déménagées. Nous les avions transportées et disposées sur la tombe en un rectangle allongé, après avoir coupé l'herbe, de sorte que la tombe resterait marquée.

Lorsque je me rendais jusque-là en voiture, j'emmenais presque toujours les enfants de la ferme. La tombe de Denys devint pour eux un but de promenade. Ils en connaissaient le chemin et pourraient plus tard l'indiquer. Ils avaient même construit une petite cabane à proximité.

Dans le courant de l'été, Ali Ben Salem, qui avait été un grand ami de Denys, vint, selon la coutume musulmane, prier sur la tombe.

Près d'elle j'ai retrouvé Hugh Martin. Assis dans l'herbe tous les deux, nous restâmes longtemps à parler de Denys. Hugh Martin avait profondément ressenti sa mort. Si quelqu'un avait joué un rôle dans la vie étrangement retirée de Hugh Martin, c'était Denys. On imaginait difficilement qu'un homme eût pu réaliser l'idéal de Hugh, et encore moins que sa disparition eût pu bouleverser sa vie.

La mort de Denys l'avait en quelque sorte marqué, il avait vieilli et son visage, qui s'était creusé, avait pris une teinte jaune. Il ressemblait plus que jamais à un bouddha indulgent et souriant, qui aurait découvert des régions sereines inaccessibles à la plupart.

Il me raconta qu'il avait songé à un texte pour la tombe de Denys.

Il l'avait emprunté, je crois, à un classique grec. Il le traduisit ainsi pour moi :

« Peu importe que le feu de la mort s'exerce sur ma poussière. Tout est bien désormais. »

Par la suite, le frère de Denys, Lord Winchelsea, fit élever un obélisque sur la tombe de Denys avec quelques vers du poème de Coleridge : « The Ancient Mariner. »

Les anciens condisciples de Denys élevèrent aussi en Angleterre un monument à sa mémoire. A Eton, sur une petite rivière, entre deux terrains de sport, un pont de pierre porte son nom sur l'un des piliers avec cette légende :

« Son nom résonna sur ces stades et ses amis l'aimèrent. »

Cette rivière, qui coulait dans la douceur de la campagne anglaise, marque avec nos montagnes d'Afrique les deux pôles de la vie de Denys.

Si le chemin semblait parfois s'égarer en de nombreux détours, ce n'était qu'une illusion d'optique. L'arc se détendit près du pont d'Eton et la flèche atteignit l'obélisque du Ngong.

Après que j'eus quitté l'Afrique, une lettre de Gustav

Mohr m'apporta des nouvelles de la tombe : il s'y passait des faits singuliers.

« Les Masaïs, m'écrivait Mohr, ont signalé au chef du district qu'ils avaient à plusieurs reprises aperçu des lions au lever et au coucher du soleil sur la tombe de Finch Hatton.

« C'est un lion et une lionne qui restent parfois longtemps couchés sur la tombe.

« Quelques Indiens, conducteurs de camions, qui se rendaient à Kajado, ont également vu les lions. Depuis votre départ, le terrain a été aplani autour de la tombe, c'est devenu une sorte de terrasse. Sans doute les lions aiment-ils venir, de là, surveiller le bétail et le gibier dans la plaine. »

Il me paraît normal que les lions soient venus sur la tombe de Denys et qu'ils aient ainsi composé pour sa gloire un monument africain. Je pensais à Nelson en recevant cette lettre.

« Et sa tombe elle-même restera célèbre. »

Je revoyais Trafalgar Square où les lions de Nelson n'étaient que des lions de pierre.

FARAH ET MOI VENDONS LA FERME

J'étais désormais seule à la ferme. Elle ne m'appartenait même plus. Ceux qui l'avaient achetée m'avaient offert d'y rester aussi longtemps que je voudrais et il était convenu que je leur verserais un shilling par jour.

Il me fallait vendre mes meubles et Farah et moi avions encore fort à faire. Nous avions dû exposer les porcelaines et les cristaux sur la table de la salle à manger, et lorsque la table fut vendue, nous les installâmes par terre.

C'est pour eux désormais que le vieux coucou chantait les heures avant d'être emporté. Ce fut ensuite le tour de mes verres, mais la nuit suivante je me repentis de les avoir laissé partir, et le matin venu je me rendis à Nairobi supplier la dame qui les avait achetés de me les rendre. Je n'avais évidemment aucun lieu où les conserver, mais ces verres que les lèvres et les mains de mes amis avaient touchés retenaient encore en leur cristal l'écho de nos conversations. Il était impossible que je m'en sépare; mieux valait encore les briser!

J'avais un vieux paravent français de bois peint avec des Chinois, des sultans et des nègres qui conduisaient des chiens en laisse; il était près de la cheminée et le soir, lorsque le feu flambait, les silhouettes s'animaient et venaient illustrer les histoires que je contais à Denys. Je contemplai longtemps le paravent, puis je le pliai et l'emballai dans une caisse où provisoirement mes personnages pourraient reposer en paix.

Lady Mac Millan achevait à l'époque, à Nairobi, le monument qu'elle venait d'élever à la mémoire de son mari.

Elle avait une imposante maison, avec une grande bibliothèque et un salon de lecture.

Elle vint me trouver à la ferme et après avoir évoqué le passé, elle m'acheta pour sa bibliothèque la plupart des vieux meubles danois que j'avais apportés en Afrique.

J'étais contente de savoir que mes coffres accueillants, mes armoires, mes fauteuils se trouveraient réunis parmi les livres et leurs amis, comme un groupe de belles émigrées qui auraient, au temps de la Révolution, cherché refuge dans une université.

J'emballai tous mes livres. Les caisses me servaient de sièges. Les livres jouent dans une colonie un tout autre rôle qu'en Europe. Ils montent seuls la garde de notre passé. Aussi n'est-il pas étonnant que nous éprouvions pour eux une reconnaissance ou des rancunes accrues.

Les personnages d'un roman vous escortent quand votre cheval galope dans la plaine. Ils se promènent avec vous dans les champs de maïs. Comme les soldats débrouillards dénichent le bon cantonnement, ils trouvent seuls le lieu qui leur convient.

Les livres nouveaux que l'on nous envoie ont un accent insolite qui, parfois nous détourne d'eux, mais nous avons la surprise de voir surgir leurs personnages au milieu des shambas.

Ceux de mes livres préférés étaient depuis longtemps des hôtes attitrés, familiarisés avec tous les recoins de la ferme.

Les personnages de Walter Scott se sentaient chez eux entre nos horizons et je les rencontrais à tout bout de champ, de même qu'Ulysse et ses compagnons, et chose plus curieuse, les héros et les héroïnes de Racine visitaient aussi la ferme.

Le petit Poucet avait franchi nos montagnes avec ses bottes de sept lieues.

Certains compagnons de mon enfance, comme le clown Aghib et l'abeille à miel avaient élu domicile près du fleuve.

Quand je chassais dans la plaine, je rencontrais parfois un vieux berger danois avec sa flûte, au milieu du troupeau des Masaïs.

Et la vieille sorcière experte en sortilèges habitait la boucle du fleuve.

Tout ce qui avait appartenu à la maison fut petit à petit vendu, emballé, emporté et la maison elle-même progressivement vidée de son contenu arriva à n'être plus que « Das Ding an Sich » aussi noble qu'un crâne, un abri spacieux et frais où résonnait l'écho. L'herbe des pelouses poussait et envahissait mon seuil.

Finalement, il n'y eut plus rien dans aucune pièce, et

dans l'humeur où je me trouvais, ma maison toute nue me convenait encore. Jamais elle n'avait été autant à mon goût. Je disais à Farah : « Pourquoi ne l'avons-nous pas toujours laissée ainsi? » et Farah me comprenait, car les Somalis aiment l'austérité.

Farah, pendant toute cette période, était surtout préoccupé d'alléger mon sort. Mais, chaque jour, il me paraissait un peu plus sombre; il redevenait le vrai Somali, je le revoyais tel qu'il m'était apparu à mon arrivée, sur le quai d'Aden. Il s'inquiétait beaucoup de mes vieux souliers et me confia qu'il demandait à Dieu de les faire tenir jusqu'en Europe.

Pendant ces mois de désarroi, Farah avait eu le souci de revêtir tous les jours ses plus beaux vêtements; ses vestes arabes brodées d'or, sa livrée écarlate que Berkeley Cole lui avait offerte et ses turbans de soie aux couleurs les plus tendres. Alors qu'autrefois il les tenait précieusement serrés dans ses coffres et ne les sortait que pour les grandes occasions.

Maintenant il les portait tout le temps et dans les rues de Nairobi il me suivait à un pas de distance et m'attendait, au pied d'escaliers sordides, vêtu comme un prince.

C'est ainsi qu'agit un Somali.

Il fallait aussi régler le sort de mes chevaux et de mes chiens.

J'avais pensé les tuer, mais plusieurs amis m'avaient écrit pour me demander de les leur laisser, ils m'assuraient qu'ils en prendraient grand soin.

En voyant courir mes chiens à côté de mon cheval, je pensais que ce serait mal agir envers eux que de supprimer cette vie que je sentais si ardente. Je fus longue à me décider. Et finalement, je résolus de les laisser à mes amis.

Je me rendis à cheval à Nairobi montée sur Rouge, mon cheval favori. J'essayai de me rassasier une dernière fois et de fixer en moi tous les détails du paysage.

« Pauvre Rouge, pensais-je, tu ne sais pas que jamais plus tu ne reprendras la route du Ngong! »

J'eus beaucoup de peine à le faire entrer dans le fourgon du chemin de fer. Je sentis une dernière fois la douceur de sa joue contre mes mains et mon visage.

« Je ne t'abandonnerai pas, Rouge, avant que tu m'aies bénie. »

Nous avions ensemble découvert un gué dans la rivière entre les huttes et les shambas.

Nous avions ensemble descendu la pente escarpée et contemplé nos deux têtes rapprochées dans l'eau claire du fleuve.

« Puisses-tu, dans les vallées ombragées, brouter pour l'éternité les œillets à ta droite et les giroflées à ta gauche! »

Mes deux lévriers écossais David et Dinah, les enfants de Panja, ont été laissés à un de mes amis qui possédait une ferme à Gil-Gil où ils seraient sûrs de chasser. C'étaient de jeunes chiens pleins d'exubérance qui, lorsque l'auto les emporta, se mirent à gémir, leurs têtes sur le rebord de l'auto. Ils nous quittèrent la langue pendante comme s'ils étaient sur la trace de quelque nouveau gibier; les braves bêtes, aux yeux perçants, aux pieds agiles et au cœur bondissant, abandonnaient la maison et notre plaine, pour s'élancer joyeux sur d'autres terrains. Quelques-uns de mes employés durent aussi quitter la ferme, lorsqu'il n'y eut plus ni café ni usine. Pooran Singh se trouva sans travail.

Il ne voulait pas travailler de nouveau en Afrique et se décida à retourner aux Indes.

Pooran Singh, maître du feu, se conduisait en dehors de sa forge comme un enfant. Il ne pouvait admettre ni comprendre que la ferme avait cessé d'exister : il se lamentait et versait de grosses larmes qui coulaient le long de sa barbe. Il m'ennuyait de ses idées et de ses plans compliqués, pour conserver la ferme.

Nos machines, si modestes qu'elles fussent, avaient été son orgueil et il semblait que son corps était rivé à elles.

Je le voyais errer dans l'usine, dévorant gloutonnement ses moteurs des yeux.

Lorsqu'il eut compris que la situation était désespérée, il cessa dès lors d'insister.

Je le sentais navré, mais résigné et quand il me rencontrait, nous parlions seulement du voyage qu'il allait entreprendre.

Il partit sans bagages, n'emportant qu'une caisse d'outils et l'appareil à souder. Son âme était déjà de l'autre côté de l'Océan, il ne lui restait plus qu'à y transporter désormais son pauvre corps et l'appareil à souder.

J'aurais voulu que Pooran Singh emportât un souvenir de moi : j'espérais qu'un objet de la maison lui aurait fait

plaisir, mais lorsque je lui en parlai, il me déclara avec joie
que rien ne lui ferait autant de plaisir qu'une bague, — or
je n'avais ni bague, ni moyen d'en acheter — ceci se passait
quelques semaines plus tôt, alors que Denys venait tous les
jours déjeuner à la ferme et je lui en avais parlé.

Denys, à quelque temps de là, m'avait donné une bague
d'or abyssine qui se vissait et pouvait s'adapter à n'importe
quel doigt. Il me soupçonna de vouloir la donner à Pooran
Singh, car il me reprochait toujours de distribuer à mes gens
tout ce qu'il m'offrait.

Pour être sûr que je résisterais à la tentation, il avait
repris la bague et déclara qu'il la garderait jusqu'au départ
de Pooran Singh, mais quelques jours plus tard il s'envolait
vers Mombasa et ma bague était maintenant enterrée avec lui.

Avant que Pooran Singh partît, je vendis toutefois assez
de meubles pour lui acheter à Nairobi la bague qu'il convoi-
tait. C'était une bague en or avec une grosse pierre rouge
qui me paraissait être du verre, mais qui telle quelle ravissait Pooran Singh.

Cette bague provoqua de nouvelles larmes de sa part, mais
elle l'aida, je crois, à se séparer de la ferme et de ses machines;
il la porta pendant toute la dernière semaine qu'il passa
parmi nous, et, chaque fois qu'il venait me parler, il levait
sa main avec un large sourire, pour me faire admirer sa
bague.

La dernière vision que j'aie de Pooran Singh à la gare,
est celle de cette petite main noire qui travaillait à la forge
pour moi, avec tant de furieuse activité. Il me la tendit à
travers la portière du compartiment indigène encombré et
étouffant où il avait pris place. Il était installé sur sa caisse
d'outils et la pierre rouge de la bague brillait comme une
petite étoile qu'il élevait et abaissait affectueusement pour
un dernier adieu.

Pooran Singh partait pour retrouver au Pendjab sa femme
et ses enfants; il ne les avait point revus, à l'exception de
son fils Delip Singh, depuis plusieurs années. Le contact
avait été maintenu grâce à de grandes photographies que sa
famille lui envoyait et qu'il conservait dans sa petite maison
de tôle ondulée; il me les montrait avec fierté chaque fois
que je passais par l'usine.

J'ai reçu plusieurs lettres de Pooran Singh qui commença
à m'écrire sur le bateau qui le ramenait aux Indes.

Toutes commençaient de la même manière : « Chère Memsahib, au revoir! » Ensuite venait le compte rendu des incidents du voyage.

Une semaine après la mort de Denys, il se passa un phénomène singulier.

J'étais au lit et je me remémorais les événements des derniers mois. J'essayais de comprendre ce qui m'était arrivé. Il me semblait que j'étais sortie de l'existence ordinaire pour entrer dans un tourbillon où je n'aurais jamais dû me trouver.

Où que j'aille, la terre manquerait sous mes pas, les étoiles tomberaient du ciel. Je pensais à l'épopée de Ragnarok, aux strophes qui décrivent la chute des étoiles et aux nains mourant de peur que l'on entend soupirer dans les entrailles de la terre. Tout ce qui m'était arrivé pouvait n'être qu'une succession de coïncidences, autrement dit, une série de malchances; mais toutes devaient plus ou moins, me semblait-il, se rattacher à une même cause.

Et je me disais que si je parvenais à découvrir cette cause, je pourrais peut-être encore échapper à l'effondrement total, mais dans quelle direction orienter mes pensées?

Si seulement j'étais mise sur la bonne voie, sans doute parviendrais-je à la discerner. Il ne me restait plus qu'à me lever et à découvrir un signe.

Bien des gens penseront qu'il est insensé d'attendre un signe du Destin. Pour en arriver là, à vrai dire, il faut un état d'esprit que tout le monde, heureusement, ne connaît pas. Mais à ceux qui l'ont connu et qui demandent un signe, la réponse ne peut manquer, elle est une conséquence de la demande.

C'était comme le bon joueur de bridge qui saura découvrir, dans treize cartes réunies au hasard, le jeu qui assurera peut-être un grand schelem, alors que bien des gens n'auraient rien vu dans ce jeu, et auraient passé. Ces cartes offraient-elles un grand schelem? Oui, mais pour le bon joueur qui savait le voir.

Je sortis et me dirigeai vers les huttes des domestiques. Ils venaient de libérer leurs poules et je m'arrêtai à les regarder.

Le superbe coq blanc de Fathima s'avançait triomphalement à ma rencontre.

Je le vis brusquement s'arrêter, pencher la tête à droite, à gauche et s'immobiliser la crête hérissée. Il venait d'apercevoir de l'autre côté du sentier un caméléon sorti comme lui de bon matin, en quête de quelque nourriture. Le coq se précipita sur le caméléon en poussant des gloussements de satisfaction : le caméléon s'arrêta comme pétrifié à la vue du coq. Il avait peur mais il était brave, il affermit ses deux pattes sur le sol et pour effrayer l'ennemi, il ouvrit sa bouche toute grande et projeta vers le coq une langue prodigieusement longue, en forme de massue.

Le coq, surpris, hésita un instant, mais il se porta résolument à l'attaque et, se servant de son bec comme d'un marteau, il coupa la langue du caméléon.

Toute la scène n'avait pas pris plus de dix secondes. Je chassai le coq de Fathima et armée d'une pierre j'écrasai le caméléon : il ne pouvait vivre sans sa langue qui lui permettait d'attraper les insectes nécessaires à sa vie.

J'étais si terrifiée par ce que je venais de voir — un horrible drame en miniature — que j'allai m'asseoir sur le banc de pierre près de la maison.

Je restai là longtemps; Farah m'apporta mon thé et le déposa sur la table. Je n'osais presque plus lever les yeux, tant l'univers me paraissait dangereux.

Je découvris petit à petit, au cours des jours qui suivirent, que mon appel avait reçu la réponse la plus complète et la plus riche de sens.

J'avais même été particulièrement honorée et distinguée : les puissances, que j'avais invoquées, m'avaient attribué plus de dignité que je ne l'avais fait.

Quelle autre réponse pouvaient-elles me donner? Ce n'était pas le moment de s'abandonner; fermant l'oreille, elles avaient ri à ma faiblesse, et ce rire avait fait vibrer les montagnes.

J'étais tout de même satisfaite d'avoir pu épargner au caméléon les affres d'une mort lente et terrible.

C est vers cette époque, quoique ce fût avant le départ de mes chevaux, qu'Ingrid Lindström arriva de sa ferme de Njoro pour passer quelques jours avec moi. C'était, de la part d'Ingrid une grande preuve d'amitié, car il ne lui était pas facile de s'échapper de chez elle. Son mari avait accepté du travail dans une plantation de sisal au Tanganyika, afin de pouvoir payer les hypothèques dont leur ferme était grevée.

Il peinait à six cents mètres au-dessus de la mer, comme si Ingrid l'avait mis en esclavage pour conserver leur ferme.

Elle était seule à en assurer l'entretien, et comme elle avait beaucoup étendu son élevage et ses cultures maraîchères, de nombreuses couvées de dindons et ses petits cochons réclamaient sa présence.

Pourtant, elle abandonna toutes ses occupations, s'en remettant à Kemosa du soin de la remplacer, pour voler à mon secours, comme elle serait arrivée près d'un ami dont la maison brûlerait.

Elle vint donc, cette fois-ci sans Kemosa, ce qui, étant donné la situation, valait mieux pour Farah.

Ingrid sentait ce que représente pour une femme de renoncer à une ferme qu'elle a dirigée et de s'en arracher.

Tant qu'elle fut chez moi, nous ne parlâmes du passé ni de l'avenir : nous n'avons prononcé aucun nom; il n'y avait plus qu'une chose pour nous, la grande tristesse de la ferme. Nous avons toutes les deux parcouru la ferme dans tous les sens, nous arrêtant devant chaque chose comme si nous voulions dresser la liste de ce que je quittais, comme si Ingrid était chargée d'établir l'inventaire de mes griefs contre le destin.

Ingrid savait, elle, l'inutilité de cet inventaire que tant de femmes s'emploient à dresser.

Nous sommes descendues vers le parc à bestiaux et, assises sur la balustrade, nous avons compté les bœufs à mesure qu'ils rentraient. Sans rien dire je les désignais un à un à Ingrid.

« Les bœufs, » dit-elle simplement comme le chœur des fidèles répond « *Amen* » au prêtre. « Oui, les bœufs » et mentalement, elle les inscrivait sur son inventaire.

Nous sommes allées vers les écuries porter du sucre aux chevaux et lorsqu'ils l'eurent mangé je tendis mes paumes gluantes et humides vers Ingrid en criant : « Mes chevaux! »; elle respira laborieusement et répéta « oui, les chevaux » et elle inscrivait.

Arrivées près du fleuve, ce fut au tour du jardin. Ingrid ne pouvait accepter que j'abandonnasse les plantes rapportées d'Europe et acclimatées à grand'peine en Afrique. En esprit, elle se tordait les mains devant mes lavandes, mes sauges et mes menthes. Elle m'en reparla par la suite, comme si elle cherchait un plan qui me permît de les emporter.

L'après-midi, nous étions sous les arbres à contempler mon

petit troupeau de vaches indigènes qui pâturaient sur la pelouse. Je disais à Ingrid l'âge de mes vaches, le lait qu'elles me donnaient. A chaque détail, elle gémissait comme si je lui avais fait mal.

Elle examinait et évaluait soigneusement chaque vache, non pas avec la pensée d'un achat éventuel, puisque ces vaches devaient être après mon départ réparties entre les membres de mon personnel : elle communiait avec moi et voulait ressentir l'étendue de ma perte.

Elle ne put se séparer des petits veaux sans s'être assuré la possession de deux ou trois vaches avec leurs veaux pour sa ferme de Njoro.

Contre tout bon sens, et presque en dépit d'elle-même, elle me lançait des regards réprobateurs comme pour me reprocher d'abandonner mes veaux.

Un homme, qui accompagnait un ami en deuil, se répétait à lui-même :
« Dieu merci, ce n'est pas moi! »
Il avait honte de ce sentiment et cherchait à en détourner ses pensées. Il en va tout autrement quand il s'agit de deux amies, dont l'une vient témoigner à l'autre sa compassion.

La plus favorisée des deux répète au dedans d'elle-même :
« Dieu merci, ce n'est pas moi! »
Ceci, loin d'engendrer de l'animosité entre elles, fortifie au contraire leur affection et introduit une note plus personnelle dans les condoléances. Les hommes ne savent pas tromper ou envier aussi légèrement, sans altérer pour cela l'harmonie.

Il est admis que la mariée triomphe des demoiselles d'honneur et que les femmes qui font visite à une accouchée l'envient, sans qu'aucune d'elles se sente en rien frustrée.

Une mère qui a perdu son enfant peut montrer les vêtements de cet enfant à une amie, sachant bien que le cœur de celle-ci crie : « Dieu merci, ce n'est pas moi! »

Les deux femmes se comprennent et admettent ce sentiment.

Il en était ainsi entre Ingrid et moi. Pendant que nous parcourions la ferme, je savais qu'elle pensait à sa ferme et bénissait la chance qu'elle avait encore, à laquelle elle se cramponnait, mais ceci n'affectait en rien notre bonne entente.

Malgré notre accoutrement avec nos culottes et nos blouses kaki si défraîchies, nous représentions les deux femmes, l'une vêtue de blanc, l'autre vêtue de noir, qui président aux destinées des émigrants d'Afrique

Après être restée quelques jours près de moi, Ingrid me dit adieu et reprit le chemin de fer pour Njoro.

Je ne pouvais plus désormais sortir à cheval et mes promenades sans mes chiens étaient bien silencieuses. J'avais encore mon automobile, heureusement, car bien des choses restaient à régler.

Le sort de mes squatters me préoccupait. Les nouveaux acquéreurs de la ferme voulaient arracher le café et lotir le terrain. Ils n'avaient donc plus besoin de main-d'œuvre et ils se proposaient, sitôt la vente effectuée, de renvoyer mes squatters avec les six mois de préavis prévus.

La décision était aussi inattendue que pénible pour mes squatters, qui avaient toujours vécu dans l'illusion que la terre leur appartenait.

La plupart d'entre eux étaient nés à la ferme et les autres y étaient arrivés tout petits avec leurs parents.

Les squatters savaient qu'en échange de leur installation et des quelques arpents qu'ils avaient le droit de cultiver pour eux, ils me devaient cent quatre journées de travail.

Pour ce travail, ils recevaient douze shillings par trente jours, ce qui donnait lieu à des calculs très compliqués dont témoignaient nos registres de comptabilité; ils savaient aussi qu'ils devaient au Gouvernement l'impôt sur les huttes, un impôt de douze shillings par hutte qui était lourd pour un homme ne possédant que trois ou quatre huttes.

Le nombre des huttes était proportionné à celui des épouses, car un Kikuyu qui se marie doit assurer une hutte à chacune de ses femmes.

Néanmoins, lorsque mes squatters commettaient un délit, ils étaient toujours plus ou moins menacés d'être expulsés de la ferme, ce qui aurait dû les avertir que leur situation n'était pas complètement assurée.

Les indigènes apportaient la plus mauvaise volonté à s'acquitter de l'impôt. Chaque année, j'étais tenue de l'exiger pour le compte du Gouvernement, ce qui m'accaparait beaucoup et m'exposait à d'interminables réclamations. Mais leur attitude ne différait pas, dans ce cas, de ce qu'elle était devant leurs autres épreuves, ils ne perdaient jamais l'espoir que, d'une façon ou d'une autre, ils arriveraient à tourner la difficulté.

Il ne leur était jamais venu à l'esprit que tous leurs ennuis

pouvaient se rattacher à un même principe toujours menaçant. Pendant un certain temps, ils affectèrent de considérer
les projets des nouveaux propriétaires comme une menace
qu'ils pouvaient se permettre d'ignorer.

Mais, lorsque les squatters eurent compris que leur congé
était inéluctable, ils accoururent vers moi; je les voyais en
groupes sombres autour de la maison. Ils comprenaient que
leur malheur était le mien qui s'était peu à peu propagé jusqu'à eux.

Ils ne m'accusaient point. La question avait été discutée
entre nous, mais ils venaient me demander où ils devaient aller.

Il m'était dur de leur répondre. La loi ne permet pas aux
indigènes d'acquérir de terres et je ne connaissais aucune
ferme assez importante pour les accepter comme squatters.

Je leur donnai l'indication que j'avais moi-même obtenue
alors que, me débattant pour moi, je m'inquiétais d'eux : ils
pourraient se rendre dans la Réserve Kikuyu, ils seraient
assurés d'y trouver des terres.

A ceci, ils répondaient par de nouvelles questions :

« Etais-je sûre qu'ils trouveraient suffisamment de terres
dans la Réserve? Pourraient-ils y emmener toutes leurs
vaches? »

« Etait-il bien entendu que tous ceux de la ferme resteraient
ensemble? » A aucun prix, ils ne voulaient se séparer.

J'étais étonnée qu'ils veuillent ainsi rester réunis, car j'avais
eu parfois de la peine à maintenir la paix à la ferme et ils
n'étaient pas tendres les uns pour les autres.

Je vis arriver les gros propriétaires de bétail, comme Kategu,
Kaninu et Mauge, épaulant, si l'on peut dire, de pauvres
ouvriers comme Waweru et Chota, qui ne possédaient pas
même une chèvre.

Tous étaient animés du même esprit collectif et presque
aussi préoccupés de conserver leurs voisins que leurs vaches.

Je sentais qu'ils attendaient de moi, non seulement le lieu
où poser leur tête, mais encore le moyen d'y vivre.

On prend aux indigènes plus que la terre quand on leur
enlève celle de leurs pères. On les dépouille de leur passé, de
leurs racines, de leurs coutumes. On les prive de tout ce qui
faisait leur individualité et leur existence.

Du moment où on leur enlève les choses qu'ils sont habitués
à voir, qu'ils s'attendent à voir, qu'est-ce qui empêche de leur
arracher les yeux?

Les primitifs, bien plus que les civilisés, ressentent ces bouleversements. Il suffit pour s'en rendre compte de voir comment se comportent les bêtes : elles s'échappent, parcourent de longues distances, s'exposent aux privations, aux dangers, pour se retrouver dans leur cadre habituel.

Les Masaïs, qui furent transportés de leur vieux pays dans la Réserve actuelle, ont conservé les noms de leurs montagnes, de leurs plaines et de leurs fleuves; ils les ont donnés aux montagnes, aux plaines et aux fleuves de leur nouveau pays.

Les voyageurs sont toujours frappés de constater que les Masaïs ont emporté avec eux leurs racines coupées comme un sortilège dans un sac et qu'ils essayent par des formules magiques de garder dans leur exil leur passé intact.

C'est pour obéir au même instinct de conservation que mes squatters se soutenaient ainsi.

S'ils devaient être chassés de leur pays, au moins demandaient-ils à être entourés de ceux qui l'avaient connu et qui pourraient dans l'exil en certifier l'existence.

Ils s'assuraient ainsi la possibilité, au moins pour quelques années, de parler de la ferme, d'en conserver l'histoire et la géographie : ce que l'un oublierait, l'autre se le rappellerait

Ils voyaient arriver sur eux l'ombre et la honte de leur extinction.

« Msabu, disaient-ils, va trouver le Gouvernement, dis-lui qu'il faut que nous emportions nos bêtes, que nous restions ensemble là où nous irons. »

C'est ainsi que je fus transformée en pèlerin mendiant, pendant mes trois derniers mois d'Afrique.

Pour mes Kikuyus, je suis allée trouver d'abord les commissaires des districts, puis les services des Affaires indigènes; finalement, je suis allée trouver le Gouverneur en personne, sir Joseph Byrne, qui venait d'arriver et que je n'avais pas encore rencontré.

J'étais parfois retenue toute la journée à Nairobi ou bien j'y retournais deux ou trois fois en vingt-quatre heures. Il y eut même une période qui ne me laisse plus qu'une impression confuse, celle d'être entrée et sortie de chez moi comme si j'avais été aspirée et repoussée par la marée. A chaque retour, je trouvais une réunion de mes squatters, installés en permanence devant ma porte comme pour me redonner courage et résistance par quelque osmose silencieuse bien caractéristique de l'Afrique.

Les fonctionnaires avec lesquels je fus en rapport m'écoutèrent pour la plupart avec beaucoup de patience et de bienveillance; mais trouver dans la Réserve assez de place pour mes gens et leurs bêtes n'était pas chose facile.

Beaucoup d'entre eux étaient d'assez vieux coloniaux pour ne pas me proposer, autrement que pour la forme, d'engager mes gens à se défaire d'une partie de leur bétail; ils savaient qu'en aucun cas des Kikuyus ne s'y soumettraient. D'autre part, si ceux-ci arrivaient avec leurs bêtes sur une terre insuffisante, c'était préparer pour l'avenir les pires difficultés aux commissaires chargés de maintenir l'ordre dans la Réserve.

Lorsque j'en arrivai à la deuxième exigence de mes squatters, à savoir d'être réunis, les autorités me répondirent qu'elles n'en voyaient pas la nécessité.

« Est-ce que la nécessité se calcule? me disais-je. Le plus déshérité des hommes ne peut-il connaître l'abondance au milieu de sa pauvreté? »

Toute ma vie, j'ai eu l'impression que l'on pourrait classer les gens suivant la façon dont ils se seraient comportés envers le roi Lear. On ne changera pas plus le roi Lear qu'on ne changera un vieux Kikuyu. Il est évident qu'*a priori* le roi Lear demandait trop à chacun, mais c'était un roi!

Les indigènes n'ont pas eu non plus le noble geste de nous abandonner leur pays. Aussi, leur cas n'est-il pas tout à fait celui du vieux roi et de ses filles. Les Blancs se sont emparés de leur pays.

Je songeais à l'époque, récente encore, puisqu'il existe des gens qui s'en souviennent, où le pays appartenait aux indigènes, à l'époque où ceux-ci vivaient dans l'ignorance des Blancs et de leurs lois.

Les Kikuyus connaissaient peut-être l'incertitude des lendemains, mais du moins, au milieu de l'insécurité générale, la terre restait pour eux l'élément stable. Il arrivait bien à certains d'entre eux d'être enlevés par des négriers et vendus comme esclaves, mais les autres restaient au pays, et ceux qui partaient, du fond de leur exil et de leur misère, songeaient à « leurs » montagnes.

Les vieux Noirs à l'œil clair et le sombre éléphant à l'œil clair se ressemblent, alourdis de toutes les impressions accumulées dans leur âme obscure; ils se sentent un élément du paysage.

Si l'indigène ou l'éléphant, l'esprit troublé par les changements survenus, nous demandaient où ils se trouvent, nous pourrions leur répondre avec Kent :

« Dans votre royaume, Sire. »

J'en arrivais à croire que le reste de ma vie se passerait ainsi entre la ferme et Nairobi, en allées et venues et en plaidoyers auprès de l'administration.

C'est alors que j'appris que satisfaction m'était donnée. Le Gouvernement avait décidé d'affecter une partie des terrains domaniaux de Dagoretti à l'installation de mes squatters. Ils pourraient y reconstituer leur agglomération à quelques milles seulement de leurs anciens foyers et, si la ferme disparaissait, l'existence de leur communauté n'en serait pas atteinte.

La nouvelle de cette décision fut accueillie avec une émotion silencieuse par mes Noirs; impossible de lire sur leur visage s'ils avaient escompté cette réussite, ou si, au contraire, ils avaient depuis longtemps abandonné tout espoir. L'affaire était à peine réglée qu'ils se présentèrent chez moi avec de nouvelles revendications, mais cette fois-ci je ne voulus plus rien entendre.

Ils recommençaient à se tenir autour de la maison et semblaient me regarder avec une expression nouvelle. Peut-être que, toujours confiants dans le destin, ils s'imaginaient maintenant que la chance leur souriait, que je resterais parmi eux et que tout recommencerait comme avant?

En ce qui me concernait, le règlement du sort de mes squatters m'ôtait un grand souci. Je m'étais rarement sentie aussi allégée et aussi reconnaissante. Mais, au bout de deux ou trois jours, j'eus le sentiment que ma tâche à la ferme était terminée et que je pouvais partir. La récolte du café était achevée, l'usine était redevenue silencieuse, la maison était vide et mes squatters avaient une vie assurée. En outre, la période des pluies était passée, l'herbe était même déjà haute dans la plaine et sur les hauteurs.

L'ambition que j'avais jusqu'ici nourrie de sacrifier l'accessoire pour retenir l'essentiel s'était montrée vaine. J'avais petit à petit abandonné tout ce que je possédais comme la rançon de ma vie. Mais l'heure était venue où, démunie de tout, je devenais pour le destin une proie trop facile.

C'était l'époque de la pleine lune, elle éclairait les pièces vides et ornait les parquets de dessins étranges.

La lune ne s'étonnait-elle pas de me voir encore là? Se

demandait-elle combien de temps je comptais rester en un lieu aussi dépouillé?

« Mais non, pas du tout, me disait la lune, le temps compte si peu pour moi. »

J'aurais bien voulu demeurer jusqu'à ce que mes squatters fussent installés sur leurs nouvelles terres, mais les délimitations de terrains demandaient du temps et ne permettaient pas de fixer la date de leur transfert; d'autre part, mon argent fondait.

Les vieillards de la région projetèrent d'organiser un ngoma en mon honneur. Ces ngomas d'anciens avaient été, dans le passé, des fêtes très importantes qui n'avaient plus lieu que dans des circonstances exceptionnelles. Je n'en avais encore jamais vu, et j'attendais celui-ci avec une grande curiosité, car les Kikuyus en faisaient très grand cas. Le fait d'avoir été le cadre d'un ngoma d'anciens serait un grand honneur pour la ferme.

Mes gens en parlèrent longtemps avant qu'une date fût fixée.

Farah, qui jusqu'alors avait toujours manifesté un certain mépris pour les danses kikuyus, avait été fortement impressionné par la décision des anciens.

« Ces gens sont très vieux, Memsahib, me dit-il, très, très vieux! »

Il était curieux, d'autre part, de voir avec quelle considération les meilleurs d'entre les jeunes danseurs parlaient de l'entreprise projetée par les anciens.

J'ignorais que ce genre de ngomas fût interdit. Je ne connais d'ailleurs pas la raison de cette interdiction.

Les Kikuyus étaient, eux, certainement au courant de l'interdiction prononcée. Mais sans doute avaient-ils décidé de passer outre, soit qu'à leur avis une défense ne comptât plus guère en ces jours troublés, soit que dans l'émoi de leur projet ils aient complètement perdu de vue le Gouvernement et ses règlements : ce qui le laisserait croire, c'est qu'ils n'avaient même pas eu la précaution d'empêcher le bruit du ngoma de se répandre.

Le spectacle qu'offraient les vieux danseurs était des plus curieux. On en comptait environ deux cents; ils avaient dû se retrouver à quelque distance, car ils arrivèrent tous ensemble. Les vieux indigènes frileux, qui s'enveloppent tou-

jours de fourrures et de couvertures, pour la circonstance
étaient nus.

Nus comme s'ils avaient perdu toute crainte de la réalité.
Ils avaient mis à se peindre et à se parer une certaine dis
crétion, certains d'entre eux, chauves et ridés, arboraient
des diadèmes de plumes d'aigle comme en portent les jeunes
danseurs.

D'ailleurs, ils n'avaient pas besoin de recourir aux ornements. Ils étaient par eux-mêmes assez impressionnants.

Ils n'essayaient nullement de se rajeunir comme les anciennes
beautés d'Europe, mais savaient que, pour les spectateurs,
leur âge constituait le principal attrait.

Leurs corps étaient marqués des dessins les plus curieux,
de raies grises qui soulignaient les déformations de leurs
membres, comme si dans l'ivresse fanatique de la vérité ils
avaient recherché l'aveu complet.

En les voyant avancer d'un pas étrange, pénible, je me
demandai quel spectacle allait m'être offert.

En les attendant, je donnais libre cours à mon imagination — ce n'était plus moi qui partais, c'était le pays lui-
même qui se retirait, comme la mer sous l'effet de la marée.

J'avais devant moi une procession de tous les danseurs
que j'avais connus : ceux que j'avais vus robustes hier encore
et qui se fanaient sous mes yeux avant de disparaître pour
jamais. Ils défilaient avec une aisance qui leur était propre;
ils dansaient en mon honneur tout en me tournant le dos;
l'harmonie régnait entre nous, rien ne troublait notre entente.

Les vieillards se taisaient, réservant toutes leurs forces
pour l'effort qui les attendait.

Au moment où les danseurs se mirent en branle, un Askari
arriva chez moi, avec une lettre de Nairobi qui interdisait
le ngoma.

Je ne compris pas tout d'abord, n'y étant aucunement
préparée. Je dus relire plusieurs fois la lettre pour en comprendre le sens.

L'Askari était lui-même pénétré de la solennité d'une fête
comme celle qu'il venait troubler; il n'ouvrit pas la bouche
et n'adressa la parole, ni aux vieillards, ni à mon personnel,
contrairement à l'habitude des Askaris qui adoraient écla-
bousser les indigènes de leur puissance.

J'ai rarement connu minute plus amère. Jamais encore je
n'avais senti mon cœur aussi révolté!

Aucune parole ne me vint à l'esprit pendant que j'étais là, ma lettre à la main. Je comprenais la vanité de tous les discours.

Les vieux Kikuyus ressemblaient à un troupeau de vieux moutons. Sous les paupières fripées, tous les yeux étaient fixés sur moi.

Ils ne réalisèrent pas tout de suite que le projet si long-temps caressé devait être abandonné. Quelques-uns d'entre eux esquissaient des mouvements, de leurs pieds raidis. Ils étaient venus pour danser et ils voulaient danser.

Je les prévins, finalement, qu'il ne pouvait plus être question du ngoma.

Je savais que la situation ne se présentait pas sous le même jour pour eux et pour moi, mais j'ignorais quelle apparence elle revêtait pour eux.

Peut-être comprirent-ils que le ngoma était supprimé parce que celle pour qui ils devaient danser n'existait plus. Peut-être pensaient-ils, au contraire, qu'un ngoma incomparable avait eu lieu et que son ampleur même réduisait tout le reste à néant.

Un petit chien indigène, troublé par le grand silence qui se fit, se mit à aboyer : ce son trouvait en moi son écho.

« Les petits chiens, tous les chiens, Snap, Agile et Fidèle, tous aboyaient après moi. »

Kamante avait été chargé de distribuer le tabac à priser aux vieux après les danses; il sentit, avec son intuition habituelle, que le moment était venu de procéder à la distribution. Farah lui faisait signe de s'éloigner, mais Kamante était un Kikuyu qui savait ce que les vieux éprouvaient. Il ne tint aucun compte des signes de Farah. Le tabac à priser, c'était au moins quelque chose de tangible. Nous le partageâmes entre les vieux. Et tous, les uns après les autres, se retirèrent.

Je crois que c'est encore les vieilles Kikuyus qui regret-tèrent le plus mon départ. La vie qui ne les ménageait point les avait durcies comme le silex et, comme les vieilles mules, elles étaient toujours prêtes à mordre. La maladie avait sur elles encore moins de prise que sur les hommes; j'avais pu le constater en les soignant. Elles étaient plus sauvages que les hommes et encore moins accessibles qu'eux à l'admira-tion.

Après avoir mis au monde de nombreux enfants, dont elles voyaient mourir la plupart, rien ne les effrayait plus. Que de fois les ai-je rencontrées s'aidant d'une courroie fixée autour du front pour transporter cent cinquante kilos de bois sur leur dos, pliant sous le faix, mais ne cédant pas. Ce sont elles qui travaillent la terre lourde des shambas. Elles vivent courbées sur la glèbe, de l'aube à la nuit.

Leur énergie est inépuisable et leur vitalité stimulante.

Tout ce qui se passait à la ferme excitait leur intérêt : elles n'hésitaient pas à parcourir vingt kilomètres pour voir danser les jeunes. Il suffisait d'une plaisanterie ou d'une calebasse de tembu pour que leur visage édenté s'éclairât d'un rire joyeux. Leur amour de la vie excitait mon admiration et me ravissait.

Les vieilles femmes et moi avions toujours été bonnes amies. C'étaient elles qui m'appelaient Jerri, un nom que ni les hommes ni les jeunes ne me donnaient. Jerri est un nom de petite fille très répandu en pays kikuyu. C'est le nom que l'on donne à l'enfant qui survient longtemps après ses frères et sœurs, et je trouve que ce nom ressemble à nos diminutifs, qu'il rend à la même note plaisante et amicale.

Les vieilles femmes s'attristaient de mon départ.

J'ai encore le souvenir de ma rencontre avec une femme kikuyu dont j'ignorais le nom, car je ne la voyais que rarement. Je crois qu'elle venait de chez Kathegu, sans doute était-ce la femme ou la veuve d'un de ses fils. Nous suivions toutes les deux en sens inverse l'un des sentiers de la plaine. Elle portait un énorme fardeau de longues perches minces dont les Kikuyus se servent pour soutenir les toitures de leurs huttes.

La construction de ces toits est un travail réservé aux femmes et les perches peuvent avoir jusqu'à cinq mètres de longueur.

Pour les transporter, les femmes réunissent toutes les perches par une de leurs extrémités et, à les voir traverser la plaine pliées en deux sous ce fagot, on avait l'impression de quelque animal préhistorique ou de quelque girafe qui se dessinerait sur le ciel.

Les perches que portait cette femme étaient déjà noircies et en partie brûlées, elles avaient dû rester plusieurs années exposées à la fumée du foyer : cette femme venait donc de démolir sa hutte et s'apprêtait à aller la reconstruire ailleurs.

Lorsque nous nous rencontrâmes au milieu du chemin, elle s'arrêta et me dévisagea, comme les vaches que l'on rencontre dans les fermes, comme des créatures dont la vie nous reste inintelligible.

Après m'avoir ainsi contemplée, elle se mit soudain à pleurer, le long de son visage, comme une vache se soulagerait!

Ni elle ni moi ne prononçâmes la moindre parole. Au bout de quelques instants, elle me laissa passer et nous avons chacune poursuivi notre chemin. Je me disais qu'en tout cas, elle avait de quoi construire une nouvelle hutte; je l'imaginais liant ses perches et élevant à nouveau un toit sur sa tête.

Pour les petits pâtres de la ferme qui n'avaient jamais connu la ferme sans moi et qui étaient habitués à me rencontrer à cheval autour de leurs shambas, la pensée de mon départ enchantait leur imagination.

Il était difficile pour eux d'imaginer le monde sans moi, aussi difficile que de supposer l'abandon de la Providence.

Chaque fois que je passais, je voyais leurs petites têtes brunes émerger de l'herbe et ils me demandaient :

« Quand pars-tu, Msabu? Combien de jours encore avant que tu t'en ailles? »

DÉPART

Le jour de mon départ arriva et je découvris que certaines choses se produisent, que notre esprit est incapable de concevoir; soit à l'avance, soit au moment où elles s'accomplissent, soit même lorsque notre souvenir les évoque. Certains faits ont en effet assez de force pour déclencher certaines conséquences qui dépassent l'entendement.

Lorsqu'elles se produisent, nous avons l'impression de les enregistrer à force d'attention comme un aveugle qui se laisse conduire et qui pose soigneusement un pied devant l'autre sans comprendre où il va.

Un accident qui vous affecte peut demeurer inexplicable.

J'imagine que les animaux de cirque ne doivent pas avoir davantage conscience de leur rôle. Après une telle expérience, on a le sentiment d'avoir connu la mort, c'est-à-dire un épisode qui, tout en dépassant les limites de notre imagination, n'excède pas celles de notre expérience.

Gustav Mohr vint très tôt pour me chercher et me conduire à la gare dans son auto. C'était un matin pâle et froid; l'air et le paysage étaient sans couleur. Mon compagnon aussi était pâle, et son regard manquait d'assurance. Je me rappelai ce que m'avait dit, à Durban, un vieux capitaine de baleinier :

« Les Norvégiens, m'expliquait-il, sont imperturbables au milieu des tempêtes, mais il est une chose qu'ils ne peuvent supporter, c'est le calme plat. »

Nous avons pris le thé sur la table de pierre, une fois de plus, mais dans les tasses de Farah. Les montagnes à l'Ouest, qui retenaient encore un peu de brouillard gris dans les vallées, se dressaient immuables devant nous. Un instant s'ajoutait à leur vie millénaire. J'avais aussi froid que si je m'étais promenée là-haut.

Mon personnel était encore là; mais leur vie était ailleurs

désormais : leurs familles étaient parties quelques jours plus tôt avec ce qu'ils possédaient.

La femme de Farah et Saufe avaient quitté la ferme la veille en camion; elles devaient s'installer à Nairobi dans le quartier des Somalis, tandis que Farah m'accompagnait jusqu'à Mombasa; nous emmenions Tumbo, le fils de Jama, parce que ce voyage comblait son plus cher désir, il avait eu le choix comme cadeau d'adieu entre une vache et ce voyage; il avait préféré aller jusqu'à Mombasa.

Je dis adieu à chacun et, lorsque je sortis, ils laissèrent grand ouverte derrière moi la porte que je leur avais appris si soigneusement à fermer.

C'était un geste bien caractéristique des indigènes. Que pensaient-ils?

Que je ne reviendrais pas et qu'il était inutile de la fermer désormais?

Ou bien voulaient-ils souligner que, puisqu'ils n'auraient plus à ouvrir cette porte pour personne, elle pouvait aussi bien rester ouverte.

Farah tenait le volant; il conduisit très lentement, nous ne dépassâmes guère l'allure d'un chameau, tant que la maison fut en vue.

En arrivant à l'étang, je demandai à Mohr de nous arrêter un moment et nous avons fumé une cigarette au bord de l'étang. On pouvait distinguer quelques poissons.

Ceux qui viendront après nous et qui prendront et mangeront ces poissons n'auront pas connu le vieux Knudsen; ils ne sauront pas tout ce que les poissons et l'étang représentaient pour nous.

Nous vîmes arriver Sirunga, le petit-fils de Kaninu, qui était épileptique; il venait une dernière fois me dire adieu; il m'avait déjà dit adieu plusieurs fois au cours des jours précédents. Quand l'automobile s'ébranla, il se mit à courir de toutes ses forces, il semblait que le vent le soulevait avec la poussière : il était si frêle! Je le regardais comme la dernière étincelle du foyer; il nous suivit jusqu'à l'endroit où le chemin de la ferme rejoignait la route.

J'ai craint un instant qu'il ne voulût continuer et qu'il ne courût après nous sur la grand'route. J'aurais eu l'impression de voir toute la ferme éparpillée et balayée comme la balle d'avoine.

Mais il s'arrêta à la rencontre des chemins, il ne quittait

pas le sol de la ferme. Il lui appartenait encore, et il resta à nous regarder aussi longtemps que l'embranchement demeura visible.

Sur la route de Nairobi, nous avons aperçu beaucoup de sauterelles sur l'herbe et dans la poussière. Quelques-unes tournoyaient autour de l'auto. On aurait dit qu'elles se disposaient à revenir.

Plusieurs de mes amis étaient venus me dire adieu à la gare : Hugh Martin, toujours lourd et nonchalant, était là, et après qu'il m'eut dit adieu, mon docteur Pangloss m'apparut bien solitaire; il avait payé cette solitude de tout ce qu'il aimait; l'héroïsme n'en était pas exclu, il restait pour moi le symbole de l'Afrique. Nous nous séparions à regret, nous avions souvent ri, et souvent réfléchi tous les deux. Lord Delamere était un peu plus âgé, avec des cheveux moins longs et un peu plus longs que lorsque nous prenions le thé ensemble dans la Réserve, alors que j'assurais avec mes bœufs les transports du début de la guerre; il avait conservé la même courtoisie.

La plupart des Somalis de Nairobi étaient sur le quai. L'énorme Abdullah, le grand trafiquant de bestiaux, s'avança et me remit une bague en argent avec une turquoise destinée à me porter bonheur.

Bilea, le serviteur de Denys, me demanda gravement de saluer le frère de son maître chez qui il avait habité autrefois en Angleterre.

Farah me raconta dans le train que les femmes somalies s'étaient rendues en rickshaw à la gare, mais lorsqu'elles avaient vu tant de Somalis rassemblés, elles n'avaient pas eu le courage d'avancer et elles étaient reparties sans rien dire.

Gustav Mohr m'a serré la main alors que j'étais déjà dans le train. Maintenant que le train s'ébranlait — il était même en marche — Gustav Mohr retrouvait son équilibre.

Il avait un tel désir de m'infuser du courage qu'il devint soudainement tout rouge, son visage s'enflamma et ses yeux sévères s'adoucirent.

A la station de Sambura, je descendis du wagon et je fis les cent pas sur le quai avec Farah, pendant que la locomotive refaisait son plein d'eau.

De là, je pouvais encore voir au Sud-Ouest la chaîne du Ngong qui dominait la plaine environnante de ses croupes majestueuses d'un bleu plus sombre que celui du ciel.

Mais nous étions déjà si loin que les quatre grands sommets disparaissaient dans la chaîne, on les distinguait à peine. Ce n'était déjà plus les montagnes que je contemplais de la ferme.

Peu à peu leurs contours s'estompèrent puis s'effacèrent.

TABLE DES MATIÈRES

TROISIÈME PARTIE

ADIEUX

Achevé d'imprimer le 3 juin 1986
sur presse CAMERON
dans les ateliers de la S.E.P.C.
à Saint-Amand-Montrond (Cher)
pour le compte de France Loisirs
123, boulevard de Grenelle, Paris

Dépôt légal : juin 1986.
Nº d'Édition : 11658. Nº d'Impression : 1062.

Imprimé en France